反垄断经济学与政策前沿丛书

The Internationalisation of Antitrust Policy

[英] 马赫·M.达芭 著
Maher M. Dabbah

肖兴志 丁宁 等 译
于 立 校

反垄断政策国际化研究

东北财经大学出版社
Dongbei University of Finance & Economics Press
大 连

CAMBRIDGE

图书在版编目（CIP）数据

反垄断政策国际化研究／（英）达芭著；肖兴志等译.
大连：东北财经大学出版社，2008.6
（反垄断经济学与政策前沿丛书）
书名原文：The Internationalisation of Antitrust Policy
ISBN 978-7-81122-405-4

Ⅰ.反… Ⅱ.①达… ②肖… Ⅲ.反托拉斯法-国际化-研究 Ⅳ.D912.290.4

中国版本图书馆 CIP 数据核字（2008）第 086148 号

辽宁省版权局著作权合同登记号：图字 06-2008-33 号

The Internationalisation of Antitrust Policy（0521820790）by Maher M. Dabbah, first published by Cambridge University Press 2003.

东北财经大学出版社出版
（大连市黑石礁尖山街 217 号 邮政编码 116025）
总 编 室：（0411）84710523
营 销 部：（0411）84710711
网 址：http://www.dufep.cn
读者信箱：dufep@dufe.edu.cn

大连北方博信印刷包装有限公司印刷 东北财经大学出版社发行

幅面尺寸：170mm×240mm 字数：290 千字 印张：20 插页：1
2008 年 6 月第 1 版 2008 年 6 月第 1 次印刷

责任编辑：李季 王莹 章北蓓 于梅 责任校对：孙冰洁 孙越
封面设计：张智波 版式设计：钟福建

ISBN 978-7-81122-405-4

定价：39.00 元

本书的翻译出版是东北财经大学产业组织与企业组织研究中心承担的教育部人文社科重点研究基地重大项目“中国反垄断法与反不正当竞争法的共同经济原理及其衔接”（批准号：04JJD790007）、“竞争政策的国际协调：机理、机构与法律”（批准号：05JJD790030）和辽宁省创新团队项目“从产业政策到竞争政策、重点转移与应对谋略”（批准号2006T048）的组成部分，特此说明。

《反垄断经济学与政策前沿丛书》
编　委　会

《反垄断经济学与政策前沿丛书》总序

于 立

东北财经大学产业组织与企业组织研究中心承担了教育部人文社科重点研究基地重大项目“中国反垄断法与反不正当竞争法的共同经济原理及其衔接”（04JJD790007）和“竞争政策的国际协调：机理、机构与法律”（05JJD790030）。作为研究成果的组成部分，同时也是国家重点学科——产业经济学学科建设的规划要求，我们陆续出版了《反垄断经济学与政策前沿丛书》（共六本译著）和《产业组织理论与应用研究新进展丛书》（共四本专著）。

这里主要针对我国反垄断立法中的若干问题进行讨论，并作为《反垄断经济学与政策前沿丛书》的总序。

一、《反垄断法》的作用是“一窄二虚”

社会各界对《反垄断法》的作用有期望过高的倾向。这不仅不利于反垄断法律体系建设，还可能陷入僵局。《反垄断法》在市场经济国家中虽然素有“经济宪法”之称，在整个国家的法律体系中具有重要地位，但其实际约束范围远没有通常想象的那么宽泛。对于垄断现象和行为，千万不能“一刀切”，必须区别对待。

垄断现象和行为分为人为垄断和自然垄断。人为垄断又分为经济垄断或市场垄断（如合谋、过度集中、滥用市场支配地位等）、行政垄断（如行政许可、地区封锁或部门利益保护等）和法定垄断（如专利、商标、版权等）。

对于法定垄断不应反对，而应维护；行政垄断的情况非常复杂，不能一概而论；即使是属于《反垄断法》主要限制对象的经济垄断，也要根据具体情况而分别遵循“本身违法原则（Per Se Rule）”和

"合理推定原则（Rule of Reason）"，确定利弊大小，再据以裁决。至于自然垄断，为了获取规模经济或其他目的，往往实行反垄断豁免。近年来，自然垄断理论有了新的进展，反垄断豁免的范围大为缩小，但真正意义上的自然垄断终归还是要实行豁免的。可见，在所有垄断行为或垄断现象中，真正应由《反垄断法》约束的范围是比较"窄"的。

另一方面，由于《反垄断法》实施过程中还会遇到"时间长"和"取证难"问题，经常连一些基本的"成本"、"市场"概念都难以达成共识，动辄几年都无结果。在欧美等国，每年提起的反垄断诉讼实际上非常有限，且大多以"庭外和解"为结局。因此，总体来说，《反垄断法》是一把高悬的剑，主要起威慑作用。

二、对行政垄断应"以柔克刚"

如何对待行政垄断是中国《反垄断法》立法中的一大难题。行政垄断是市场经济的"大敌"，既损害效率，又导致腐败。但《反垄断法》既不是治理行政垄断的首选武器，也不是正确的药方。而随着经济体制、政治体制的改革，行政垄断引发的很多问题会逐渐消失。反之，如若在《反垄断法》立法过程中过多纠缠于行政垄断，就会使反垄断立法裹足不前，以致寸步难行。

对行政垄断也不能"一刀切"。假设《反垄断法》中详举行政垄断的罪责，并公布实施，那么就会有相当多的政府行为（无论条条，还是块块）一下子变成"违法行为"，结果必然不仅会树敌过多，欲速不达，还会使整个社会无所适从，秩序混乱。何况有的行政垄断（如某些行政许可），即使到将来也不能一反了之。现实中的行政垄断有很多也是利弊共存，是非难定。

所以，对于行政垄断，既不能熟视无睹，也不能操之过急。务实可取的办法是采取"以柔克刚"的思路，依然将行政垄断纳入《反垄断法》的框架，但仅作原则性的规定。然后，通过其他方面具体的改革（比如规制改革）措施，逐步减少行政垄断的不利影响。正确的思路是，通过体制改革，逐步将行政垄断的资源（机构、权力等）转到政府规制的轨道上来，主要靠规制改革，而不是靠反行政垄断，才可能收到"既疏又导"的一举两得之效。

三、《反垄断法》与行业法应“统筹兼顾”

《反垄断法》立法中的另一个难题是如何对待“自然垄断豁免”与国有企业的特殊性，因为传统自然垄断行业主要由国有企业构成。这一问题可以通过《反垄断法》与行业法的“统筹兼顾”来得以有效解决。

人们常说的自然垄断行业或自然垄断企业，其实本来并不存在。从经济学和法学角度来说，需要区分自然垄断行业、自然垄断企业和自然垄断业务这三个极其容易混淆的概念。人们目前仍然常说的铁路、电力、电信、航空、供水、供气等行业，早已不是真正的自然垄断行业，大部分环节或业务都存在比较充分的竞争。根据我们的研究成果，只有规模经济、范围经济和网络经济“三位一体”的某些环节或业务，才可能存在一定程度的自然垄断。而对于这种自然垄断环节或业务，《反垄断法》是要豁免的，或者说，“允许垄断存在，但要加强规制”。反垄断主要针对大多数竞争性行业和“自然垄断行业”中的竞争性业务。现实中容易出现的问题是，许多相关行业的企业故意夸大自然垄断业务，或者滥用垄断优势，谋取垄断利益。而有关部门不明就里，听之任之，甚至推波助澜。

再说国有企业的特殊性问题。在中国，能够从事自然垄断业务的国有企业，还有一些虽然不属自然垄断，但国家实行专营专卖的国有企业，均属“特殊企业”。我们的研究成果表明，典型的国有企业本来就不是“一般企业”，基本不适用于属于私法、商法范畴的《公司法》，也不可能建立规范的法人治理结构或所谓的“现代企业制度”，而应主要采取“特殊法人”的企业形式。可取的思路是针对自然垄断和国有企业的实际情况，取消《公司法》中有关国有独资公司的条款，分行业制定“特殊法人法”，然后按照“特殊法高于普遍法”的原则，协调《反垄断法》与行业法之间的矛盾。实际上，现实中有关国有企业的法律和政策已经实质上逐步地接近于“特殊法人”的思路，只不过还差“临门一脚”。

四、《反垄断法》体系的建立应“先粗后细”

反垄断法应该是一个法律体系，包括居于核心地位的“母法”

《反垄断法》和相应的“子法”（如并购指南等）。

母法应简洁、原则性强、相对少变，不要牵扯过多的具体条款（如具体的集中度问题），而将其留给相关的子法或实施条例。考虑到我国经济转型与经济发展过程的特殊性和复杂性，需要重视母子法律体系的刚柔相济，走“渐进式”立法之路，即出台母法宜早不宜迟，出台子法可灵活务实，而且可以经常调整。

其实，中国有一些子法已经走在了前面。如针对外资并购问题、零售商滥用垄断势力问题，有关部门出台了一些“子法”。但由于母法出台滞后，势必难以充分考虑母法与子法的衔接问题。再有，《反垄断法》与1994年出台的《反不正当竞争法》也存在较多的重复或交叉。

五、《反垄断法》立法应“内外协调”

按理说，中国致力于建设市场经济体制，也急于让国际上承认我们的市场经济国家地位。在此方面，一个非常值得重视的问题是，既不要“内外有别”，公开歧视，又要注意包括发达国家都广泛存在的“双重标准”现象，在反垄断法律体系建设与实施中预留“接口”。

近几年，国际竞争规则的重点正呈现出从“反低价倾销”向“反垄断高价”转移的新动态。一国反垄断法的终极目标总是首先服务于本国的利益。这一点在美国“波音—麦道合并案”以及波音、空客对我国“大飞机”项目的关注中都可以清楚看出。我们对此要有清醒的认识，并充分借鉴版权保护立法中的经验，在反垄断法律体系建设过程中及早采取防范策略，尤其需要注意反垄断法与产业政策、贸易政策等其他经济发展政策的协调，注意反倾销与反垄断二者之间的逻辑关系及转化规律。

我们要认清，反垄断法国际冲突的根源是发达国家与发展中国家间的利益冲突。在历届世贸组织部长级会议上，许多发展中国家的代表都提出了对于建立国际反垄断法的种种看法。比如印度代表就曾提出，对于发展中国家来说，企业联合抵制进口是一个非常重要的战略，国际反垄断法应予以豁免；印度尼西亚代表希望国际反垄断法中的“核心卡特尔”不包括中小企业合作的卡特尔，因为这种在印度尼西亚很盛行的卡特尔有助于印度尼西亚经济的发展。此外，一些拉美国家还颁布了很有特色的专门用来对付跨国公司垄断行为的竞争法。我国反垄断法律体系建设应该充分借鉴这些发展中国家的做法，协调相互之间的立场和利益。

另一个重要问题是，我国政府应把握反垄断法国际协调的动向，及早关注与世界贸易组织（WTO）类似的“国际竞争组织（ICO）”的构建，以积极态度参与并推动国际竞争规则的起草与谈判，争取成为发起国，并在其中最大限度地保护我国的利益。

呈现在读者面前的这套《反垄断经济学与政策前沿丛书》，既有反垄断经济学与政策研究的前沿性整体介绍，也有对反垄断政策各个方面的深入探讨，既有关于国内反垄断政策的剖析，也有针对国际反垄断政策的阐述，研究方法前沿，主题和体裁丰富。我们真切期盼本套丛书的出版有助于中国反垄断经济学与政策研究水平的整体提升！

主编者的话

反垄断政策国际化日益受到学术界、企业界和政策界人士的关注，这是一个意义重大并颇具探讨价值的研究领域。20世纪90年代以前，反垄断的研究很少关注反垄断政策国际化问题，而时至21世纪，反垄断政策国际化则成为焦点问题。反垄断政策国际化是一个十分复杂的领域，也是重要的新研究方向，并涉及法学、经济学和政治学等多个学科。

本书作者马赫·M. 达芭博士是伦敦大学玛丽皇后学院“竞争法”课程的讲师，同时也是一名资深律师，学识和实践经验都很丰富。本书是在达芭博士师从伦敦国王学院Richard Whish教授时的博士学位论文基础上，经过不断修改和充实反垄断判例而成的。

全书共分为九章，主要包括反垄断法的目标和政治视角、自由裁量权、欧盟反垄断政策、主权、法律的域外适用、反垄断政策与贸易政策等内容。在翻译的过程中，我们深切地感受到本书的内容由浅入深、循序渐进，行文逻辑通畅，写作风格严谨而不失文雅。本书在最后形成了一个回顾过去、立足现在和展望未来的比较分析框架，为读者介绍了十分清晰的反垄断政策国际化发展历程、发展方向和亟待解决的问题。本书适合经济学专业的研究生和从事或涉及反垄断工作的政府官员、国际组织、企业界人士及学术界人士阅读。另外，本书从基本概念辨析入手，在行文中注重对严格的学术概念进行简明解释，因此，本书也可作为本领域的科普读物。

本人一直从事产业组织理论方面的教学和研究工作，对反垄断政策国际化问题十分关注，并在这一领域承担过教育部基地重大项目。本书系我主编的《反垄断经济学与政策前沿丛书》中的一册，也是教育部基地重大项目“中国反垄断法与反不正当竞争法的共同经济原理及其衔接”（批准号：04JJD790007）和“竞争政策的国际协调：

机理、机构与法律”（批准号：05JJD790030）的阶段性研究成果。

本书的具体翻译工作主要由肖兴志、丁宁负责，郑明、李姝和杨雪共同参与完成。张嫚、鄂立彬、崔文杰、王雅洁、张萌、李奇等也对本书的翻译有所帮助。

于　立

2008 年 3 月

前　　言

本书出版之际，正值反垄断政策国际化这一领域在世界范围内得以重大发展之时。就在一个月前，第一届国际竞争网络（International Competition Network，ICN）年会召开了。在这次活动中，国际竞争网络的诞生，特别是会议的组织、议程以及结果都适时地提醒我们这样一个事实，那就是反垄断政策国际化已经成为一个意义重大和颇具争议的主题。除ICN外，该领域研究在经济合作与发展组织（Organization for Economic Cooperation and Development，OECD）、联合国贸易与发展会议（United Nations Conference on Trade and Development，UNCTAD）和世界贸易组织（World Trade Organization，WTO）中都有所体现。在这些重要论坛中，WTO尤其受到关注。世贸组织第四次部长会议的成功召开以及为第五次会议所做的准备工作，不仅表明有效探讨反垄断问题的重要性和必要性，而且世贸组织本身也发挥了重要作用，这些都非常令人鼓舞。

十年前，在反垄断会议和活动中很少关注反垄断政策国际化问题。但是令人饶有兴趣的是，在一个相对较短的时间内，事情正发生着戏剧性的变化。现在，在诸如此类的会议和活动中，几乎都在讨论这一主题。事实上，近二十年内，由于反垄断的重要性及所涉及的地理范围不断扩大，这种发展趋势也日益明显。

本书的写作目的主要是为那些反垄断机构的官员，处理反垄断和国际贸易问题的国际组织，企业团体，包括反垄断律师、经济学家、政治学家在内的学院派人士和研究员，以及对反垄断法和政策感兴趣的政策制定者们提供帮助。本书的很多观点都得自本人的教学经验，在几家公司和国际组织担任顾问的工作经验，以及为许多国家政府官员、经济学家、律师和法官提供反垄断法培训的经验。

每本书背后都有一个故事，本书亦概莫能外。反垄断政策国际化的写作观点形成于几年前的“反垄断”领域，随后，在伦敦国王学院 Richard Whish 教授的悉心指导下，根据这一观点形成一篇博士论文，本书就是在此基础上的修改和扩展。作为 Richard Whish 教授指导的第一个博士毕业生，我特别得益于他的丰富经验和学识。在伦敦国王学院，为期四年同 Richard Whish 教授共同执教的“竞争法”课堂上，我积累了丰富的经验。在此，对于他所提供的无私帮助和支持表示衷心感谢，我为能有如此优秀的同事和朋友感到无比欣慰。

另外，我要向 Tamar Gidron 博士、Markey 一家、Steve Anderman 教授、Peter Muchlinski 教授、Eleanor Fox 教授、Christopher Brown、David Bailey 以及我在伦敦国王学院的前研究助理 Monica Chowdry 致谢。我还要感谢剑桥大学出版社相关人士的竭力帮助，特别向 Finola O’Sullivan 女士致谢，并对我兄弟姐妹们的爱与支持深表谢意。

最后，谨以此书献给我最伟大的父母。

马赫·M. 达芭
伦敦大学玛丽皇后学院

研究报告一览表

American Bar Association (ABA)

Private Anti – Competitive Practices as Market Access Barriers (2000)

The Internationalization of Competition Law Rules: Coordination and Convergence (1999)

US Department of Justice

International Competition Policy Advisory Committee Report (ICPAC) (2000)

Antitrust Guidelines for International Operations, United States Department of Justice, Antitrust Division (1995)

Antitrust Guidelines for International Operations, United States Department of Justice, Antitrust Division (1988)

European Commission

Green Paper on Merger Review (2001)

The Enlargement Negotiations after Helsinki MEMO/00/6 (2000)

White Paper on the Modernisation of the Rules Implementing Articles 85 and 86 of the EC Treaty (1999)

European Parliament Resolution on the Commission's 28th Report on Competition Policy (1998) Commission Report (1999)

28th Report on Competition Policy (1998)

Competition Policy in the New Trade Order: Strengthening International Co – operation and Rules COM (95) 359, Report of Group of Experts

25th Report on Competition Policy (1995)

White Paper on the Preparation of the Associated Countries of Central and Eastern Europe for Integration into the Internal Market (1995)

23rd Report on Competition Policy (1993)

15th Report on Competition Policy (1985)

Cockfield White Paper on the Completion of the Internal Market (1985)
13th Report on Competition Policy (1983)
11th Report on Competition Policy (1981)
9th Report on Competition Policy (1979)

Organisation for Economic Cooperation and Development (OECD)

Coherence between Trade and Competition Policy (2000)
Consistencies and Inconsistencies between Trade and Competition Policies (1999)
Trade and Competition Policy for Tomorrow (1999)
Trade and Competition: Exploring the Way Forward (1999)
Positive Comity and Related Benefits (1999)
Recommendation Concerning Hard – Core Cartels (1998)
Antitrust and Market Access (1996)
Revised Recommendations Concerning Co – operation between Member Countries on Anticompetitive Practices Affecting International Trade (1995)
New Dimensions of Market Access in Globalizing World Economy (1995)
Convergence of Competition Policies (1994)
Trade and Competition Policies (1993)
Recommendation for Co – operation between Member Countries in Areas of Potential Conflict between Competition and Trade Policies (1986)
Competition Policy in the OECD Countries (1986)
Competition and Trade Policy: Their Interaction (1984)
Restrictive Business Practices of Multinational Enterprises (1977)

International Chamber of Commerce (ICC)

Competition and Trade in the Global Arena: an International Business Perspective (1998)

World Bank

Linking Competition and Trade Policies in Central and East European

Countries, Policy Research Working Paper 1346 (1994)

United Nations Conference on Trade and Development (UNCTAD)

Set of Multilaterally Agreed Principles and Rules for the Control of Restrictive Business Practices (1981)

World Trade Organization (WTO)

Annual Report (1998)
Annual Report (1997)
Annual Report (1996)

案例一览表

EC Cases

A Ahlström Osukeyhtiöv. Commission (Wood Pulp): C – 89/85, 104/85, 114/85 (1988), ECJ

Aérospatiale/ Alenia/De Havilland (EC Commission Decision) (1991)

Airtours plc v. Commission: T – 342/99 (2002), CFI

Alcatel/Newbridge Networks (EC Commission Decision) (2000)

Alcoa/Reynolds (1999) (EC Commission Decision)

Alfa Romeo (EC Commission Decision) (1984)

Aluminium Imports from Eastern Europe (EC Commission Decision) (1985)

Aniline Dyes Cartel (EC Commission Decision) (1969)

AOL/Time Warner (EC Commission Decision) (2001)

Automec srl v. Commission: T – 24/90 (1992), CFI

BASF AG v. Commission: T – 79/89, 84 – 86/89, 91 – 92/89, 94/89, 96/89, 98/89, 102/89, 104/89 (1992)

Belgische Radio en Televisie et al. v. SV SABAM and NV Fonier: C – 127/73 (1974), ECJ

Boeing/McDonnell Douglas (EC Commission Decision) (1997)

British Airways/British Caledonian (EC Commission Decision) (1988)

British Leyland (EC Commission Decision) (1984)

British Sugar/Berisford (EC Commission Decision) (1982)

CVC/Lenzing (2001) (EC Commission Decision)

Compaq/HP (2001) (EC Commission Decision)

Continental Can Co. Inc., Re (EC Commission Decision) (1972)

Costa v. ENEL: C – 6/64 (1964), ECJ

Demirel v. Stadt Schwöbisch Gmünd: C – 12/86 (1987), ECJ

Demo – Studio Schmidt v. Commission: 210/81 (1983), ECJ

Establissements Consten SARL and Grundig – Verkaufs – GmbH v.

Commission: C-56, 58/64) (1966), ECJ
European Night Services v. Commission: T - 374 - 5, 388/94 (1998), CFI
Exxon/Mobil (EC Commission Decision) (1994)
Ford/VW (EC Commission Decision) (1993)
Förenings Sparbanken/SEB (EC Commission Decision) (2001)
Gencor v. Commission: T-102/96 (1999), CFI
General Electric/Honeywell International (EC Commission Decision) (2001): T-209/01, 210/01 judgment pending, CFI
Grosfillex - Fillistorf (EC Commission Decision) (1964)
IBM v. Commission: C-60/81, 190/81 (1981), ECJ
ICI Ltd. v. Commission (Cases 48/69) (1972) ECR 619
Irish Sugar v. Commission: T-228/97 (1999), CFI
LdPE (EC Commission Decision) (1990)
MCIWorldcom/Sprint (EC Commission Decision) (2000)
Minnesota Mining and Manufacturing/Quante (EC Commission Decision) (2000)
NV Algemene Transporten Expeditie Onderneming van Gend en Loos v. Nederlandse Administratie der Belastingen: C-26/62 (1963), ECJ
PVC (EC Commission Decision) (1990)
Radio Telefis Eireann v. Commission: T-69/89 (1991), CFI
Remia BV v. Commission: C-42/84 (1985), ECJ
S. A. Hercules Chemicals NV v. Commission: T-7/89 (1991), CFI
Schibsted Multimedia AS/Telenor Nextel AS/Telia AB (EC Commission Decision) (1999)
Schneider Electric v. Commission: T-77/02 (2002), CFI
Shell/Montedison (EC Commission Decision) (1994)
Società Italiana Vetro v. Commission: T-68, 77, 78/89 (1992), CFI
Sonera Systems/ICL/Invia/Data - info/JV (EC Commission Decision) (2000)
Tetra Laval BV v. Commission: T-5/02 (2002), CFI
Tetra PakRausing SA v. Commission: C-333/94 (1996), CFI

United Brands v. Commission: 27/76 (1978)
VBVB v. Commission: 43, 63/82 (1984), ECJ
Vodafone Airtouch/Mannesmann (EC Commission Decision) (2000)
Volvo/Renault (EC Commission Decision) (2000)
Volvo/Scania (EC Commission Decision) (2001)
Walt Wilhelm v. Bundeskartellamt: C–148/68 (1969), ECJ

International Court of Justice Cases

Denmark v. Germany (North Sea Continental Shelf) (1968)
France v. Turkey (S. S. 'Lotus') (1927)

UK Cases

British Nylon Spinners Ltd. v. ICI (1953)
Darcy v. Allein (Case of Monopolies) (1602)
Dyer' s Case (1414)
Rio Tinto Zinc v. Westinghouse Electric Corp. (1978)

US Cases

American Banana Co v. United Fruits Co. (1909)
Asahi Metal Indus. Co. v. Superior Ct. (1987)
Baker v. Carr 369 US (1962)
Broadcast Music, Inc. v. CBS (1979)
Brooke Group Ltd. v. Brown and Williamson Tobacco Corp. (1993)
Caribbean Broad Sys. v. Cable and Wireless Plc (1998)
Chicago Board of Trade v. United States (1918)
Doe v. United States (1988)
Eastern Railroad Presidents Conference v. Noerr Motor Freight, Inc. (1961)
Filetech SARL v. France Telecom (1997)
Hartford Fire Insurance Co. v. California (1993)
Hilton v. Guyot (1865)
Holophane Co. v. United States (1956)

In re Grand Jury Subpoena Duces Tecum (1947)
In re Insurance Antitrust Litigation (1991)
In re Uranium Antitrust Litigation: Westinghouse Elec. Corp. v. Rio Algom Ltd. (1980)
Interamerican Refining Corporation v. Texaco Maracaibo, Inc. (1970)
Laker Airways Ltd. v. Sabena, Belgian World Airlines (1984)
Mannington Mills, Inc. v. Congoleum Corp. (1979)
Metro Indus. Inc. v. Sammi Corp. (1996)
National Society of Professional Engineers v. United States (1978)
Northern Pacific Railway v. United States (1958)
NYNEX Corp. v. Discon, Inc. (1998)
Parker v. Brown (1943)
The Schooner Channing Betsy (1804)
The Schooner Exch. v. M' Faddon (1812)
Société Nationale Industrielle Aérospatiale v. United States District Court (1987)
Southern Motor Carriers Rate Conference v. US (1985)
Spectrum Sports, Inc. v. McQuillan (1993)
Standard Oil Co. v. United States (1911)
Timberlane Lumber Co. v. Bank of America National Trust and Savings Association (1984)
Timberlane Lumber Co. v. Bank of America National Trust and Savings Association (1976)
Timken Roller Bearing Co. v. United States (1951)
Trugman - Nash Inc. v. New Zealand Dairy Board (1997)
Underhill v. Hernandez (1897)
United Mine Workers v. Pennington (1965)
United States v. Aluminum Co. of America (Alcoa) (1927)
United States v. Cerestar Bioproducts BV (1998)
United States v. Heeremac (1997)
United States v. Hoffmann - La Roche (1997)
United States v. Imperial Chem. Indus. Ltd. (1951)

United States v. Minnesota Mining and Mfg. Co. (1950)
United States v. Nippon Paper Industries Co. (1997)
United States v. Pilkington plc (1994)
United States v. Sisal Sales Corporation (1927)
United States v. Watchmaking of Switzerland Information Centre, Inc. (1955)
United States v. Watchmakers of Switzerland (1962)

缩略语表

AB	Antitrust Bulletin
AER	American Economic Review
AJCL	American Journal of Comparative Law
AJCorpL	Australian Journal of Corporate Law
AJIL	American Journal of International Law
ALJ	Antitrust Law Journal
AR	Antitrust Report
AULR	American University Law Review
BJIL	Brooklyn Journal of International Law
BL	Business Lawyer
BLR	Brookings Law Review
BUILJ	Boston University International Law Journal
BULR	Boston University Law Review
BYBIL	British Yearbook of International Law
CFI	European Court of First Instance
CILJ	Cornell International Law Journal
CJTL	Columbia Journal of Transnational Law
CKLR	Chicago – Kent Law Review
CLP	Current Legal Problems
CLR	Cardozo Law Review
CMLR	Common Market Law Reports
CMLRev	Common Market Law Review
ColLR	Columbia Law Review
CorLR	Cornell Law Review
CPE	Constitutional Political Economy
CUSLJ	Canada – United – States Law Journal
CWILJ	California Western International Law Journal

CWRJIL	Case Western Reserve Journal of International Law
DG COMP	Directorate of Commission responsible for antitrust policy
DJILP	Denver Journal of International Law and Policy
ECCPNL	European Community Competition Policy NewsLetter
ECJ	European Court of Justice
ECLR	European Competition Law Review
ECMR	European Community Merger Regulation
ECoun	European Counsel
ECR	European Court Reports
EEA	European Economic Area
EECR	East European Constitutional Review
EFTA	European Free Trade Association
EJPR	European Journal of Political Research
ELR	European Law Review
FBNJ	Federal Bar News and Journal
FCLI	Fordham Corporate Law Institute
FILJ	Fordham International Law Journal
FLR	Fordham Law Review
FTC	Federal Trade Commission
GCR	Global Competition Review
GLJ	Georgetown Law Journal
GMLR	George – Mason University Law Review
HICLR	Hastings International and Comparative Law Review
HILJ	Harvard International Law Journal
HLJ	Hastings Law Journal
HLR	Harvard Law Review
IBL	International Business Lawyer
ICJ	International Court of Justice
ICLQ	International and Comparative Law Quarterly
ICN	International Competition Network
ICPAC	International Competition Policy Advisory Committee
IICLR	Industrial International and Comparative Law Review

IILR	International Institute Law Review
IJEL	Irish Journal of European Law
IL	International Lawyer
ILR	Israel Law Review
IO	International Organization
ITR	International Trade Representative
JCMS	Journal of Common Market Studies
JIS	Journal of International Studies
JITE	Journal of Institutional and Theoretical Economy
JLE	Journal of Law and Economics
JMLR	John Marshall Law Review
JWTL	Journal of World Trade Law
LLR	Loyola Law Review
LPIB	Law and Policy in International Business
LQR	Law Quarterly Review
LS	Legal Studies
MarLR	Marquette Law Review
MicLR	Michigan Law Review
MJGT	Minnesota Journal of Global Trade
MJIL	Michigan Journal of International Law
MLR	Modern Law Review
MNEs	Multinational Enterprises
NELR	New England Law Review
NILQ	Northern Ireland Legal Quarterly
NJILB	Northwestern Journal of International Law and Business
NULR	Northwestern University Law Review
NYULR	New York University Law Review
OECD	Organisation for Economic Cooperation and Development
OJ	Official Journal of the European Community
ONULR	Ohio Northern University Law Review
OREP	Oxford Review of Economic Policy
OSLJ	Ohio State Law Journal

PCIJ	Permanent Court of International Justice
PRLPJ	Pacific – Rimely Law and Policy Journal
QJE	Quarterly Journal of Economics
RDC	Recueil des Cours
RLR	Rutgers Law Review
RMCLUE	Revue du Marché Commun et de l' Union Europćene
SCLR	Southern California Law Review
SCR	Supreme Court Review
SJIL	Stanford Journal of International Law
SJILC	Syracuse Journal of International Law and Commerce
SRICL	Swiss Review of International Competition Law
SSNIP	Small but Significant Non – transitory Increase in Price
STLJ	Suffolk Transnational Law Journal
TL	Transnational Lawyer
TLR	Texas Law Review
UCDLR	University of California, Davis Law Review
UCinLR	University of Cincinnati Law Review
UCLF	University of Chicago Legal Forum
UCLR	University of Chicago Law Review
UFLR	University of Florida Law Review
UNCTAD	United Nations Conference on Trade and Development
UPitLR	University of Pittsburgh Law Review
UPJIBL	University of Pennsylvania Journal of International Business Law
UPJIEL	University of Pennsylvania Journal of International Economic Law
UPLR	University of Pennsylvania Law Review
VanLR	Vanderbilt Law Review
VilLR	Villanova Law Review
VirLR	Virginia Law Review
VJIL	Virginia Journal of International Law
VJTL	Vanderbilt Journal of Transnational Law
WC	World Competition
WLR	Wayne Law Review

WTO	World Trade Organization
YEL	Yearbook of European Law
YJIL	Yale Journal of International Law
YLJ	Yale Law Journal

目　　录

第 *1* 章

导言

1.1 概述

20 世纪见证了资本主义和共产主义对市场竞争的激烈争论。直到 20 世纪后 25 年，世界上许多国家仍赞同对国内经济的计划和管理实行严格控制的传统。然而，到本世纪末情况发生巨变，许多国家开始从垄断转向非垄断、从国家控制与计划经济转向自由化和私有化。这一重大发展在很大程度上归功于认识的不断提高。从总体上讲，竞争已经成为促进创新、深化经济发展、保证国家福利和社会进步的有效工具。特别是随着倡导市场机制的言论被广泛接受，对竞争的呼吁也日益强烈。

对竞争价值认识的不断提高总是伴随全球化进程以及世界范围内

贸易和投资流动障碍的逐步消除。[①] 尤其是近20年来，越来越多的国家不仅意识到竞争的重要性，而且还认识到保护竞争的必要性。[②] 用于保护竞争的法律通常被称为“反垄断法”或“竞争法”。[③] 目前，近100个国家采取了不同形式的反垄断法，并且至少有30个国家正处于反垄断立法的进程中。[④] 反垄断法在地理区域上的分布不会仅限于特定国家和地区，在不久的将来会迅速蔓延。

1.2 共性与特性

大部分反垄断的世界体系都有共同点，包括禁止企业间横向协议（如旨在扩大市场份额的卡特尔、价格操纵（price-fixing）以及限制产出等）、纵向限制和强势企业滥用市场势力。其中，一半以上的此类体系中都包括并购控制机制。

除了这些共性外，还有很多特性。在本书随后的章节中将详细探讨这些特性。但是，在此阶段，说明某些特性十分必要。第一个特性是对诸如“竞争”和“反竞争”术语缺乏统一认识。这在探讨过程中显而易见，各国对这些概念的界定和理解还不是很明确。第二，对竞争是否需要具体的反垄断法以及是否有其他类型的法律与政策也可以保护竞争有争议。一些国家中，此类法律指反对“限制贸易惯例”法。相对于关注消除自由市场竞争障碍的法律，这些法律更关注如何对大企业运用市场势力进行规制。[⑤] 而在另一些国家中，此类法律被

---

① See A. Fiebig, ‘A Role for the WTO in International Merger Control’ (2000) 20 *Northwestern Journal of International Law and Business* 233, 235. See Also pp. 12-15 below for a discussion on globalisation and its implications for antitrust policy.

② See M. Palim, ‘The Word Wide Growth of Competition Law: an Empirical Analysis’ (1998) 43 *Antitrust Bulletin* 105.

③ ‘Antitrust law’ is the term used in the United States (USA). The term ‘Competition law’ is a synonym used more commonly outside the USA. The term ‘antitrust law’, unlike the concept of ‘competition’, encounters hardly any previous usage in the English language. See D. Gerber, *Law and Competition in Twentieth Century Europe* (Oxford University Press, Oxford, 1998), p. 4, analysing the translation of the term into other languages.

④ See D. Valentine, ‘Antitrust in a Global High Tech-Economy’, paper delivered before the American Bar Association of the District of Columbia at the 8th National Forum for Women Corporate Counsel 30 April 1999, available at http://www.ftc.gov/speeches/other/dvatspeech.htm. Also, see W. Rowley and N. Campbell, ‘Multi-Jurisdictional Merger Review-Is It Time for a Common Form Filing Treaty?’ in *Policy Directions for Global Merger Review*, a special report by the Global Forum for Competition and Trade Policy (1999).

⑤ Report of the American Bar Association Sections of Antitrust Law and International Law and Practice on *The Internationalization of Competition Law Rules: Coordination and Convergence*, ABA, December 1999.

称为反不公平竞争法，并且，有1/3的国家将该法称为反垄断法或竞争法和公平贸易法。十分有趣的是，在某一阶段的讨论中，这些法律的实际含义以及表达目的是否相同也有待商榷。第三，各国反垄断法的传统以及执行反垄断法的严格程度不同。一方面，如果或当外国企业成为执行法律行为的受益人时，有些国家并不在意反垄断法的执行是否严格。另一方面，有些国家反垄断法因执行不严格导致的不确定性为某些企业创造了这样一种激励机制，即把这些国家当作“反垄断的避难所（antitrust havens)”，这种情况很容易误导相关国家的竞争并有可能波及国外。① 目前，并不是所有采取反垄断法的国家都赞同加大执法力度的做法。有些国家秉承反垄断法的执行和决策同政治分离的传统，但是其他国家则不同，因为一些国家遵循国家控制和计划的传统，而另一些国家则崇尚自由化和私有化。第四，对反垄断法的确切目标没有达成一致。无论是经济目标、社会目标还是政治目标。② 第五，对保护竞争的正确制度性方法缺乏统一标准。在一些国家是由行政完成的，而在另一些国家则是由立法完成的。③ 最后，各国对处理跨国反垄断问题的看法不一致。其中一个极端是有些国家“单边主义者”的想法和做法。这就意味着，它们十分愿意把自己国内的反垄断法介绍到其他国家，这也是引发问题的因素之一。④ 另一个极端则是有些国家在说明此类问题时，通过采取一种“双边的”⑤、“区域的”、“多边主义的”或甚至建议一种“全球的”方法，在反垄断法和政策内部建立一个通用规则范围。在两个极端之间，还有一些国家将这两种方法混合运用。

这些在探讨中越辩越明的特性十分重要，因此绝不能忽视。这些不同点在一些国家内不断扩大，如美国和欧共体（European Community)，反垄断法发展势头良好，在此基础上建立的政策处于

① D. Gerber, ‘Afterword: Antitrust and American Business Abroad Revisited’ (2000) 20 *Northwestern Journal of International Law and Business* 307, 312. See further chs. 7 and 8.

② 参见下文关于“反垄断法目标”的讨论。

③ See J. Griffin, ‘What Business People Want from a World Antitrust Code’ (1999) 34 *New England Law Review* 39, 44; C. Bellamy, ‘Some Reflections on Competition Law in the Global Market’ (1999) 34 *New England Law Review* 15, 18-19.

④ See chs. 7 and 9.

⑤ ‘Bilateral’ is used in this context to refer to the conclusion of bilateral agreements between countries, in particular between their domestic antitrust authorities. See for example the agreement entered into between the European Community (EC) and the USA on 23 September 1991, OJ 1995 No. L95/45 as corrected by OJ 1995 No. L131/38, discussed at pp. 112-16 below.

瞬息变化和发展之中，而在另一些国家，反垄断法则正逐渐明朗。[①]

1.3 本书的范围

通常，特性并不代表特好。在反垄断政策中，能找到有力的证据支持这种观点。[②] 因此，从特性转向共性着实令人期待。但是，这也的确引发一种挑战。这种挑战是当前许多国家面临的反垄断法联盟，意识到这种挑战的当事人以及进一步向共性靠拢的需求正为反垄断政策的“国际化”寻找出路。但是，尽管在表面上特性涉及如何国际化的问题，[③] 结果却出现了国际化的不同范例。这些范例将在本章第5节中进行探讨。

本书的目的是给反垄断政策国际化进程提供一种严肃活泼的观点。本书探究该过程的性质是否关乎法律或政治（或二者皆有），并且还关注这一进程的方向。探讨反垄断政策国际化的必要性不仅仅因为上述提及的特性，而且还因为以下需要提起注意的几个问题。这些问题总结如下。由于国内反垄断法受到一定的约束和限制，所以它们不能有效地表达国际制约。随着全球化进程，当反垄断机构面临超越本国界限的反垄断问题时，似乎缺少远见。各国对那些在其境内注册设立营业场所，但却在全球市场上制造、分配和销售的企业变得越来越失去主张。在有关反垄断政策的标准、预期发展及它们的重要性不断加强和地理范围不断扩大时，考虑这一因素变得十分重要。[④] 另一方面，有些国家的反垄断法具有很宽的范围，这就意味着这些法律可能用于规制其他国家的个人、企业和交易行为。多年来，事实证明，世界上很多国内反垄断机构执行的反垄断政策最后变成了域外适用。[⑤] 虽然，条款中国际制约要受惩罚的规定值得肯定，但当条款的

---

① See W. Hannay, ‘Transnational Competition Law Aspects of Mergers and Acquisitions’ (2000) 20 *Northwestern Journal of International Law and Business* 287.

② See ch. 7.

③ See ch. 7.

④ Other reasons include the shortcomings of both bilateral agreements between antitrust authorities and the convergence of antitrust laws of different countries in addressing international antitrust issues. See chs. 7 and 8. See also E. For, ‘Global Problems in a World of National Law’ (1999) 34 *New England Law Review* 11, 11-12, Fiebig, ‘International’, 233; P. Muchlinski, *Multinational Enterprises and the Law* (Blackwell, Oxford, 1995), p. 384.

⑤ See ch. 7 for an examination of the doctrine of extraterritoriality.

执行受到其他国家命令和特权的干扰时，认为这种发展是可接受的观点将受到质疑。另外，不同国家在同一条件下对反垄断法的应用可能会引发这些国家之间的矛盾。除了破坏国家彼此之间的关系外，冲突后果将损害那些担心交易行为受制于多个反垄断法的企业。当企业的经营和交易受到几个国家反垄断机构的调查时，关注成本及由此产生的费用十分合乎情理。除了这些成本外，冲突结果还会把企业拖入国家之间的外交纷争。本书将探讨在制定条款时，世界上反垄断机构的总体想法是寻找有效方法以克服反垄断法执行区域特征的内在缺陷。

本书有三个不同的战略目标。第一，基本目标，将方法扩展到反垄断政策国际化的“丛林”中。第二，在法律、经济学和政治领域对未来需要深入研究和思考的重要话题进行开放式探讨。第三，形成一种创新方法，并试图抛开本书的一些基础看法，无论是否为学术研究，都应对该领域进行深入探讨。

1.4 本书的性质

在考察国际化进程中，首先要对反垄断法的范围进行界定。从一些基本概念着手，考察该法的要点和目标很有说服力。如果不先探讨该法存在的目的和理由就探讨反垄断政策国际化，反而收获甚少。依次的，还可进一步调查这些说法是如何产生的以及其性质对公权和私权、制度、市场结构和功能以及个人经济自由的最终影响如何。① 这本身也是对反垄断法的另一种思路进行考察（除了法律和经济学以外），即政治的作用和影响以及自由民主原则的相关性。② 这种思路的重要性列明如下。通常，政治的意识形态及原动力是不同国家颁布不同类型反垄断法的基础。③ 这是基于对反垄断概念的起源过多关注

① R. Bork, *The Antitrust Paradox* (Basic Books, New York, 1978), p.3.

② 政治影响和自由民主原则，在当前的工作中不等同。虽然自由民主原则同反垄断政策国际化中的几个问题都有很大的联系，但在一个不同的框架下，仍然需要考察其他方面的问题。国家主权问题就是其中的一个例子。正如在第6章中所述，几个同这个问题相关的思路有很宽泛的解释，因此需要在一个较大的框架下评估，而不是仅在自由民主原则的框架下。

③ Some commentators have argued that the enactment of antitrust law is a political act, and, as such, political factors should be given paramount consideration. See C. Ehlermann and L. Laudati (eds.), *European Competition Law Annual* 1997: *Objectives of Competition Policy* (Hart Publishing, Oxford, 1998), p.58.

经济力量，以及如果市场经济民主无法充分得到保护，[①] 那么自由民主原则可能被破坏的一般认知。由于政治意识形态对于不同国家采用的反垄断法很重要，因此，在考察反垄断政策国际化时，考虑意识形态问题很有必要。特别是，由行政机构来实施竞争规制和执行反垄断法会涉及官僚政治和官僚决策。在某种程度上，无论是国家还是地区（如欧盟的例子）[②]，执行反垄断法的优点是行政或政治机构可以将政治导向暗含其中。本书旨在通过证明反垄断政策国际化受政治影响来倡导这一主张。到目前为止，对该领域中政治的实际或潜在重要性的说明在文献中很少出现。在以下章节中将会发现，对此起作用的因素之一就是经济学家首先决定在何种程度上，是经济而非政治成为执行反垄断法的系统强制力。在探讨中会发现，毫无疑问，人们倾向对反垄断法和政策的经济分析更重要的观点。然而，同样的，人们也意识到政治的重要性，以及需要理解其对反垄断政策影响的一般意义和国际化的特殊意义。

这种调查的本质形成了对包括政治科学在内不同学科新见解的需求。这种见解对反垄断政策国际化以及对其规定、原则和指导性政策进行补充很有意义。律师和政治学家对反垄断政策国际化有很多共同的兴趣，这些可通过两个学科间的充分对话得以体现。[③] 为此，作者鼓励采用跨学科的方法研究反垄断政策国际化。人们必须清醒地意识到，制度在反垄断政策中发挥着重要作用，并且反垄断政策国际化对制度维度的考虑迫在眉睫。建议采取跨学科的研究方法是因为对制度维度和政治重要性的具体强调，包括政策处理过程对法律的补充作用。因此，在政治科学和政治规制方面，任何关于方法论的选择十分关键。这种强调反映了对发展跨学科方法研究的必要性以及制度贡献

---

① It is important to emphasise that the present discussion is more concerned with economic democracy than political democracy. For some interesting discussion of the latter concept, see G. Amato, *Antitrust and the Bounds of Power*(Hart Publishing, Oxford, 1997), p. 96; H. Thorelli, *The Federal Antitrust Policy:Origination of an Antitrust Tradition*(Johns Hopkin Press, Baltimore, 1954);E. Fox, 'The Modernization of Antitrust: a New Equilibrium' (1981) 66 *Cornell Law Review* 1140; E. Sullivan (ed.), *The Political Economy of the Sherman Act* (Oxford University Press, Oxford, 1991);D. Millon 'The Sherman Act and the Balance of Power' (1988)61 *Southern California Law Review* 1219.

② See ch. 5.

③ On Constructing dialogues between different disciplines, see generally J. Weiler, 'Community, Member States and European Integration: Is the Law Relevant?' (1982)21 *Journal of Common Market Studies* 39; R. Pryce, *The Politics of the European Community* (Butterworths, London, 1973).

对反垄断政策国际化的重要性。①

通常，政治学家对反垄断政策系统工作进展缓慢，而把这个领域留给律师和经济学家。② 对此，有多种解释。其中一种解释是由于反垄断法和政策及其分析是由经济学家主导，因此，事实上让政治学家进入这一领域不太可能。另一种缺乏说服力的解释是政治学家没有兴趣从事任何法律和政策领域的工作。这两种解释中的任何一种都给人似是而非的感觉。最终，很可能律师和经济学家必须承认政治和制度的重要性；虽然至少在短期内，他们关注的焦点仍是在理论上分析法律原则、经济模型和个案，并对政治可接受度或政治交涉无任何参考或认识。③ 尽管律师如此胆怯，但经济学家和政治学家却十分关注并意识到上述情况，毫无疑问，意识到制度和政治维度对理解反垄断政策国际化作用很大。

1.5 国际化范例

上述观点是为了寻求反垄断政策国际化，上下文中提及的有关“国际化”差异显而易见。国际化中出现的主要范例可归纳为四种。第一种，世界上不同反垄断机构间双边合作的观点。双边合作涉及各国对国内反垄断法的执行问题。通常采取各国反垄断机构签署正式协议的形式，一般包括但不限于信息共享和联合的条款。④ 第二种，国内反垄断法可以汇聚一些通用的观点和标准。⑤ 基本观点是不同国家的不同反垄断法和谐共处。第三种，创造一种各国都能采用的详细的

---

① See M. Staniland, *What Is Political Economy?: a Study of Social Theory and Underdevelopment*(Yale University Press, New Haven, 1985);D. North, *Institutions, Institutional Change and Economic Performance* (Cambridge University Press, Cambridge, 1990); M. Granovetter, ‘Economic Action and Social Structure: the Problem of Embeddedness’ in M. Granovetter and R. Swedberg (eds.), *The sociology of Economic Life*(Westview Press, Boulder, 1992).

② C. Doern and S. Wilks (eds.), *Comparative Competition Policy*(Oxford University Press, Oxford, 1996),p.4.

③ *Ibid.*, at pp. 4-5. The authors argue that their assertion is not intended to be dismissive of law and economics disciplines, or to imply that academic lawyers or economists invariably overlook political factors. They merely (and it seems rightly) emphasise ‘a systematic bias and an understandable, if regrettable, narrowness of viewpoint’ on the part of either discipline.

④ See for example the EC-US agreement (23 September 1991) OJ 1995 No. L95/45 as corrected by OJ 1995 No. L131/38, discussed at pp. 112-16 below. Other bilateral agreements also have been entered into by different countries, including Canada, Australia and New Zealand. See chs. 7 and 8 for a discussion on these agreements.

⑤ See ch. 5.

国际反垄断规则。① 第四种，集中在国际自治机构框架下建立一种反垄断国际体系。② 这一范例中所确立的观点是国家应采用一个独立反垄断机构支持下形成的体系原则。这一体系也提供一种最低限制程序的机制解决参加国之间的纠纷。该范例是探讨的最核心部分，也确实是四种范例中最有发展潜力的一种。要适当地注意在探讨现有范例中，范例的列表并不全面。虽然将来可能会发现更多的范例，但这些是近年来四大主要范例。

1.6 术语辨析

在此阶段，本书对使用术语的意见是正确的。有三个主要术语值得特别关注。它们是“反垄断体系”、“反垄断的国际体系”以及“反垄断政策国际化”。其他重要术语和概念将在讨论中出现时提及并分析。

反垄断体系

“反垄断体系”经常被提及。对这个概念的解释十分重要，它包括至少三个不同的组成部分。③ 概念涵盖三个组成部分恰到好处。在此，“体系”作为一个运作整体，结合了其观点的相互作用和运作影响因素。在本书不同阶段会发现，这三个相关组成部分中存在一种特殊关系。本书将提取这些组成部分所涵盖的学科知识和见解构建一个分析框架，在该框架内相互补充并不断丰富。

第一个组成部分是经济学中的竞争概念。随后的章节中将说明竞争的经济哲学是主要论调。④ 反垄断政策之所以有如此大的发展，是

---

① 参见第9章关于“实质性原则”的讨论。

② See the proposal put by the ‘Wise Men Group’, a group of experts commissioned by K. van Miert, former Commissioner for antitrust policy in the EC, ‘Competition Policy in the New Trade Order: Strengthening International Co-operation and Rules’ COM(95) No. 359. The proposal is discussed in ch. 5.

③ See M. Dabbah, ‘Measuring the Success of a System of Competition Law: a Preliminary View’ (2000) 21 *European Competition Law Review* 369, 370-1.
Note the employment of the concept by other writers. For example, Gerber uses the concept system to analyse how institutions interact with norms in relation to the protection of competition. According to Gerber, the concept thus becomes more specific and functional and more analytically valuable, because it focuses on the characteristics and consequences of those interactions. Gerber, *Competition*.

④ See Amato, *Power*.

因为任何反垄断法和政策的研究都不能否认竞争在市场经济中发挥的作用。依据 Dewey 博士尖锐的说辞，在决定反垄断法应该做什么之前，必须理解竞争过程的真实意义。[①] 第二个组成部分，反垄断法涉及运用法定原则和标准的实体机构处理不完全市场并重塑满意的市场竞争条件。第三个组成部分就是和政治相关的反垄断政策，[②] 用于处理超出一定范围的不完全市场，如公共机构对市场失灵的干预。[③] 这意味着在现有环境下，市场中的个人力量无法维持“满意的行为”或禁止“不满意的行为”。必然的结果是主权国家对不同公共政策进行明确的表述，那些拥有自由裁量权的公共机构确保其在实践中的执行。Bork 的观点是，反垄断政策作为政府权力在生活领域中最精心的配置范例，仍主要忠于私人选择和主动性。[④] 但这只考虑了问题的一个侧面，能意识到“反垄断政策”一词，就像“反垄断法”一词和“竞争”的概念一样十分重要。“反垄断政策”在不同国家和不同文章中有不同的解释，这也是反垄断政策国际化的难点之一。

反垄断的国际体系

在本书中，对“反垄断体系”和“反垄断的国际体系”进行了区分。后者（如果被建立）将在本质上不可避免是混合的。这意味着这一体系的建立不仅以国家层面的观点为基础，而且也要以理解国际政治和国际经济问题为前提。体系的构建也需要一些国际公法原则的适度辅助。最后，为了避免这一体系同反垄断其他体系（国家的/地区的）可能在术语上出现混淆，本书中，前者均指反垄断的国际体系。

反垄断政策国际化

为了突出“反垄断体系”和“反垄断的国际体系”的分界线，还要区分后者与“反垄断政策国际化”。反垄断的国际体系最终是通

---

① D. Dewey, ‘The Economic Theory of Antitrust: Science or Religion?’ (1964) 50 *Virginia Law Review* 413, 414.

② See WTO Annual Report 1997, p. 34.

③ See F. Bator, ‘The Autonomy of Market Failure’ (1958) 72 *Quarterly Journal of Economics* 351.

④ Bork, *Paradox*, p. 3.

过“国际化”过程建立的。由于国际化过程旨在处理构建这一体系中的重要问题，因此，理解这个顺序十分重要。本书中运用“国际化”一词，不仅为了突出把各国不同利益和决策程序融入到国际机构的设计和政治的需要中，而且涉及将国际压力实际渗透到国际机构的具体功能中。这些想法表明国际化过程是“双刃剑”。更有甚者，这也引发了法律和政治上的反垄断政策国际化含义。本书将在不同章节分别对这些含义进行解释和分析。

1.7 全球化及其对反垄断政策的意义

在上述讨论中，不止一次提及“全球化”概念。本书对此概念加以解释很有裨益，更重要的是表明了其对全球经济背景下反垄断政策地位的意义。详细探讨全球化本身的好坏超出了本书范围，这是一个很有争议的问题。确实对因全球化导致不同国家，特别是发展中国家的经济状况和标准有所改善和提高，就把全球化作为一件好事的观点有争议。如果世界范围内的消费者（包括发展中国家和发达国家）能够享受高质量的产品和服务、更多的选择和较低的价格，没有人会反对或阻挠全球化。如此说来，全球化具有积极的影响，是值得提倡、鼓励和支持的。但也有持全球化并非好事的相反论调。在很多方面对全球化还有一定程度的怀疑。包括一些消费者团体、反资本主义团体和发展中国家在内的不同利益集团，把全球化看作发达国家及其企业将其标准强加于这些利益集团，并压迫和限制其自由的过程。因此，如果背后确实隐藏一些实情，那么追求或支持全球化就很难再有合法性。这一重要问题引发了一个相当有趣并同反垄断政策相关的问题。也就是说，反垄断机构如何确保全球市场一体化导向并保持竞争性结果，由此使全球化在经济上更有效率，在社会上更能令人接受。可以确信，如果对全球化的不满以及保护程度差异可以避免，那么反垄断政策，特别是反垄断政策的国际合作将发挥重要作用。

对于赞成还是反对全球化的主要争论只是一方面，同时还必须清醒地意识到全球化如同自由贸易和开放竞争一样是一种不可抑制的自然现象。这是伴随政治选择的一个过程。全球化的数量和水平，如同实际上真实存在的一样，是政府政治决策以及20世纪90年代末，政府对市场和国家规制采取一种新方法所体现的政治形式。这种方法同20世纪后20年内见证的方法形成鲜明对比。在本章开篇段落中已经很简明地阐述了全球经济如何在极短的时间内见证巨大变化，包括：减少和消除国家控制和垄断；倡导市场机制；以及向国外贸易和投资开放国内市场。

无论人们赞成全球化与否，意识到这一概念所适用的上下文以及理解的方法有不同的含义十分重要。因此，这个概念很难界定。实际上，对全球化没有统一的界定。多数情况是根据不同的情境去识别或描述这个概念。在此，这个概念指市场全球化，具体是由于技术进步以及世界范围内影响贸易与投资流动障碍被消除而不断发展壮大。①

全球化的结果是跨越国界的反垄断政策不断增加。在这方面，结果很容易理解。由于市场和竞争越来越国际化，因此，企业的限制和反竞争行为也越来越国际化。这些行为可能会出现在不同领域，包括航空或远洋运输、软件产品、药品和电信等领域。而且这些行为可能会以不同形式出现，如出口卡特尔，国际卡特尔、串谋、滥用市场支配地位和并购等。这些行为的经济影响很容易跨越国界，不受国界限制。例如，很多企业可以超越国界对某一产品市场进行串谋。这种串谋行为将影响整个市场。类似的，如果一个企业在世界范围内对某种产品的制造、分配或提供服务具有控制地位，那么这家企业单方面就可以达到同样的结果。对于一国以上的国际并购也具有同样的影响，并且，在执行国际并购之前通常需要得到几个国家内部反垄断机构的许可。反垄断条例和文献中包括类似情节的全部范例。

在上述情况中，反竞争和限制条例影响相关市场的消费者利益，② 而消费者是所属国家和社团的一部分。因此，可以清楚地知道为什么国内反垄断机构要规制这些行为，虽然很清楚地知道一直有影响它们的法律和政治障碍存在。此类条例使得财富从消费者手中转移到生产者手中；在国际背景下，财富从一个国家的消费者手中转移到另一个国家的生产者手中。虽然不考虑一个或更多国内反垄断机构是否能干预这种情况，但如果干预，它们会怎样干预？毫无疑问，这些

① See generally M. Walters, *Globalization* (Routledge, New York, 1995); J. Dunning, *The Globalization of Business: the Challenges of the 1990s* (Routledge, New York, 1993).

② See ch. 2 for discussion on the meaning of the relevant market.

情况引发了同反垄断国际化相关的基本法律、经济和政治问题。

因此，可以看出，在全球经济下，全球化对于反垄断政策具有重要意义。全球化时期反垄断法和政策的变化在所难免，在这方面，反垄断政策国际化是对市场全球化的回应。因此，在全球经济下，考察反垄断政策及其地位并且探寻应遵循的步骤以及方向（如果有的话）十分重要。

1.8　本书的结构

本书的结构如下。第 2 章理清一些主要概念和观点，包括竞争的概念。第 3 章考察反垄断法及其政治解释的目标。第 4 章考虑反垄断机构对自由裁量权的运用及其如何影响反垄断政策国际化，探讨运用自由裁量权将导致在反垄断法执行上根本不同的国家会具有类似的反垄断法。这种情况通常会引发国家间法律标准的分歧。第 5 章考察欧盟的反垄断经验，关注这种经验的内外发展状况。第 6 章和第 7 章分别探讨主权理论和法律域外适用理论。第 8 章探讨反垄断和贸易政策之间关系的协调。第 9 章对反垄断政策国际化的过去、现在和未来进行比较分析，并考察国家、国际组织、企业团体和消费者对反垄断政策国际化的看法。最后，第 10 章做出结论。

本书主要对反垄断政策国际化进行考察，并具体附之于法学、经济学和政治学作为参考，其中，以反垄断机构、政治机构和法庭决策的措施和陈述为论据。本书在很大程度上被认为是一种原创和经验的调查。本书所表述的理论具有普遍性，不仅限于对任何具体国家适用，而且寻求对反垄断政策国际化的一种解释和澄清。

本书从理清一些核心概念和观点入手，包括竞争概念、反垄断法及对反垄断法目标的考察。这是探讨的中心议题，说明在反垄断政策国际化的不同原则之间必须架起一座桥梁。这一主题也得益于对国际化进程理解及补充的基本规定、原则和指导政策。

本书通过对反垄断政策国际化前景的评论以及对预期出现进一步发展的质询得出结论。本书推荐的方法建议在全球化下的世界各国中采用。另外，不同国家间以及各国同跨国企业间的冲突，会使国际化进程中的法律和政治决策更重要。

第2章

主要概念和观点

本章主要说明一些核心概念和观点。在上一章中，已提及考察这些概念和观点对理解反垄断政策国际化至关重要。这种考察可强化人们对包括经济理论在内的基本理论的认识，这是对反垄断政策进行正确评价的第一步。本章的目的就是确保迈出这重要的第一步。

本章共分四个部分。第一部分探讨竞争的概念和观点及它的经济含义。第二部分对反垄断法的具体政治观点和政治哲学进行历史考证。第三部分探讨市场界定中的重要问题。第四部分做出结论。

2.1 竞争的概念

竞争的含义

为了更好地理解竞争的含义，有必要先澄清这一含义。牛津英语词典对该术语的定义如下：

1. a. 努力获取另一人同时也想尽力获取的东西的行为；有两个或更多的人为同一目标而争夺。

b. 市场上的竞争，即在那些提供同一产品的不同厂商之间争夺客户。①

只要涉及对这一概念的学术定义，都不是很统一。② 一些学者将竞争定义成为了特权而斗争或争论，在商界，则是人们对市场上客户和业务的争夺。③ 另一些学者把竞争看作是在同一时间内将同种产品和服务出售给特定人群的若干企业之间的关系。④

从上述定义中，可总结出竞争的概念：

1. 存在的一个过程和一种关系；

2. 在商业领域中，同市场的概念紧密相连；

3. 具有某种目标或目的。

上述任何一个概念是人们发现自己运用起来最合适的，竞争的核心是企业之间在追求自我利益时，在市场上努力赢得客户时存在的一种竞赛过程。⑤ 了解竞争不仅仅是市场上企业之间的关系这一点很重要。把竞争理解为一种过程会更贴切。这是因为，虽然从广义上讲，竞争涉及企业之间存在的一种关系，但是“关系”一词通常用于描述各种不同的状况。在反垄断政策领域，这些状况可能包括供应商和采购商之间的纵向协议，以及一个以上企业因同另一个企业之间的卡特尔协议而获得集体的市场支配地位。在此，作者认为虽然从广义上讲竞争涉及一种关系，但是用存在的过程表示更为确切，因为“关系”一词不足以提供一种具体定义。然而，更为重要的是，人们倾

---

① (Oxford University Press, Oxford, 1989), pp. 604-5. The author's choice of dictionary should not be seen as capricious. It was chosen because of the speciality of definition. Compare with *Johnson's Dictionary of the English Language and the Concise Oxford Dictionary*.

② For an account of the 'different meanings' of competition, see R. Bork, *The Antitrust Paradox: a Policy at War with Itself* (Basic Books, New York, 1978), pp. 58-61; *White Motor Co.* v. US 372 US 253 (1963).

③ See R. Whish, Competition Law (4th edn, Butterworths, London, 2001).

④ See D. Goyder, *EC Competition Law* (4th edn, Oxford University Press, Oxford, 2002).

⑤ Note in this regard how economists and lawyers view competition. Economists for example equate competition with impersonal price-making, the most impersonal being the 'purest', whereas lawyers tend to view competition as rivalry among firms to sell goods or services. Despite these differences in the thinking of economists and lawyers, however, both disciplines would view competition as a dialogue of challenge and response-a sequence of moves and responses between competing firms. See J. Clark, *Competition as a Dynamic Process* (Brookings Institution, Washington, 1961), pp. 14-15; E. Mason, 'Monoply in Law and Economics' (1937) 47 *Yale Law Journal* 34.

向于认为竞争首要是自由竞争构成。① 它是自由经济的调速轮，这是对其精神及其成功运作因果的解释。② 因为在商界，竞争同市场相关，其实质是进化的，形式是动态的。③ 这一陈述背后的真理可以从竞争演变成一个“世界的”、“普遍的”或“全球的”概念推导出来。正如我们将看到的，诸如“世界贸易组织”这样的国际组织采用这个概念作为约定条款，如此说来，竞争同市场全球化和自由化的过程相关。

竞争的功能

竞争的定义同其在市场上的功能有所不同。④ 竞争的功能可通过对竞争两种观点的解释加以说明。首先，传统竞争，被看作是自由市场体系中的主要动态因素和监管机制。在斯密“看不见的手”的市场机制中，其功能是协调市场买卖和交易。其次，动态竞争，这一观点涉及达到最优程度的创新和新技术进步的传播。其对整个经济效率目标的强调以“总福利方法”闻名。⑤ 根据动态竞争观点，竞争是一个连续过程，以市场创新为基础产生竞争优势。例如，当前市场寡头垄断或市场支配地位是以往效率的结果，并被相关企业使用。⑥ 在这方面，动态竞争的理论家们比传统竞争的学者们更少关心经济力量和非均衡的市场结构。

---

① It has been argued that liberty of action ought not to be subjected to political influence. In some cases it is directed not restrained. Freedom, on the other hand, is not to be construed as liberty to cause harm or detriment. See H. Lutz, *American Legal Writing during the Founding Era* (Liberty press, London, 1983);. Charleston, *Rudiments of Law and Governments Deducted from the Law of Nature*(Library of Congress, Washington, 1783).

② See S. Khemani, 'Competition Policy: an Engine for Growth' (1997) 1 *Global Competition Review* 20,23.

③ See WTO Annual Report 1997, ch. 4;E. Fox, 'Competition Law and the Agenda for the WTO: Forging the Links of Competition and Trade' (1995)4 *Pacific-Rimely Law and Policy Journal* 1;E. Fox, 'Toward World Antitrust and Market Access' (1997) 91 *American Journal of International Law* 1.

④ See generally Whish, *Competition*, *ch.* 1.

⑤ See P. Crampton, 'Alternative Approaches to Competition Law: Consumer's Surplus, Total Welfare and Non-Efficiency Goals' (1994) 17 *World Competition* 55,55-86. World Trade Organization Annual Report (1997),pp. 39-40.
This notion of competition can be contrasted with competition in a static sense, which connotes the existence of optimal allocation in resources in order to meet the demand side in the market, incurring the lowest possible cost at any given point in time.

⑥ See P. Auerbach, *Competition: the Economics of Industrial Change*(Blackwell, Oxford, 1988),pp. 22-7. See, however, the views of Schumpeter who emphasised the so-called creative gale of destruction, which shows that competition is not a given virtue as such. J. Schumpeter, *Capitalism, Socialism and Democracy* (Allen and Unwin, London, 1976).

除上述竞争观点，现在，通常认为竞争是可以实现的。[①] 上一章中解释了资本主义和共产主义间意识形态上的争论，认为依靠市场比依靠国家控制、计划和垄断更能产生好的结果。市场依赖性意识不断提高（是竞争过程的核心）在经济学家中特别普遍，他们一般倾向竞争的合理性。[②] 一些经济学家倡导成功的市场经济依赖市场竞争的存在和有效的反垄断政策。这一观点之所以受欢迎是由于垄断通常会引发产品质量较差、限制产出和损害消费者的事实。另外，由于竞争为消费者提供了更大程度的保护和选择，而且没有任何人认为创新只有在垄断的情况下才能继续，所以，可以理解为什么竞争在经济学家中很受欢迎。[③] 再者，第9章中的讨论证明，反垄断政策在发达和发展中国家为创造并促进竞争环境，以及建立并确保不同国家对一般竞争政策取得公众支持发挥着重要作用。

根据经济学原理，经济效率和消费者福利最大化是反垄断法的基础目标。Bork 认为，这是美国反垄断法的主要特征，在美国反垄断法唯一的合法目标是消费者福利最大化，因此，出于反垄断分析目的，竞争被理解为一种艺术，它意味着在任何情况下消费者福利都不能因司法决策而增加。[④] Bork 还认为，当 1890 年《谢尔曼法》实施时，美国国会有意引导法庭考虑当判决反垄断案件时，仅有作为消费者福利的这个价值才受关注。为了用另一种方法说明这一点，根据 Bork 的想法，法庭运用政策的意旨是财富最大化或满足消费者需求。根据 Bork 的观点，这就要求法庭区分通过效率增加财富的协议或行为和通过限制产出减少财富的协议和行为。[⑤]

一般而言，经济理论已经假设商品和服务在完全竞争环境中以最

---

① Whish, *Competition*, p. 11.

② F. McChesney, 'In Search of the Public Interest Model of Antitrust' in F. McChesney and W. Shughart (eds.), *The Causes and Consequences of Antitrust: the Public Choice Perspective* (Chicago University Press, Chicago, 1995), pp. 25-32.

③ D. Hay, 'The Assessment: Competition Policy' (1993) 9/2 *Oxford Review of Economic Policy* 1. This approach can be contrasted with certain twentieth-century alternative economic thoughts, which seem to be competition-sceptics. These argue that competition considerations are not the only co-ordinating force within liberal markets, and that their dominance of the intellectual discourse of antitrust *is over developed*. They also contend that co-ordination of private economic behaviour is also possible via other terminals such as social collusion, the creation of collectivist norms, decisions and hierarchy and the virtues of social responsibility. See Auerbach, *Competition*, ch. 2; G. Hodgson, *Economics and Institutions* (Polity, Cambridge, 1988).

④ See Bork, *Paradox*, p. 51.

⑤ See R. Bork, 'Legislative Intent and the Policy of the Sherman Act' (1966) 9 *Journal of Law and Economics* 7.

有效的方式被生产出来。① 这就意味着在完全竞争情况下，消费者福利最大化。② 这对理解上下文中的"消费者福利"概念十分重要。当消费者福利最大化时，可以实现经济效率（配置的和生产性的），最终使社会总体财富最大化。为理解这一想法，探讨以下两种形式的效率十分重要。

配置效率

配置效率（也称帕累托效率）要求边际成本（多生产一单位产品消耗的成本）和边际收益（厂商的单位产品价格）相等。因为消费者能够获得他们愿意支付价格的产品和服务，所以假设可以达到配置效率。同时，厂商可在无亏损的情况下继续生产。

生产效率

这种效率使厂商能够以最低成本提供产品和服务。在这种情况下，社会财富以最低水平增加。厂商不倾向于让其价格高于成本。原因是如果这么做，顾客很可能会到别处寻找更为便宜的价格满足要求。如果高于成本出售，那么很可能会吸引其他竞争者来争夺市场。但厂商也不能让价格低于成本，因为这意味着没有盈利。毫无疑问，根据经济学家的要求，在这种情况下出现的结果是生产一单位产品的成本和价格相等。

完全竞争的（不）可能性

经济方法背后的观点及对完全竞争的理解旨在提供一个连很多外行都能识别的简单试验。③ 具体而言，"完全竞争"规则使用起来十分简单。如果反垄断法的唯一目标是通过提高配置效率和生产效率来实现消费者福利最大化，那么形成并使用这些法律规则就没有困难。当然，问题是这一规则基本上是经济上的，因此要求律师放弃他们自

---

① See R. Lipsey and K. Chrystal, *An Introduction to Positive Economics* (Oxford University Prcss, Oxford, 1995); O. Willianson, *Antitrust Economics* (Blackwell, Oxford, 1987).

② See R. Lipsey and K. Chrystal, *Principles of Economic Law* (Oxford University press, Oxford, 1999); F. Scherer and D. Ross, *Industrial Market Structure and Economic Performance* (Houghton Mifflin, Boston, 1990).

③ See Scherer and Ross, *Industrial*, chs. 1 and 2; D. Swann, *Competition and Consumer Protection* (Penguin, Harmondsworth, 1979), ch. 3; Williamson, *Antitrust.*

己的规则而步入经济学规则中并不容易。但是，至少作为一般目标是可能的。

虽然简单是很吸引人的，但是针对这一经济方法仍然会有一些要求。这种传统的经济分析理论会遇到定义含糊不清以及观点狭隘的情形。例如，前面提到的认为反垄断法的主要目标是使消费者福利最大化的 Bork 已经意识到美国国会在执行反垄断法时运用了比新古典的消费者福利概念更为宽泛的价值范畴。① 总之，在适当时，② 经济效率和消费者福利远不是唯一的或主要的反垄断法目标。③ 通常，经济学家不能制定出对具体市场行为和结构适用的经济效率可行规则。④ 一类观点认为市场行为和结构要素可以涵盖企业的多样性、技术进步、商业计划、战略和市场，上述所有因素使得在实践中很难制定出可行的规则来处理这些问题。另一类观点认为不同的经济方法对同一问题的说明有很大差别。⑤ 另外，经济学家应该被鼓励不要陷入欣赏“完全竞争”市场的想象领域。这种状态下的竞争很难实现。⑥ 实际上，市场本质是无序的，结构是复杂的，远远超出了“完全竞争”所产生的任何张力。

针对完全竞争的经济方法的其他要求是以“进退无障碍市场（contestable market）”理论和芝加哥学派理论的影响为基础，它在一

① See R. Bork, ‘The Role of the Courts in Applying Economics’ (1985) 54 *Antitrust Law Journal* 2, 24.

② See pp. 52-4, below.

③ The academic criticism of this goal is extensive. See P. Carstensen, ‘Antitrust Law and the Paradigm of Industrial Organization’ (1983) 16 *University of California, Davis Law Review* 487; E. Fox, ‘The Modernization of Antitrust: a New Equilibrum’ (1981) 66 *Cornell Law Review* 1140; E. Fox, ‘The Politics of Law and Economics in Judicial Decision Making: Antitrust as a Window’ (1986) 61 *New Yok University Law Review* 554; R. Lande, ‘Wealth Transfers as the Original and Primary Concern of Antitrust: The Efficiency Interpretations Challenged’ (1982) 34 *Hastings Law Journal* 65; J. May, ‘Antitrust Practices in the Formative Era: the Constitutional and Conceptual Reach of State Antitrust Laws, 1880-1918’ (1987) 135 *University of Pennsylvania Law Review* 495; L. Orland, ‘The Paradox in Bork’ s Antitrust Paradox’ (1987) 9 *Cardozo Law Review* 115; R. Pitofsky. ‘The Political Content of Antitrust’ (1979) 127 *University of Pennsylvania Law Review* 1051; F. Rowe, ‘The Decline of Antitrust and the Dilution of Models: the Faustian Pact of Law and Economics’ (1984) 72 *Georgetown Law Journal* 1511; L. Schwartz, ‘“Justice” and Other Non-Economic Goals of Antitrust’ (1979) 127 *University of Pennsylvania Law Review* 1076; J. Flynn. ‘Antitrust Jurisprudence: a Symposium on the Economic, Political and Social Goals of Antitrust Policy’ (1977) 125 *University of Pennsylvania Law Review* 1182.

④ Hay, ‘Assessment’, 6-12.

⑤ Williamson, *Antitrust*, p. 315; Also on this issue, as far as industrial economists are concerned, see D. D. Hay ‘Competition Policy’ (1986) 2 *Oxford Review of Economic Policy* 1.

⑥ See Whish, *Competition*, *pp.* 4-6.

定程度上，摧毁了竞争意愿的传统观点。① 进退无障碍市场理论是近年来一些经济学家倡导的理论。② 这种理论认为如果市场进退无障碍，那么就可确保资源的最优配置。在此，进退无障碍意旨一个企业可在没有沉没成本（在将来，一旦企业停止经营，不能恢复的成本）的情况下进入市场，并且退出市场也不会产生成本。换句话说，在进退无障碍市场中，现实可能性是潜在竞争者能够轻易进入市场并开始在不完全市场条件下竞争。另一方面，芝加哥学派的观点在提供大量现有美国反垄断的意识形态上特别重要。这一学派的“成功”也就在近20年内。③ 和新古典主义理论不同，它倡导更为自由的反垄断政策。

现实中，经济学原理用实际压力打击大多数严重的市场失灵，从而建立合理行为原则并最终达到“有效竞争（workable competition）”目标。④“有效竞争”概念包含一个不同于理论的观点（通常范围很广泛）。它的运作像一种规范标准，根据经济理论和市场条件及结构的变化而变化，诸如企业行为、公共机构的态度、市场全球化的因果关系的变化以及技术进步的演变。

然而，最近美国激进派对使用一种新“公共选择”方法更感兴趣。例如，一些学者打造了战略路径希望反垄断学者关注首要原则，迫使他们认真考虑竞争或反垄断规则在市场经济中是否有立法地位。“公共选择”方法很有趣，因为其观点对国内和国际上的国家和机构具有重要作用。⑤

竞争及相关经济学

对基本经济理论的认知是评价不同反垄断政策争论的关键步骤。很显然，竞争关系到市场，因此，经济分析对适用法律的合理政策决

---

① T. Bailey, ‘Contestability and the Design of Regulatory and Antitrust Policy’ (1981) 71 *American Economic Review* 178.

② See W. Baumol, J. Panzar and D. Willing, *Contestable Markets and the Theory of Industry Structure* (Harcourt Brace Jovanovich, New York, 1988).

③ See the review of the School’s theoretical influence in W. Shughart, ‘Be True to Your School: Chicago’s Contradictory Views of Antitrust and Regulation’ in McChesney and Shughart, *Causes*, pp. 323-40.

④ Scherer and Ross, *Industrial*; D. Clark, ‘Towards a Concept of Workable Competition’ (1940) 30 *American Economic Review* 241; D. Sosnick ‘A Critique of Concepts of Workable Competition’ (1958) 72 *Quarterly Journal of Economics* 380.

⑤ See further ch. 9.

策表述很重要。反垄断政策经常和不经常的变化对经济学原理影响很大。① 因此，对反垄断政策国际化的考察需要一些正确评价及对经济学理论和学说的评价。② 这一观点对于探讨反垄断政策国际化中，国家间不可避免的支付和让步特别重要。这是国际化过程中那些考察国家和企业经济激励的经济学家们所倡导的。

根据上一章所述，反垄断政策国际化的现代观点要求不同原则之间的协调统一。就像法律和政治科学的原则必须牢记不同的经济解释，经济学家们也应努力对政治学家们所提供的政治设计保持清醒的认识。根据一些评论家的说法，反垄断政策成功运作的关键是正确的政策设计。③ 另外一些评论家们甚至认为经济因素在国际层面上总是发挥很重要的作用，20 世纪最后几年中发生的一些事件使得不同的利益主体共同关注不可避免的紧张局势以及经济学与政治学之间持续不断的相互作用。④

竞争、经济学家和政策思考

通常，在市场领域中考虑公共政策因素时，就会出现分析困境。⑤ 当大多数诸如此类的公共政策实际或象征性地影响市场中的竞争进程时，很难解释哪一项公共政策是反垄断政策。因此，就会出现如下质疑，即这些政策是产业政策、贸易政策、保护消费者政策、其他社会政策或仅仅被解释为反垄断政策的公共政策。⑥ 热衷于反垄断法的专家们对不同国家的情况作了一个简单的调查，结果显示，在某些国家这样的政策被称为反垄断政策，但在另一些国家，这个政策只是国家产业政策、贸易政策或保护消费者政策的一部分。在全球化背景下，对这些政策的区分很详细。也许统一这些政策差异的方法就是

---

① See D. Neven, R. Nuttall and P. Seabright, *Merger in Daylight* (Centre for Economic Research, London, 1993), Ch. 2; J. Bishop and M. Kay, *European Mergers and Merger Policy* (Oxford University Press, Oxford, 1993).

② See for example A. Guzman, 'Is International Antitrust Possible?' (1998) 73 *New York University Law Review* 1501, 1505.

③ Hay, 'Assessment', 12.

④ See R. Gilpin, *Political Economy of International Relations* (Princeton University Press, Princeton, Guilford, 1987), p. 3; M. Porter, *The Competitive Advantage of Nations* (Macmillan, London, 1989); K. Ohmae, *The Borderless World: Power and Strategy in the Interlinked Economy* (Harper-Collins, London, 1994).

⑤ See G. Amato, *Antitrust and the Bounds of Power* (Hart Publishing, Oxford, 1997), p. 2.

⑥ See ch. 3.

接受反垄断政策潜在范围十分广泛的事实，包括影响竞争条件的所有政策。① 接受或拒绝这种统一和解的方法是考察反垄断政策国际化的核心，在随后的章节中会详细说明。②

暂时把寻找公共政策正确形式的困境放到一边。初步看来，因规制经济行为所产生的公共干预问题本身就很棘手。这个问题将在以下章节中进行探讨。③ 但是，观察主流经济学理论家们在这方面的矛盾很有趣，一方面，他们鼓励产业政策的公共规制，而另一方面，只要是有关反垄断政策的公共规制，他们就很少怀疑。在20世纪30年代，美国经济大萧条时期，一些早期的芝加哥学派学者提倡对大企业直接分解并对那些以操纵价格、占有市场和限制产量为目的进行共谋或串通的企业提起诉讼。这些学者认为反垄断法必须阻止这些行为，并且政府必须有效地阻止企业或企业集团获取较大的市场势力，而无须考虑这些势力如何被实施。学者们还认为联邦贸易委员会，在美国负责反垄断政策的机构之一，必须成为所有政府机构中最有力的机构。这种说法十分有趣，并且具有讽刺意味，因为公开的争论是这一时期的经济萧条实际上就是由于执行反垄断法产生的。④

从批判的角度来看，根据上述分析，经济学家们对竞争的观点以及竞争是否能为市场上的企业行为提供合理解释缺乏一致性。例如，经济学家们对鼓励竞争的性质和程度有意见分歧。尽管缺少一致意见，但经济学家们却承认竞争对市场上所得利益的转移十分必要。因此，鼓励竞争并采取法律手段保护竞争是必要的。⑤

手段和目标的争论

在本节最后要思考的问题是有关竞争本身是目的还是达到某种目的的手段这一永久性话题。回答这个问题并不容易。因为争论并不是明确地倾向于某一具体的观点。得到大多数人认可的一种观点，认为

---

① D. Fidler, ‘Competition Law and International Relations’ (1992) 41 *International and Comparative Law Quarterly* 563, 564.

② See for example ch. 8 which includes a very comprehensive account on the relationship between antitrust and trade policies.

③ 参见第3章关于“反垄断法目标识别”的讨论。

④ H. Simons, *A Positive Program for Laissez Faire: Some Proposals for a Liberal Economic Policy* (Chicago University Press, Chicago, 1934), p. 43.

⑤ C. Doern and S. Wilks, (eds.) *Comparative Competition Policy* (Oxford University Press, Oxford, 1996), p. 1.

竞争是达到市场经济繁荣并确保经济公平的手段。[①] 因此，竞争本身并不是最终目的，而是增加人们福利的手段和确保市场有效功能的工具。如果不相信竞争能有助于达到这些目的，那么通过法律和政策保护竞争就毫无意义。[②] 另一个很少人认同的观点是竞争本身是目的。这一观点可以通过美国的反垄断法得到证实。例如，杰斐逊派倡导的竞争或原子状竞争指的是许多小的、独立的企业集合起来形成的竞争。事实上，这是在美国国会修改 1914 年《克莱顿法》（Clayton Act）并购规则时，《塞勒—凯弗尔法》（Celler - Kaufer Act，1950）背后的一个动机。然而，仍有争论认为减少竞争是达到某种目的的手段，因为在这种情况下，需要努力争取完全竞争和消费者福利最大化。虽然，同样的，小企业文化繁荣的观点本身就是目的。

2.2　主要观点和政治哲学的历史视角

从历史视角可以清楚看到反垄断的发展和演进历程。本部分将探究几个国家反垄断法的历史背景和发展。作者所选择的这几个国家不是随意的，而是基于这些国家对反垄断法的历史渊源提供了相当有价值的参考。然而，这种探讨只是框架性的。下文会适时提供相关文献的详细说明。

奥地利

按照国家名称的英文字母排序，首先从历史视角考证奥地利反垄断法。19 世纪，奥地利反垄断法对整个欧洲反垄断法的产生有着十分重要的作用。奥地利已经认识到反垄断的相关问题，并试图在欧洲甚至世界范围内首先开始反垄断立法。

19 世纪中期，在奥地利社会中，竞争越来越普遍。当时，奥地利自由主义者从贵族统治者手中夺取了政权。伴随着竞争的日益明显，相应出现了一些事件。这些事件导致奥地利第一个议会民主产

① This seems to be the prevailing view, according to many scholars. See C. Bellamy, 'Some Reflections on Competition Law in the Global Market' (1999) 34 *New England Law Review* 15, 16; C. Ehlermann and L. Laudati (eds.), *European Competition Law Annual* 1997: *Objectives of Competition Policy* (Hart Publishing, Oxford, 1998), pp. 123-4.

② 参见第 3 章关于“反垄断法概念”的讨论。

生。然而，这种普遍性很快受到挑战并最终和自1873年以来奥地利持续了几年的经济萧条一并消失。这些事件的突然变化让人们对竞争的观点产生质疑并认为竞争是种邪恶的力量。对无障碍和自由竞争的热衷变成了对其效力的质疑，最终导致支持市场垄断和国家干预、对市场实行控制和计划。

19世纪后期，卡特尔产生并在数量和势力范围上不断扩大。首批组成卡特尔的都是一些重要行业，如煤炭和钢铁行业。但19世纪末，这种卡特尔行为迅速蔓延到其他领域。在资本主义发展阶段，卡特尔被认为是自然的并且是不可避免的，而非需要争论的问题。

到了20世纪，对卡特尔的态度发生了新变化，部分是由于政治氛围中的价值观和变革所致。卡特尔被看作是大企业剥削和伤害公众利益的手段。在这种新认识下，虽然这个问题究竟怎样或是否具有解决的可能性在很大程度上还没有确切的答案，但随着政治和思想运动的发展，人们开始要求通过适当和有效的立法来抵抗这种有害的传统惯例并处理卡特尔事件。① 卡特尔的影响让人很不安，那时，奥地利城市/乡镇、地区、国家层面的很多选举都在抗议卡特尔问题。一些评论家认为对卡特尔的这种新态度是反垄断法在奥地利发展以及欧洲反垄断法惯例的萌芽。②

欧盟

本书第5章将具体探讨欧盟反垄断法的经验。因此，目前只对这种经验的历史起源进行概览。

人们在很大程度上都认为反垄断政策在欧盟的兴起是政治和经济需求的结果。③ 大法官 Bellamy，也是前欧洲初审法院成员，他认为1957年的《罗马条约》（Treaty of Rome）中包含反垄断规则的目的是支持条约背后的政治目标得以实现，也就是不仅建立单一市场，而且最终要在欧洲人民内部建立一个更紧密的联盟。④

---

① At that time there was already legislation dealing with cartels in Austria but that legislation was not effective.

② Gerber, *Competition*, p.43.

③ See Goyder, *EC Competition*, ch. 3; A. Neale and D. Goyder, *The Antitrust Laws of the United States of America: a Study of Competition Enforced by Law* (Cambridge University Press, Cambridge, 1980), p. 439; Amato, *Power*, p.2.

④ Bellamy, 'Reflections,' 16.

《欧盟条约》（EC Treaty）中的反垄断规则追求“多重目的”的目标。[1] 这些规则包含在《欧盟条约》第 3 部分的第 1 章中。该章依次包括 9 项条款，第 81—89 条款。除了这些条款，还有一些在欧盟反垄断法中相当重要的附加规定和条款，包括：包含《欧盟条约》目标的第 2 条款；处理条约行为的第 3 条款，特别是第 3（g）条款清楚地指出“确保内部市场竞争不被歪曲的制度”；以及规则 4064/89，处理并购的并购规则，于 1989 年《罗马条约》签订 32 年后引入。

德国

传统上，德国法律对不公平竞争及对竞争的其他限制行为和惯例截然不同。这种区别反映在两个主要法案中：《反竞争限制法案》，又被称为《反垄断法案》，以及《反不公平竞争法案》。通常说来，《反垄断法案》是为了通过保持竞争市场制度来维持竞争的自由度。《反不公平竞争法案》的目的是禁止不道德的商业行为。这两个法案不相互排斥，并且同种商业行为可能会同时涉及这两个法案。例如，滥用市场支配地位可能会被认为既是限制竞争，又是不公平竞争，因此包含在这两个法案内。

竞争限制法独立于不公平竞争法。《反不公平竞争法案》于 1909 年实施。当时，德国的法律体系没有包括对限制竞争的立法规定；直到自由贸易被并入 1867 年《贸易法案》时，竞争者才被允许进入规制生产和分配的卡特尔协议。通常认为这些协议是从公众利益的角度出发。1897 年以后，德国经济见证了卡特尔以空前的比率增长。1900 年的民法及其违背公共政策的规定几乎没有制止包括竞争限制在内的商业行为。在 1914—1918 年间，德国经济的卡特尔行为被强化。1923 年，德国颁布了《反滥用市场支配地位法案》。这是限制竞争的第一个立法，并且赋予政府一定的权力干涉滥用市场支配地位以及危害经济或削弱公众利益的卡特尔。然而，政府从不强制执行这些权力。最后，在 1933—1945 年希特勒统治时期发生了很多大事件，德国经济逐渐变成完全计划和控制经济。

---

① Bellamy, ‘Reflections’, 15-17.

直到第二次世界大战，1947 年美国军事政府引入《解散卡特尔企业联合和拆分法》前，这种体制没有任何突破。英国和法国军事政府很快也实行了相同的法律。在德国，这些法律代表第一个现代反垄断立法。但是直到 1958 年，在历经 10 年的公开探讨和争论后，才达成政治妥协，允许通过反垄断法案。然而，反垄断法案不是没有变化，其历经几次修订，适用范围不断扩大。

德国第一个现代反垄断立法的引入时间与奥尔多自由主义反垄断学派的创立时间一致。这一学派由多种政治目标驱动，在这些目标中，诸如经济势力的分散，是为了避免卡特尔行业的共谋以及德国的极权主义政府。这个学派的观点由于战前和战争的经历得到了很多支持。它们也促使对个体经济自由和产权具有深远影响的宪法程序上的保证被写入到 1949 年的《德国基本法》中。很明显，这些保证是以全人类和服务于保护“人类尊严”的基本权利为政治前提。

英国

在英国，垄断和限制商业行为惯例的一般对立面早已有之。[①] 早在 1602 年的案件 Darcy 案件中,[②] 英国的判例法就包括了对垄断的立场。在该案件中，王座法庭（King’s Bench Division）认为垄断会导致产品质量低下、损害消费者利益和限制竞争。[③] 在接下来的世纪中，这种判例法的观点对英国和其他国家都具有深远影响。例如，在争论中提到的这种观点导致美国 1890 年《谢尔曼法》的实施。众议院议员谢尔曼认为国会在英国和美国成功宣布了“判例法规则”。[④]

特别是 20 世纪，英国反垄断体系已经发展成为复杂的体系。然而，一定程度的体系简化工作正在进行。1973 年，因为英国同意加入欧盟，该体系发生了一些重要而根本性的变化。特别值得注意的是 1998 年的《竞争法》。作为实施这一新法律的结果，原来限制贸易行为的形式主义体系被废止。按照《罗马条约》第 81 款和第 82 款模

---

① See *Dyer's* Case (1414) *YB* 11 Hen 5 of 5, 26.

② *Darcy* v. *Allein* (Case of Monopolies) (1602), 77 *Eng. Rep.* 1260. (KB1602).

③ Darcy v. Allein (Case of Monopolies) (1602), 77 Eng. Rep. 1262-3. (KB1602).

④ 20 CONG. REC. 1167 (1889). This statement has led some scholars to believe that the Sherman Act has a transatlantic origin, if not quite a global one. See for example Bellamy, 'Reflections'; R. Posner, *Antitrust Law: an Economic Perspective* (University of Chicago Press, Chicago, 1976), pp. 22-3.

仿形成本法，在1998年11月得到皇家许可，其主要规定从2000年3月1日开始实施。该法案介绍了英国反垄断法的基本变革。最近，英国正对其反垄断体系实行重要改革。①

美国

对美国反垄断法的理解需要追溯到19世纪。当时，美国许多行业都广泛地实行反竞争条例。在这方面比较突出的是由铁路公司控制的产品运输部门，它们通常收取额外的、不成比例的价格。之所以说额外的价格，是因为它超出了这些公司顾客所能为产品付出的；之所以说价格不成比例，是因为价格没有反映公司提供服务的价值。

反竞争条例使这些公司的创建者们个人利润最大化，从而损害了公众利益。19世纪的趋势就是形成由诸如约翰·洛克菲勒这样有影响的人物组成的托拉斯。托拉斯由托管人经营，托管人对其进行法律控制，持有竞争公司股份，能够管理行业相关事务。托管人具有如此强势地位，能够消除其经营企业间的竞争。针对那些有害且无法令人满意的条例，“反垄断”一词产生了，并且针对此类事件的主要立法《谢尔曼法》于1890年通过。② 在新法案下，签订限制贸易或垄断或意图垄断市场的合同违法。这一法案不仅提高了经济效率，而且同托拉斯进行斗争，并传播了杰斐逊的社会平等和独立公民的民主思想，它仅服从于民主的立法权力。这项法案是判例法基础上的提升，因为它能让公共权力机构对那些反竞争性的企业犯罪采取行动，而且也能让任何因此类行为受到伤害的个人对企业采取应对措施。该项法案对同反竞争条例进行斗争十分有效。然而，在现实中，该法案没有达到如此预期。本法实施的几年见证了反垄断法的明显区别。确实，人们不得不注意到在同一时期，其同奥地利经历的相似之处。特别是1912年美国总统竞选主要针对反垄断问题展开争论。在20世纪，美国反垄断法出现了几个主要变化，包括1914年的《克莱顿法》和《联邦贸易委员会法》。一方面，由于前者的具体条例，诸如价格歧

① See the Enterprise Act (2002).

② One must bear in mind that it was to break up the Standard Oil and US Steel monopolies that the various US antitrust laws were passed. For a good account of the political perspective of the Sherman Act and other US antitrust laws see E. Kintner, *An Antitrust Primer* (Macmillan, London, 1973), pp. 16-26.

视和企业间并购变成非法的。另一方面，后者创建联邦贸易委员会，具体对反垄断政策负责。

多年来，美国反垄断的经验已经发展成为世界上最为成熟的经验。因此，总结其反垄断经验对于探讨反垄断政策国际化特别有意义。在特定阶段，很多引发反垄断问题的商业现象都由美国法庭和反垄断机构处理。这种现象也成为美国学者和学术界展开评论的主题。最终结果丰富了案例法和法律文献，这对理解并深入进行不同的反垄断探讨十分有益。另外，最近，经济分析对美国反垄断法十分有影响力。本章已经表明经济学说和理论的评价如何成为反垄断律师理解的主要构成部分。美国反垄断法的经验对于表明反垄断并非存在于真空中十分重要。经验表明反垄断法是社会和经济政策所属体系的一部分。它反映了这种体系的张力和当务之急。这两种观点将在随后部分进行详细说明。

述评

从上述探讨中很容易得出以下结论：从所有主权国家反垄断法的历史视角看，我们认为各国都有自己的政治观点和哲学。根据这一事实，奥地利、德国、欧盟、英国和美国的反垄断法都起源于具体的政治观点或政治哲学。这表明反垄断法的基本观点，即很难将反垄断法从其所建立的政治和历史框架中分离出来。

2.3 市场界定

本章第一部分很清楚地表明多年来，特别是在20世纪的后25年内，对反垄断政策增加了经济方法分析。这样就产生了许多重要结果。其中之一就是许多主权国家在反垄断法的申请过程中遇到重要的市场界定问题。本部分的目的旨在表明市场界定问题同反垄断政策国际化的相关性。然而，在此之前，先理解有关市场界定的基本问题很重要。

市场界定的目的

反垄断法同引起一家企业或多家企业的市场势力占优问题相关。

市场势力不是单独存在的，而是同市场以及下面将要看到的相关市场有联系。这一观点在理论上不是很难理解。然而，在实践中，市场界定的任务（意味着相关市场划界的手段）是十分复杂并令人望而却步的。

如果运用市场界定衡量经济实力的重要性，那么市场界定在反垄断法分析中占有核心地位不足为奇。相关市场界定对于认清反垄断情况及衡量一家企业或很多企业的市场势力很必要，并能由此认清和知晓这些企业的实际竞争者和市场份额。除非企业具有某种程度的市场势力，否则不会违反许多主权国家的反垄断法。因此，使用这些规则也需要适当的市场界定。

市场界定的重要性提升

从上述分析不难得出结论，市场界定本身不是目的，而是达到目的的手段，毫无疑问，这一点值得强调。很有必要对相关市场进行界定，而且界定的方法是一些主权国家最初制定反垄断政策的一部分。例如，在欧盟，对相关市场界定一般都是欧盟反垄断法章节中使用的核心原则，特别是欧盟反垄断法中的第 81 条和第 82 条。

多年来，世界上很多反垄断机构在使用反垄断法方面都采取较为复杂的经济方法。作为这一发展的重要结果，市场界定的重要性明显提高了。例如，在欧盟，1989 年以前，欧盟委员会号召每年对 20 或 30 个案件进行相关市场界定，此后，委员会每年对 100 多起案件进行相关市场界定；1989 年的重要性在于当年开始采用有关并购规则的规则 4064/89。并购规则实施后，委员会对市场界定强制性开发更为系统的方法。事实上，在过去的 13 年内，说委员会大多数市场界定方面的专家都来自于并购控制领域，这一点也不为过。由于欧盟反垄断法体系在过去 10 年中的重要变化以及其他正在计划中的变化，将来更会提升市场界定的重要性。①

---

① See for example the increased economic approach adopted by the European Commission in many Regulations, such as Regulation 2790/99 OJ 1999 No. L336/21. This approach is bound to increase in scoped to cover other areas in the future. See for example the Commission's recent evaluation report on EC Regulation 240/96, in the area of transfer of technology (December, 2001). The Report is available at http://www.europa.eu.int/comm/competition/index _ en.html.

由于市场势力观点的相关性与日俱增，因此，通常将市场界定作为识别市场势力的工具，也就意味着所有受反垄断法影响或者处理反垄断法问题的人必须在实践中熟悉这些工具。但是，反垄断机构却承担着额外的责任，即为市场界定提供清晰的政策和方法。正如我们即将看到的，这部分是反垄断机构竞争政策倡导的任务。① 美国反垄断机构和欧盟委员会是第一批接受并承担这种额外责任的。例如，1997年10月，委员会发出公告，主要是欧盟反垄断法相关市场界定的基本原则。② 尽管缺少法律约束力，但是这份文件却相当重要，因为它为公众提供了委员会遵循的程序以及在市场界定问题上所主要依靠的标准和证据。公告也增加了委员会惯例和政策的透明度，并减少了企业的税务执行费用。欧盟在反垄断规则持续现代化的进程中，特别关注清晰的指引原则，要求企业必须对遵循欧盟反垄断规则的情况进行自我评价。③

市场界定的基本原则

不同层面的市场界定包括相关产品市场界定和相关地理市场界定。④ 这些都极为重要并值得深入探讨。

相关产品市场界定

通常，相关产品市场界定通过古典“约束”方法实现。从本质上来说，这种方法主要依据企业在执行市场势力中竞争约束的三个主要来源，即需求的可替代性，供给的可替代性和潜在竞争。这些概念将在下面的讨论中依次解释。

需求的可替代性

需求的可替代性关乎产品范围的确定（B、C和D）。在A产品价格提高的情况下，A类产品的消费者或用户实际上能够轻易地转向一个地理区域或其他区域。为了衡量需求的替代性，通常进行SSNIP假设检验（价格的显著、持续微量上升检验）。这种检验在几个主权

---

① See ch. 3.
② OJ 1997 No. C372/5.
③ See ch. 3.
④ Other dimensions also exist. For example, the temporal market, which shows that in some cases it is important to take into account a particular time or season of the year when deciding whether products can serve as substitute for one another.

国家内实行过，主要起源于美国反垄断体系。检验提出的问题是假设在很小的范围内（5% ~10%）产品价格持续相对上涨时，一个企业的客户是否可以轻易地转向替代品。如果客户能够转向，那么这些可获取的替代品就包括在相关产品市场中。SSNIP 检验有助于识别一组范围足够小的产品并允许其相对盈利价格持续增加。这组产品通常构成反垄断法的相关产品市场。①

然而，价格不是检验需求可替代性时所要考虑的唯一因素。产品的实体特征和其实际用途以及顾客消费习惯和偏好也是需要考虑的相关因素。② 考虑这些因素的目的是为发现一种产品和“实际的”或“潜在的”替代品之间存在相似性。

供给的可替代性

供给的可替代性包括当产品价格提高时，识别那些能够转向生产相关产品的企业。供给的可替代性总是在需求的可替代性后考虑。在一段时期内，当出现生产转向非企业现有资产的调整时，才会考虑供给的可替代性。在实践中，这意味着在很短的时间内发生替代。

潜在竞争

第三个因素是潜在竞争，在市场界定阶段不考虑这个因素。事实上，来自潜在竞争的约束在识别市场势力过程的后期阶段，即衡量市场势力阶段，才会得到评价。再者，潜在竞争的观点虽然很重要，但是不在考虑范围之内。

相关地理市场界定

相关地理市场包括企业提供相关产品和服务供求的场所，竞争条件充分同质，并且能从相邻地理区域分开，特别是因为在这些区域的竞争条件相当不同。③ 运用 SSNIP 检验识别这一区域。重要的是，检

---

① The SSNIP test is not free from limitations. One such limitation is the cellophane fallacy-type of situation, where a monopolist sets prices at such a level that any further increase would be unprofitable. The application of the SSNIP test in such a case would look as if the theoretical price increase was not profitable and, hence, would lead to overly wide markets being defined and to market shares that understate the firm's real market power. This is a limitation, however, which at least some antitrust authorities take into account when defining the relevant market in an antitrust case. See for example the European Commission Notice on Market Definition.

② See for example how in the context of EC antitrust law, while the European Commission emphasised price when defining the relevant market, the European Court of Justice has focused more on the physical characteristics of the products and intended use. See, for example, the case of Case 27/76 *United Brands* v. *Commission*[1978]ECR 207;[1978]1 CMLR 429.

③ See *United Brands* v. *Commission*, *ibid*. Also, the European Commission's Notice on market definition.

验需要回答假设在很小的范围内（5% ~10%），产品价格持续相对上涨时，一个企业的客户是否可以轻易地转向替代品或企业是否可以转向其他区域。如果回答是肯定的，那么这些区域就包括在相关地理市场范围内。

然而，SSNIP 检验并非完全无误，因此，寻找其他因素可能会对竞争条件充分同质的情况下识别这一区域更有帮助。例如，以前订单向其他区域转移的证据因素，当然，还有对当前客户购买和贸易流通的地理模式的考察。另外，相关产品需求的性质可能本身就决定了其地理市场范围。诸如国家偏好或对国家品牌、语言、文化和生活方式以及对本国物品的需求等因素也是正确界定相关地理市场的重要因素。再者，还需考虑其他地区企业的障碍和转移成本。也许，对于客户将其订单转向其他地区最明显的障碍是运输成本和国家立法规则对运输的限制，或者相关产品性质对运输的限制。一些国家或地区的自然地理特性也对运输成本有很大影响并关乎地理市场的范围。另一方面，监管障碍的存在或缺失（例如，公共采购、价格规制、限制贸易或产品的限额和关税、技术标准、法律上的垄断、行政机构的要求或其他规制）对地理市场的界定十分关键。①

根据相关地理位置不同，相关地理市场界定也有很大差异。例如，在欧盟，独立国家间的联盟执行比单一国家更为复杂。在单一国家，诸如市场一体化，文化或语言的差异、规制障碍或国家偏好，同欧盟的情况不太相关。与欧盟的情况不同，这些差异不会阻止反垄断机构以及单一国家法庭达成本地市场的结论。相反，地理市场界定十分狭窄的例子有很多。例如，在美国，在一些相关地理市场的案例中，相关地理市场被界定为包括一个或两个州的大城市地区。②

实践中的市场界定

在实践中，反垄断机构对一个具体案例的分析假设是案例各方当

① See, for instance, the two decisions adopted in 2001 against Deutsche Post by the European Commission where the scope of the markets was defined as national because entry was impossible in view of the existence of exclusive rights or fiscal monopolies. See Cases COMP/36.915 and COMP/35.141 OJ 2001 No. L125/27.

② See for example the case of *Dairy Farmers of America-Sodiaal*, in (2001) 1 Trade Cases 73, 136; the market was defined as the sales of branded stick and branded whipped butter in the Philadelphia and New York metropolitan areas.

事人提供的市场界定。例如，在欧盟，文件的主要部分叫做 A/B 表（欧盟第 81 条的告示表）和 CO 表（欧盟并购规则 4064/89 中的告示表），都是市场界定问题。欧盟委员会询问企业涉及界定的相关产品和地理市场并提供详细的附加信息，允许其检查各方当事人给出的定义。

除了各方当事人提供的信息外，反垄断机构可能会试图依靠诸如消费者协会和咨询企业等独立机构进行市场研究，并且寻求各方当事人的客户和竞争者的意见。客户和竞争者按照反垄断机构的要求提供信息，有时候需要的信息十分具体，这样可以帮助反垄断机构界定产品市场和地理市场。当然，有时候竞争者会试图在某一个或两个方面影响反垄断机构，对此，反垄断机构应提起注意。诸如欧盟委员会、美国司法部或联邦贸易委员会这样的反垄断机构对于区分客观事实和主观意见有着丰富的经验，因此，不会受到那些评价的影响。另一方面，其他主权国家的反垄断机构，特别是发展中国家，没有相同或类似的经验。另外，这些机构通常受制于很多因素，如缺少资源和专家。它们区分客观事实和主观意见的能力或多或少会受到限制。

在一些案例中，各方当事人以及竞争者或客户支持用经济计量分析方法，试图表明不同产品价格之间存在相关性或者试图估计不同产品之间的交叉弹性。如果数据充足可信（通常对大宗消费品），那么，这些研究有助于反垄断机构的分析。但是，这不能替代其他的传统分析。

在上述所有信息的基础上，反垄断机构通常处于建立相关市场或至少少数其他可能相关市场的地位。事实上，由于世界上所有反垄断机构都处在很多资源有限的情况下，因此，反垄断机构仅在十分必要时才界定市场。例如，在欧盟并购控制中，如果不是经营有问题的其他相关市场界定引起反垄断机构关注，那么欧盟委员会通常会让市场界定问题悬而未决。①

---

① See for example *Schibsted Multimedia As/Telenor Nextel AS/Telia AB* [1999] 4 CMLR 216. The Commission has left the definition of the relevant market open in over 70 per cent of its merger control cases.

市场界定和反垄断法国际化

市场界定，包括产品和地理市场界定，在反垄断政策国际化中占据极为重要的地位。正如我们在上一章中所见，世界范围内的经济行为不断增加，结果很多市场都变成全球化市场。对竞争市场的开放意味着降低贸易壁垒、自由化和一体化（在世界上某些地方），通常将导致在某一时间某一地点市场范围的扩大。市场范围随时间变大的典型实例就是电信产业，包括该产业的设备和服务范围。电信市场传统上被定义为国内市场。然而，随着产业自由化，该产业很多部门市场界定基础都超出单一国家范围，延伸到整个区域，诸如欧盟，甚至整个世界。[①] 一般的，当引入新技术或新服务、能为客户提供有效的机会获取这种超越国家边界的服务和收益时，反垄断机构愿意接受这种向外扩张的相关市场界定。[②]

然而，市场界定范围的扩大对于加快发展以及对诸如电信产业技术部门十分普遍。甚至很多传统产业，诸如钢管和电力电缆产业，已经见证了市场界定范围的扩大。十年前，这些部门的市场是国内市场，然而现在，随着自由化不断发展，这些部门的市场越来越被定义得很宽泛。

上述探讨试图表明较低贸易壁垒和自由化对实行市场界定的影响。另一方面，市场界定对全球化过程有着直接影响。例如，如果反垄断机构的趋势是致力于放宽市场界定，也就意味着超出国界，那么这种趋势可能会支持全球化进程。这种事情发生的方式十分易于解释，即可通过 SSNIP 检验证明这种观点。另外，反垄断机构试图放宽市场界定的趋势也可通过直接影响其他方面，进而影响全球化进程。这涉及社会经济甚至政治目标的深化。例如，在欧盟，欧盟委员会对市场界定扩展到欧盟范围内将有助于深化建立单一市场目标，这一直是欧盟的主要目标。[③] 实际上，这种扩展已经在欧盟委员会的案例法

---

① See Case COMP/M. 2056 *Sonera Systems/ICL/Invia/Data-info/JV* OJ 2000 No. C322/09; Case COMP/M. 1880 *Minnesota Mining and Manufacturing/Quante* OJ 2000 No. C255/08; Case COMP/M. 1908 *Alcatel/Newbridge Networks OJ* 2000 *No. C*169/04.

② Examples include Case COMP/M. 1845 *AOL/Time Warner* OJ 2001 No. L268/28; Case COMP/M. 1795 *Vodafone Airtouch/Mannesmann* OJ 2000 No. C141/07.

③ See ch. 5.

中得以体现。可能这也预示单一市场目标迟早会变成现实。

发现市场界定和全球化进程关系后，现在开始考虑是否能将相关市场界定缩小范围，而不是扩大的问题。这可能会对全球化经济中，一些小国及其企业利益造成负面影响。这是极为重要并且是当前一直探求的问题，不仅限于学术探讨。这个问题涉及的情况用一个简单的例子就能清楚地解释。假设在一个小国中有两个企业希望达成并购。有权力澄清或阻止并购的反垄断机构对该国国内市场进行界定，由此可阻止这两个企业间的并购，因为它们很快就会建立一个在相关市场中的控制地位或者并购可能在很大程度上减少竞争。不管适用法律的决定是否正确，在这种情况下，对反垄断机构决策的潜在批判就是这样的市场界定将阻碍企业达到跨国界市场的竞争需求。而在大国中类似情况不会发生争论，因为在没有反垄断干预的情况下，大国企业达到这种竞争需求时，会对这一决策的有效批判进行探讨。这种批判对欧盟一些小成员国不止发生一次。例如，瑞典对欧盟委员会的地理市场界定条例有意见，特别在并购案例中，对瑞典国家有歧视。① 然而，尽管批判存在有效性，但没有足够证据支持狭窄市场界定，为那些希望在全球市场竞争的小国企业之间竖起一道中国墙。不允许并购的国内企业可能会同其他国家的企业进行并购。② 当然，意识到这不是必要的一种可能性很重要。这种跨国并购可能在国家间的并购问题上遭遇同样的命运。但是，尽管其他途径的并购不可行，企业总能进行内部发展。一个企业能够在国内市场居于主导地位，并可通过合法手段在国际市场的竞争中处于有利地位，诸如降低价格和提高产品及服务质量，从而使它们更有竞争性。

2.4 结论

从本章的探讨中可得出三个主要结论。第一，认识基本经济理论

---

① See Case COMP/M. 1672 *Volvo/Scania* OJ 2001 No. L143/74; Case COMP/M. 2380 Förenings Sparbanken/SEB OJ 2001 No. C273/04 (the merger was abandoned by the parties following its notification to the European Commission).

② See for example Case COMP/M. 1980 *Volvo/Renault* OJ 2000 No. C301/07 on the one hand and the strategic partnership established by Scania and Volkswagen on the other, following the prohibition of the merger between Volvo and Scania by the European Commission (COMP/M. 1672 15 March 2000).

对评价各种不同反垄断政策争论十分重要，正确认识国际经济问题，对理解反垄断政策国际化十分有益。然而，经济理论似乎同竞争概念如何形成、是否得到保护以及如何被保护不太一致。第二，如果鼓励经济学家考虑其他各方所提供的政策设计，特别是政治学家提供的政策设计，将会很有益处。这样有助于强化竞争的定义及它在全球经济中的作用。第三，当国家反垄断法没有相同的或相似的历史起源和目标时，上述简要的历史视角对是否在反垄断政策内构建一个“全球框架”问题的探讨会有所帮助。这也将同随后探讨的反垄断法的重点和目标相关。

第 3 章

反垄断法：目标和政治视角

本章主要考察三个问题。第一部分考察反垄断法的目标和要点。无论是国家层面、地区层面还是国际层面，这都是当前争论的热点问题。[①] 第二部分考察反垄断法的政治视角，由于需要反垄断法的律师们迈出自己的领域，因此这是难点之一。第三部分考察竞争政策的倡导问题，假定其在反垄断政策领域具有重要价值和相关性。第四部分做出结论。

3.1 反垄断法：概念、框架和目标

本节从探讨反垄断法的概念入手，然后考察其运作框架、目标和意图，最后同反垄断法的政治视角进行衔接。

---

① See remarks by F. Jenny in C. Ehlermann and L. Laudati(eds.), *European Competition Law Annual* 1997: *Objectives of Competition Policy*(Hart Publishing, Oxford, 1998), p. 3.

反垄断法概念

反垄断法，其中“法”用于表示竞争的观念，通常在性质和措辞上是消极的和禁止的。[①] 这很显然是因为反垄断法不能直接鼓励竞争，而是运用法律制度试图阻止市场上任何反竞争行为。[②] 例如，在欧盟，第81（1）条款规定：“和共同市场不一致的下列行为将被禁止：企业间所有协议、企业协会决策以及协定惯例。”同样，1890年美国《谢尔曼法》的第一部分宣称：“任何契约、以托拉斯形式的联合或串谋、对贸易或商务的限制……。”没有任何规定提及“鼓励竞争”或“强迫”企业竞争。

法律用于保护竞争的事实引发一些难题，特别是因为多年来，采用竞争观念促进并影响法律和政治变革。对于反垄断法是否能用于规制大企业势力而非消除自由竞争障碍；对其是否能保护竞争者或竞争过程；对其是否更加关注消费者利益而非生产者利益，都有很大争议。世界各国对实施反垄断法所依据的程序和执行机制也存在差异。

十分有趣的是，运用反垄断法保护竞争的观点受到了质疑。一些评论家认为反垄断法的实施不能保证竞争存在，并且在没有反垄断法的情况下也存在竞争。这种论调得到国际范围内具有高度竞争性国家或地区如日本、新加坡和中国台湾的支持。[③] 毫无疑问，那些支持这种观点的国家采取某种形式的反垄断法，也是基于以下两个原因：第一，因为它们受到市场全球化的压力而必须考虑竞争问题；第二，这些国家致力于反垄断法，是为了确保有势力的国内企业不要替代以前的国有垄断企业。[④]

除了这一观点，在上一章中也提到竞争需要法律作为一种表达形式。特别是为了保证市场利益，需要通过反垄断法保护竞争。另外，支持上述观点还有特殊原因，某些国家是被强制才实行反垄断法，即

① See H. First, ‘Antitrust Law’ in A. Morrison (ed.), *Fundamentals of American Law* (oxford University press, Oxford, 1996); R. Bork, *The Antitrust Paradox: a Policy at War with Itself* (Basic Books, New York, 1978), p. 70.

② This definition corresponds to other definitions employed by different writers. See D. Fidler, ‘Competition Law and International Relations’ (1992) 41 *International and Comparative Law Quarterly* 563, 564.

③ See ch. 9.

④ See generally Ehlermann and Laudati, *European*, *pp.* 150-1.

反垄断政策是发展中国家和经济转轨国家重建其国内经济并同全球经济完全接轨，以便能利用新机会进行竞争的重要组成部分。为了从全球化中获取公平利益份额，越来越多的国家采取包括产业自由化在内的经济改革导致私有化，有助于这些国家使用反垄断法和政策。因此，从这个意义上讲，至少在某些国家立法体系中引入反垄断法作为其选择和总体目标的组成部分，可以使这些国家在全球化经济中具有竞争性。

反垄断法框架

反垄断法保护竞争的手段主要以下述内容为中心展开。第一，确保企业没有受到伤害，没有通过同其现有或潜在竞争者进行串谋来妨碍或歪曲竞争。为此，独立企业间的横向协议，诸如价格操纵、市场份额或其他影响企业竞争的主要行为通常被禁止。其他类型的协议，例如，经济体中不同层次企业之间的协议，供应商和分销商之间的纵向协议，极少可能伤害竞争。但是，它们可能会带来某些反竞争行为，特别是在转轨经济中或发展中国家。因此，它们也将受制于反垄断法。第二，单个企业或很多企业具有经济强势地位，可能单独或联合起来危害竞争。当一家企业在法律上具有竞争优势时，其较高的业绩不会受到惩罚。然而，这并不意味着一家占优企业或很多占优企业使用经济强势地位阻止或限制其现有或潜在竞争者竞争。因此，经济占优受制于反垄断法中精心制定的规则。第三，为了更有效率，企业可能会选择并购，提高市场地位并改善市场结构，因此，消费者将得到更大收益。但有些并购可能有反竞争效果，意图减少或降低市场竞争，并人为地创造或强化市场占优地位而非基于较高的经济绩效。[①] 一次并购可能会导致市场竞争者数目减少，并为现有企业提供易于合作的机会。在世界 70 多个反垄断体系中，反垄断法都包括处理这些并购的规则。

---

① For an analysis of this concept of economic performance see M. Dabbah, ‘Conduct, Dominance and Abuse in “Market Relationships”: Analysis of Some Conceptual Issues under Article 82 EC’ (2000) 21 *European Competition Law Review* 45.

反垄断法目标

1978年，Bork在书中强调决定反垄断法目标的一个前提是反垄断政策的合理化以及建立统一规则的机构。① 既然如此，在现有资料基础上找寻反垄断法目标变得十分重要。但这并不是简单的任务。从反垄断法概念产生一直到现在，对反垄断法目标的争论是一个长期存在的“老”问题。反垄断法的性质揭示了这项任务的难度。反垄断法的性质不断地变化，其本质属性在某种程度上被隐藏了。② 这可以从近年来的学术文献上得到证实。例如，一些学者探讨欧洲情况时发现包括反垄断法专家在内，几乎没有人关注反垄断法在欧洲体系中的发展，如这些法律为什么会被创造出来，这种体系在多大的程度上达到预期目标。③ 然而，即使人们没有忽视对反垄断法性质的关注，对其目标也没有形成统一意见。反垄断法的目标主要包括经济目标、社会目标和政治目标。在美国，反垄断法的目标主要为了提高经济效率和消费者福利最大化。还有一些人认为反垄断法的目标是保护中小企业。④ 或者其目标是为了阻止私人垄断，因为私人垄断损害生产者和消费者的利益并最终威胁民主社会。在东欧、南美和世界其他地区，反垄断法成为促进垄断向非垄断转移、国家计划控制向自由化和私有化转移的手段。⑤ 在本书第5章中可以看到，欧盟反垄断法有一个重要目标，即进一步实现市场一体化。由此可见，寻找反垄断法的统一目标困难重重。

由于反垄断法目标缺少一致性，因此，通常不会一方面认为竞争是“好的”，并应得到鼓励，而另一方面则认为反竞争限制是“坏的”，应受到谴责。⑥ 然而，并不是所有国家都认为竞争是“好的”，甚至在引入反垄断体系的某些国家，它们没有认真对待竞争、反垄断法和政策。但更重要的是，当人们面对反垄断政策国际化时，反垄断

① Bork, *Paradox*, p. 50.
② R. Bork, *The Tempting of America*(Sinclair-stevenson, London, 1990), pp. 331-3.
③ D. Gerber, *Law and Competition in Twentieth Century Europe*(Oxford University Press, Oxford, 1998), p. 2.
④ C. Bellamy, 'Some Reflections on Competition Law in the Global Market' (1999) 34 *New England Law Review* 15, 17.
⑤ See ch. 9.
⑥ C. Doern and S. Wilks, *Comparative Competition Policy* (Oxford University Press, Oxford, 1996), p. 1.

法目标的一致性变得十分重要。赞同国际化的人认为目标一致性根本不成问题，而质疑国际化的人则相信目标缺少一致性确实是个问题。[1] 作者对目标一致性问题或反国际化的观点十分谨慎。在反垄断政策国际化中阐明目标缺少一致性问题很重要，而且安全可行。在此基础上，除非目标一致，否则任何在反垄断法和政策内建立“全球标准”的努力都注定会失败。[2] 因此，首先考虑反垄断法的目标很有必要。

反垄断法：立法意图和法律动机

研究反垄断法的不同目标时，对于制定立法意图进行一般性评论很重要。寻找反垄断法的目标不应严格限定在寻求背后的立法意图十分关键。人们也应意识到法律有能力或能凌驾于目标之上这一更广泛的含义。因此，律师们对反垄断法立法意图的重点强调会导致对这一含义的理解更为狭隘。[3]

立法意图问题对于一群立法者在特定时间内发现具体反垄断法制定的动机十分重要。因为反垄断法不是与世隔绝独立存在的，而是在一个更为广泛的框架下（在第 1 章中被称为“体系”）存在，所以记住这一点十分重要。[4] 这意味着反垄断法从属于一种命令，这种命令是持续变化并随时间变化的不同规定、因素和利益交织在一起。[5] 即使在同一个主权国家，变化也会随时发生。这些变化包括反垄断法的目标、公共干预的可接受程度以及对市场的一般假设。人们不能忽略市场条件并非静止不变因此对反垄断法的理解也应相应变化的事实。[6] 因此，特别强调立法意图，会忽视目标的重要性。

---

① See E. Fox, ‘Competition Policy Objectives in the Context of Multilateral Competition Code’ in Ehlermann and Laudati, *European*, *p.* 135. Nevertheless, it should not be thought that it is not possible to favour internationalisation whilst at the same time regard the issue of goals as one demanding careful attention.

② See WTO Annual Report 1997, ch.4.

③ J. Flynn. ‘The Reagan Administration’s Antitrust Policy, “Original Intent” and the Legislative History of the Sherman Act’(1988) 83 *Antitrust Bulletin* 259, 263.

④ See ch. 1. See also ch. 5 which contains an examination of EC antitrust law, including Article 3(g) EC. That Article provides that the EC shall have as its take the establishment of a ‘*system* ensuring that competition in the Common Market is not distorted’ (emphasis added).

⑤ Report of the American Bar Association Sections of Antitrust Law and International Law and Practice on *The Internationalization of Competition Law Rules*: *Coordination and Convergence*, December 1999, note 23.

⑥ R. Whish, *Competition Law*(4th edn, Butterworths, London, 2001), p. 16.

反垄断法目标识别

首先要探讨在一个具体的反垄断法内，不同规定旨在达到不同目标，所有目标都处在不同的政策范围内。① 因此，应分析具体反垄断法基于政策层面的不同规定。

反垄断法中倡导很多目标，但没有列出详细目录，也没有在目录中出现一个决定性的具体目标。识别这些目标的几种类型包括政治机构、反垄断机构、法庭决策的声明以及学术界和实业界的著作。为方便起见，这些目标被分为三大类：经济目标、社会目标和政治目标。

经济目标

第一类目标包括经济效率、促进贸易、加强经济自由化（包括私有化）和促进市场经济发展。② 上一章中探讨经济学家提出的一个一般假设，为降低价格、增加选择以及从消费者利益考虑提高产品质量而加强经济效率，这是反垄断法的主要目标。回想一下，上一章的结论是经济学中不同学派的思想，它们对目标没有决定性意见，这点十分重要。

社会目标

第二类目标同保护消费者相关，而不是上述提及技术层面的经济效率。它包括保护消费者免受不正当市场势力的损害以及大企业社会经济势力的传播、保护中小企业的机会和利益，保护民主价值观和原则、保护"公众利益"以及确保市场的公平与公正。③ 对私人势力风险的反感是市场民主的正义和经济公正原则。美国前总统富兰克林·罗斯福曾一度警告说，如果人们容忍私人势力发展到一定程度，这种

① See WTO Annual Report 1997, p.39. Also, see Bellamy, ‘Reflections’, 18, where the author speaks of antitrust law being placed in ‘a broader social compact.’

② The literature here is abundant. See E. Fox and E. Sullivan, ‘Antitrust- Retrospective and prospective: Where Are We Coming from? Where Are We Going?’ (1987) 62 *New York University Law Review* 936; K. Elzinga, ‘The Goals of Antitrust: other Than Competition and Efficiency, What Else Counts?’; E. Sullivan, ‘Economics and More Humanistic Disciplines: What Are the Sources of Wisdom for Antitrust?’ (1977) 125 *University of Pennsylvania Law Review* 1191 and 1214 respectively; J. Brodley, ‘The Economic Goals of Antitrust: Efficiency, Consumer Welfare, and Technological Progress’ (1987) 62 *New York University Law Review* 1020. These articles, with no exception, attempt to show that economic efficiency should not be considered as the only goal of antitrust law.

③ G. Amato, *Antitrust and the Bounds of Power* (Hart Publishing, Oxford, 1997), pp. 2-3. Amore practical explanation of this point can be found in Whish, *Competition*, p. 13.

私人势力甚至要比民主国家更为强大，那么民主自由就会受到威胁。[①]

政治目标

第三类目标比一般政治目标更宽泛，包括诸如那些以经济联盟和自由贸易区为基础、同社会一体化过程相关的目标。将第三类目标包括在内的理由是基于某些主权国家对这些目标的认识[②]以及反垄断法同经验相关的事实。[③] 第5章中对欧盟情况的探讨更为详细。[④] 因此，当考察反垄断法时，人们不应将分类目标一般化。反垄断法被解读的方式以及在不同国家的运用，表明反垄断法可用于很多情况，而并不仅限于上述经济与社会目标的分类。[⑤] 这些情况同国民经济的具体部门相关，[⑥] 或者甚至是跨国部门，如欧盟。[⑦]

对目标分类的评论

这些包括不同目标在内的分类，在某种程度上此消彼长。[⑧] 也就是说，很难期望这些"不同利益"能够协调一致。[⑨] 从表面上看，目标的差异可能会影响反垄断政策国际化。反垄断政策国际化必然要求各国在很大程度上保持一致。目标缺少一致性不会有助于建立统一体

---

① Franklin D. Roosevelt Library, New York, File 277. Some writers in the USA, especially those who were not convinced by Bork's argument, saw wealth distribution as being the primary value and goal underlying the legislative history of the Sherman Act 1890. See R. Lande, 'Wealth Transfers as the Original and Primary Concern of Antitrust: the Efficiency Interpretations Challenged' (1982) 34 *Hastings Law Journal*, 65.
It has been argued, however, that principles of fairness and equity normally advantage inefficient firms and disadvantage the most efficient ones. See F. Easterbrook, 'The Limits of Antitrust' (1984) 63 *Texas Law Review* 1; T Briggs, R. Pogue, E. Recheteller and r. Whiting, 'Interview with James Miller Chairman of FTC'. Furthermore, there seems to be some indication that these principles have ceased to be taken into account under US antitrust law. See *NYNEX Corp.* v. *Discon, Inc.* 119 S. Ct. 493 (1998).

② See M. Dabbah, 'The Internationalisation of EC Competition Policy' in I. Akopova, M. Bothe, M. Dabbah, L. Entin and S. Vodolgin (eds.), *The Russian Federation and European Law* (Hopma, Moscow, 2001).

③ See M. Lerner (ed.), *The Mind and Faith of Justice Holmes: His Speeches, Essays, Letters, and Judicial Opinion* (Random House, New York, 1943), pp. 51-4.

④ In the case of the EC, antitrust law is recognised as an important tool in achieving the goal of market integration. See ch. 5.

⑤ For a good comparative study see *Competition Policy in the OECD Countries* (OECD, Paris, 1986).

⑥ For example, to deal with particular national issues such as economic developments, financial probity and unemployment.

⑦ See C. Ehlermann, 'The Contribution of the EC Competition Policy to the Single Market' (1992) 29 *Common Market Law Review* 257.

⑧ See E. Petersmann, 'Legal, Economic and Political Objectives of National and International Competition Policies: Constitutional Functions of WTO "Linking Principles for Trade and Competition"' (1999) 34 *New England Law Review* 145, 155.

⑨ WTO Annual Report 1997, p. 39.

系，这为达到国际化设置了重要障碍。即使各国同意并接受反垄断法目标的多样化，对确定这些目标中，哪个是旨在为建立反垄断法和政策的全球秩序而追寻的目标，确实有些困难。①

近期，世界贸易组织认为这些并非实质问题所在，因为反垄断法的目标可朝向一定的“核心”原则集中并统一。根据这些观点，越来越多的国家互相吸取教训，越来越多的国家在全球贸易体系下寻求贸易合作伙伴，因此，目标统一也是人们所期望的。这种方法已经被使用，虽然只是以有限的形式在某些国家和国际组织中使用。②

然而，集中的难点是不可能成功统一这些目标。③ 还有观点认为当不同目标以反垄断法的名义被需要时，以及反垄断法是动态和不断变化时，这种集中无法实现。例如，一个国家怎样才能通过集中包括经济效率（经济学）以及其他诸如公平与公正（法律）的目标来达到反垄断法的“核心”目标？没有提及的事实恐怕是强国采取的目标将凌驾于其他目标；当然，其他目标是弱国所倡导的。④ 例如在发达国家，反垄断法的主要目标是在传统经济中加强资源配置效率和实现消费者福利最大化。相反，在发展中国家，反垄断法的目标则比较广泛，即建立市场经济和确保政治上可接受。在这种情况下，如果追求目标统一，那么可能会以牺牲一些国家的利益来换取另一些国家的利益。这会使反垄断政策国际化成功的前景不容乐观，虽然某些具有强势反垄断体系的国家反对这些观点。例如，美国认为一般意义上的反垄断政策国际化和具体目标统一会形成最小的公分母，具有健全反垄断体系的国家会被迫接受具有非健全反垄断体系国家所执行的低级

---

① See chs. 8 and 9.

② See, for example, the work of the OECD Committee on Competition Law and Policy, ‘Interim Report on Convergence of Competition Policies’(OECD, paris, 1994); US Federal Trade Commission, ‘Anticipating the 21st Century: Competition Policy in the New High-Tech Global Marketplace’(FTC, Washington, 1996). Several countries have adopted a ‘core’ objective approach, including Canada (Canadian Competition Act (1986)); more information can be found on the Canada Competition Bureau’s website http://www.strategis.ic.gc.ca/competition, and Norway (see the Konkurransetilsynet’s website, http://www.konkurransetilsynet.no). This issue is covered in the United Nations Conference on Trade and Development (UNCTAD), ‘Draft Commentaries to Possible Elements for Articles of a Model Law of Laws’(UNCTAD, Geneva, 1995). Chapter 5 contains some useful discussion of this issue in relation to the EC.

③ See M. Azcuenaga ‘The Evolution of International Competition Policy: a FTC Perspective’(1992) *Fordham Corporate Law Institute* 1,13.

④ See A. Guzman, ‘Is International Antitrust Possible?’(1998) 73 *New York University Law Review* 1501, 1505.

目标。①

尽管目标统一能产生一定效果，并且反垄断不同体系间也可达成对反垄断法目标的协议，但各国对目标统一的手段和这个手段如何才能达到目标存在很大差异。② 不同国家可通过反垄断政策的不同执行方法加以说明。

假设有三个国家 A 国、B 国和 C 国共同分享反垄断法的同一目标。在这三个国家中，反垄断政策分散化的根本原因是每个国家为达到这些目标而采取的手段差别很大。这种分散化主要是由于每个国家当前环境不同所引起的而且对达到同一目标采取的最优手段缺少协议。例如，各国文化是影响达到具体目标的最优手段，从而影响反垄断法和政策的选择。③ 这反映了反垄断惯例因国家而不同的事实。欧盟反垄断惯例的一个主要特征是反垄断法很具体并且运用其保护超越法律规则外的竞争。据此，欧盟反垄断法是一种新型法律，处理那些传统法律机制不适合处理的问题，因此，相应地要求非传统的方法和步骤。这同美国反垄断法的方法完全对立，美国反垄断法主要依靠传统法律形式和制度保护竞争。④ 所以，意识到没有单一政策把多个国家的反垄断法约束在一起很重要。无论反垄断法还是反垄断政策都不能只存在于理论上。不同反垄断体系反映不同的关注焦点、价值观和目标。正如第 1 章中所提及的，目前近 100 多个国家都采取反垄断法，而这些国家的经济发展水平参差不齐。让每个体系都追求同一目标也是不现实的。⑤

除了这些差异外，还有一些需要说明，特别是那些同国家规模相关的因素。这些因素也会影响反垄断法和政策的选择。例如，当处理具有反竞争效应的并购交易时，一个相对较小的国家可能选择接受反垄断体系对效率的保护，而一个较大的国家则不会如此。这种各国结构上的差异以及独立法律的不同可能会使反垄断法目标分散化。⑥

---

① Ehlermann and Laudati, *European*, p. 35. See remarks by J. Klein, *ibid.*, pp. 247-60. See further ch. 9.

② 参见第 1 章关于“共性与特性”的讨论。

③ See L. Haucher and M. Moran, *Capitalism*, *Culture and Economic Regulation* (Oxford University Press, Oxford, 1989), p. 3.

④ Gerber, *Competition*, *p.* 12.

⑤ See WTO Annual Report 1997, p. 34.

⑥ See further ch. 9.

反垄断法本质上的混合性

最后一点，关于反垄断法的概念和功能在文献中缺少认识，即反垄断法在本质上是跨学科的。有充足的证据证明这一观点。根据上一章的探讨，在很多国家，反垄断法定义之父是政治学家，而不是商业律师或经济学家。[①] 非常有趣的是律师和经济学家却在制定和适用法律方面发挥了突出作用。由于涉及律师、经济学家和政治学家，所以反垄断法是一种特殊类型的法律。[②] 人们参与竞争及对竞争的保护在本质上很特殊。人们不愿意对此进行评判。相反，反垄断法和政策涉及的不同规则及其发展很受欢迎。建立反垄断法的有效运营体系十分必要。因此，在很多国家的反垄断体系中，反垄断法和政策的使用主要基于这个领域内具有重要地位的律师和经济学家的技巧。这些技巧对反垄断法和政策的有效成功实施十分重要。然而，应注意反垄断政策的行政机构也涉及官僚政治问题。事实证明反垄断法和政策执行的特权和重要性主要取决于拥有各种不凡能力的部长和官员的政治选择。因此，对反垄断法和政策的正确理解，需要从政治科学和公共管理到对法律和经济补充的视角进行深入透视。遗憾的是，几乎还没有系统地分析反垄断法和政策中的“第三条智力线”。[③]只坚持运用一种原则进行分析的人对反垄断法及其执行所产生的问题，仅能提供一半的答案，甚至可能会更少。因此，人们应感谢其他原则所提供的补充分析。当然，人们更有兴趣运用相关原则的分析了解全部答案。

3.2 反垄断法的政治视角

核心问题

对大多数主权国家，通用的反垄断法基本观点是如何回应民主的重要问题。[④] 一些评论家试图寻找相关的、如何利用私人势力破坏他

① Amato, *Power*, p. 2.
② See generally Gerber, *Competition*.
③ Doern and Wilks, *Comparative*, pp. 3-4.
④ See generally E. Kintner, *An Antitrust Primer*(Macmillan, London, 1973).

人自由，以及在这种私人势力下公共政策十分脆弱的平衡。① 根据Amato的自由民主原则，这个问题具有双重性并形成真正的两难处境：

公民有权承认其自由并行使自由；但就因为他们是自由的，所以他们从没被强迫接受他人。在公共领域内，自由民主社会的权力不仅意识到基于法律立法上持有权利的那些人；在私人领域，不能超越企业向所有者分配的有限特权。超出这个限制，原则上认为滥用了自由民主的私人权力，必须受到限制，以至于在没有征得同意的情况下，没有人能做出对其他人产生效果的决策。

基于同样原则，政府权力是为了保证应对这种现象，但是，这个任务也要有限制，禁止个人滥用的权力也不允许统治者滥用。这就是进退两难的局面。

在民主社会中，有两种约束从不交叉：一个是超出个人的非合法权力；另一个是超出合法的公众权力变得不合法。这些约束在哪里？这是进退两难困境的症结所在。②

将这种分析运用到实践中会发现，表面上对竞争和反垄断法作用的视角不一致。竞争的观点根植于企业，以其认为最适合自身利益的方式自由从事商业活动。③ 然而，反垄断法限制这种自由。首先，这种限制同竞争观点不一致，是动态和民主的价值观。这种表面上的不一致使企业考虑的两种利益平衡被打破。一个是自由受到法律限制的利益，这是短期的考虑。这种考虑通常在那些公共机构对国内企业充满敌意，并且假设这些企业使用经济占优地位去损害小国竞争者的情况下。另一种则在企业反竞争的情况下，自由同受限于他人行动的利益者相关，这是长期的考虑。如果法律不能说明对自由的限制或者对其利益的损害，就要把那些长期自由受限的后果考虑进去。④ 换一种方式来讲，公共权力和私人权力之间的约束以及这两种权力关系的平衡很重要。推而广之，会引发这样的问题，即市场是否依赖对竞争的

---

① Amato, *Power*, *p*. 2.

② Amato, Power, p. 3. Reference is made to the principles of liberal democracy because this dilemma really has its roots entrenched there. See J. Locke, *Two Treatises of Government* (Cambridge University Press, Cambridge, 1988), p. 118.

③ 参见第2章关于“竞争的含义”的讨论。

④ Gerber, *Competition*, p. 9.

解释并长期提供竞争，或者是否在短期内需要公共干预。

谁作决策

上述表面的不一致揭示了反垄断法一个比较有趣的侧面，即法律是权力拥有者通过各种决策影响市场及其功能。[①] 对此，可提出两个相互独立的观点。一种观点是每个企业都有权利决定和制定自己的政策，希望自身利益和公众利益在某种程度上保持一致。另一种观点是公共机构可对市场实施较多干预。对后者的一个例子是欧盟委员会多年使用的第 81（1）条款，从历史角度来看，该条款的管辖范围很宽，第 81（3）条款中除外的一些协议，在近年内有所松动。[②]

决策问题，即做出主要商业决策是反垄断政策国际化进程中争论的焦点。关键在于国家或企业是否为这一进程中的主要参与者。[③] 依次的，这个质疑引发了委托其中一方作决策是否影响进程中的另一方的问题。通常，各国对反垄断政策国际化有争议，这些国家被认为是进程中的单一且主要的参与者，因为它们对是否支持这一进程有最终话语权。但最近出现一些认为国际化至少需要共享的观点。[④] 另一个值得探讨的观点是商业联盟。该观点认为反垄断政策国际化在某种程度上是对市场全球化的反映，市场全球化的直接后果是市场上企业跨国界经营。因此，要在这一进程中考虑商业企业的需要和作用。[⑤] 这将在第 6 章和第 9 章进行详细探讨。

公共干预

在规制市场竞争条件时，竞争“看不见的手”更多地被公共机构看得见的手所取代，[⑥] 这在某些情况下是不可避免的。特别在说明反竞争行为时，公共干预具有一些不确定的含义。这些不确定的含义

---

① Whish, *Competition*, p. 15; WTO Annual Report 1996.

② See for example the less formalistic and more economic approach, which has been adopted by the Commission under important instruments such as EC Regulation 2790/99. See further ch. 5.

③ Gerber, *Competition*, p. 15. See chs, 6 and 9.

④ See E. Fox, 'Global Problems in a World of National Law' (1999) 34 *New England Law Review* 11, 11-13; J. Griffin, 'What Business People Want from a World Antitrust Code' (1999) 34 *New England Law Review* 39.

⑤ See R. Weintraub, 'Globalization Effect on Antitrust Law' (1999) 34 *New England Law Review* 27.

⑥ Whish, *Competition*, p. 15; E. Fox, 'The Politics of Law and Economics in Judicial Decision Making: Antitrust as a Window' (1986) 61 *New York University Law Review* 444, 554.

是反垄断政策国际化的难点所在。首先，上述反垄断法视角可在两个不同的国家同时存在，例如欧盟和美国的例子。其次，在一个国家内，反垄断法视角可能随时间而变化。① 例如，美国华盛顿政府的变化会影响美国反垄断法的使用和执行。如果人们根据这些不确定的暗示追寻其本源，那么反垄断政策不同视角存在的原因出自公共机构对反垄断法的不同使用方法。美国政府前要员对美国反垄断机构的功能确实有看法，诸如他们对联邦贸易委员会把这些机构中的官员作为敌视自由贸易商业体系的个人，以及坐在那里研究理论，对经济和市场进行干预和管闲事颇有意见。② 因此，法令中所体现的法律和在实际执行中机构所采用方法的关系很重要。一些学者对这种关系进行考察，他们解释反垄断法的这种关系，就像在法令中出现的定义和设定权力关系，进而公共机构操控法令及其解释权以达到制度、其他政治目的甚至个人目的。③

上述讨论充分表明反垄断法实际上受政治影响。从反垄断机构使用其国内反垄断法的方式中可体现政治在反垄断体系中的作用。依据这些法令规则和政治声明，应该对反垄断目标进行法律解释。一些评论家发现这种政治解释存在的三种模式：反垄断政策核心领域目标、在决策中考虑法令所允许的非反垄断政策目标的延伸和性质以及例外规则。④ 这些解释根据国家的不同而有所差异，并影响反垄断政策国际化。⑤

若干观点表明政治及其影响在反垄断政策领域很明显，这也为反垄断政策国际化法律和谨慎政策提供了一定的基础。第一个观点是反垄断适用方式以及裁定反垄断案例的方法。在反垄断法和政策及它们所能达到的效果之间还有很长一段路要走。一个反垄断案例可能从对反垄断机构的抱怨开始，紧跟着是对被告进行调查。反垄断机构在某些案例中会事先对被告企业发出警告，这会使案件在法庭最终裁决之

---

① See also Kintner, *Antitrust*, *pp*. 228-32.

② See remarks of D. Stockman, former Director of Office Management and Budget and a leading official in the Reagan Administration in *Chicago Tribune*, at A-1, cols. 2-3, 23 February 1981.

③ See D. Gerber, ‘The Transformation of European Community Competition Law’ (1994) 35 *Harvard International Law Journal* 97, 100; D. Tarullo, ‘Normas and Institutions in Global Competition Policy’ (2000) 94 *American Journal of International Law* 478.

④ See Doern and Wilks, *Comparative*, p. 15.

⑤ See ch. 4.

前得以执行。[①]

第二个观点是反垄断机构独立性问题。由于反垄断法和政策涉及不同参与者和利益群体，因此，反垄断机构可能会承受政治压力。从法律角度来看，令反垄断机构远离这些压力十分必要。[②] 确保调查决策和具体案例的起诉同“自然公正”或程序公平保持一致很重要。毫无疑问，更多地考虑公正公平会减少政治影响。这对市场上的重要商业决策有积极影响，确保充分独立性还有助于保证反垄断法和政策的执行机构对出现的案例法和规则具有独立判断力。从制度结构角度来讲，反垄断执行远离政治压力可能会更好。在此，需要强化反垄断机构的政治独立性，确立反垄断国内体系中外国企业的地位并引进非歧视原则。[③]

第三个观点同反垄断法是否旨在保护竞争或竞争者相关，这直接引发了目标问题。一些评论家认为这个问题会令反垄断联盟步入很危险的境地，就像在欧盟出现两个不同的组织：一个认为欧盟反垄断法目标，特别是欧盟第81条款，旨在保护企业销售商品和提供服务的自由；另一个认为法律目标是为了保护竞争的过程。[④] 然而，还有一些观点认为反垄断法的直接目标是为了保护竞争的过程，虽然各国间的经济条件不同，竞争的障碍和解决这些障碍所采取的措施不同。[⑤]

3.3　竞争政策的倡导

如上所述，反垄断法直接处理旨在减少消费者福利的私人限制商业行为，在资源使用无效率的前提假设下，这种行为变成危害竞争的

① Doern and Wilks, *Comparative*, *p*. 14.

② See A. Krueger, ‘The Political Economy of Rent-Seeking Society’ (1974) 64 *American Economic Review* 291; J. Buchanan, ‘Rent Seeking and Profit Seeking’ in J. Buchanan, R. Tollison and G. Tullock (eds.), *Toward a Theory of the Rent Seeking Society* (Texas A and M University, Houston Texas, 1980); WTO Annual Report 1997.

③ Ehlermann and Laudati, *European*, p. 140. See also R. Posner, ‘The Federal Trade Commission’ (1969) 46 *Chicago-Kent Law Review* 48, 54. Posner noted that the politicisation of antitrust law at the US Federal Trade Commission was due to its dependence on Congress. Note also the old proposal in the EC to establish an independent non-political antitrust authority in order to separate political regulatory powers from decisional ones. See C. Ehlermann, ‘Reflections on a European Cartel Office’ (1995) 32 *Common Market Law Review* 471; A. Pera and M. Todino, ‘Enforcement of EC Competition Rules: A Need for Reform?’ (1996) *Fordham Corporate Law Institute* 125. See further chs. 9 and 10.

④ Ehlermann and Laudati, *European*, p. 12.

⑤ Ehlermann and Laudati, *European*, p. 21.

唯一来源。在任何情况下，这都是一个正确的前提假设，因为对竞争的危害还来自于执行各种不同公共政策的合法制度安排和设计。[①] 事实上，私人限制商业行为通常是市场中不同政府干预形成的。例如，一个国家可能令其企业在法律上享有垄断地位；可能从其他方面限制市场竞争者的数量；或者可能引入不正当的限制规则和规制。由此，反垄断机构对反垄断法的执行是否会超越该法的范围值得探讨。

竞争政策的倡导计划

主张反垄断机构必须参加国家经济政策制定的观点占绝对优势，特别是在那些经济政策对竞争市场结构、商业行为和经济绩效有负面影响的国家。为此，反垄断机构必须成为一个竞争倡导者，在鼓励政府政策减少进入障碍、强化放松规制和促进贸易自由化方面发挥作用。结果反垄断机构能使政府对市场的干预最小化，这是反垄断机构特别讨人欢心的地方。

竞争政策的倡导是否必要?

竞争政策的倡导能使反垄断机构对各种不同公共政策的形成、采取其他手段减少对经济效率和消费者福利的损害方面有更有力的发言权。竞争政策的倡导成为反垄断法体系中不仅能确保反对反竞争惯例，而且能疏通反垄断政策领域内各种利益集团之间经济寻租行为的安全阀。当然不能否认这些目的，因为它们必定有助于实现经济决策机制中的责任和透明度，以及在公共和私人领域内使合理的经济管理和商业原则得到发展。[②]

竞争政策的倡导和反垄断法的执行

在竞争政策的倡导和反垄断法的执行之间存在一定联系，特别是在那些发展中国家经济体中和过渡经济体中。通常，这些经济体在市场早期发展阶段的特征是集中，有时是由一个或几个大企业从事反竞

---

① To support the above discussion on the desirability of the involvement of various disciplines in antitrust law and policy, this is one instance in which the expertise of political scientists would be needed.

② See Doern and Wilks, *Competition*, pp. 334-7.

争行为或广泛的疏通行为。在这个例子中，竞争政策的倡导目的就是在没有反垄断机构直接干预或政府直接干预的情况下，形成更为有利的市场竞争条件。在此情况下，反垄断机构对竞争政策的倡导任务，同世界范围内那些反垄断机构对市场上企业严密和持续的监督形成鲜明对比。简单地讲，后者的方法不完全令人满意，因为使资源更加密集，并且很难令人关注的理由是在这些国家中反垄断机构回归到市场上更为广泛的政府干预。①

世界上一些主权国家存在竞争政策的倡导。考察这些主权国家的例子发现，竞争政策的倡导同时有明示（法令的）和暗示的（非正式的）基础。在一些主权国家，反垄断机构赞成用某种指令向相关部门或监管机构传达它们对特殊事件的观点。② 在另一些主权国家，立法对反垄断机构的作用无任何说明。如果一些立法不禁止反垄断机构参与，那么它可通过其法律的执行作用，积极寻找机会使竞争案例站在公众论坛上。在这方面，法国、德国、欧盟和美国的反垄断体系就是典型例子。③ 毫无疑问，积极竞争政策的倡导对经济效率和消费者利益很重要，至少同传统的反垄断执行一样重要。

广泛竞争政策的倡导可在公共范围内发生。市场经济建立的成功需要强化竞争文化。消费者和商界必须受到反垄断法和政策价值观及如何从中受益的教育。反垄断机构在这种教育过程中发挥着重要作用。在一些主权国家，公众对反垄断法和政策或强化竞争给他们带来的好处和意愿不置可否。④ 这是可以理解的，因为公众对自由市场的最初经验很可能是负面的。在计划经济体或转轨经济体中，通常市场自由化伴随着破坏、资源配置不当或使用无效率、失业和产品价格的

---

① An interesting discussion of this issue has come from G. Amato, contrasting the position of the USA with that of the EC. See Amato, *Power*, p. 112.

② These countries included Canada, Italy, the Republic of Korea, Russia and South Africa. See B. Doern, 'Canadian Competition Policy Institutions and Decision Processes' in Doern and Wilks, *Competition*, pp. 71-7.

③ See R. Sturm, 'The German Cartel Office in Hostile Environment' and G. Peters, 'United States Policy Institutions: Structural Constraints and Opportunities' in B. Doern and S. Wilks, *Competition*, pp. 187-96 and 42-9 respectively. In the USA, a Competition and Consumer Advocacy programme was adopted by the Federal Trade Commission. See Celnicker, 'The Federal Trade Commission's Competition and Consumer Advocacy Programme' (1988-9) 33 *Saint Louis University Law Journal* 379.

④ Israel can be mentioned as an example here. The author's strong familiarity with the Israeli system of antitrust law has brought him to observe the obvious lack of information amongst Israeli citizens and businesses on the desirability and benefits of competition.

大幅上升，特别是在那些前计划控制经济体中。在这种情况下，竞争政策的倡导特别有用，但是反垄断机构为反垄断政策建立公众支持的任务很有挑战性。这都要依赖市场竞争条件以及反垄断机构在一国经济政策制定中的作用，因为企业的经营环境以很多经济政策为条件，并且一个经济体内的竞争程度会根据这些政策的发展和使用方式而忽强忽弱。

建立反垄断政策的公众意识

反垄断机构除致力于公众政策制定外，还应在消费者和商界建立对反垄断法和政策的公众意识和支持，尤其在发展中国家，这个任务特别重要。相对于发达国家，这部分对发展中国家更为重要。

为确保透明度和责任以及开始真正的教育过程，反垄断机构应尽可能在其工作和公众之间搭建一座桥梁。建议反垄断机构面向公众公开工作。当然，作者也承认这种建议会受到很大限制，因为对很多反垄断法案例的调查过程中，反垄断机构获取的信息要严格保密。① 然而，反垄断机构会尽量使其工作的信息公开化，可通过定期在公告、时事通讯和网上公布确保其执行，而受反垄断法执行影响的相关利益方（其他公共机构、区域机构，商业协会和相关企业）也能清楚地意识到它们的权利和责任。使公众更准确地意识到反垄断政策的其他有效教育手段，包括媒体、新闻发布会和新闻稿发布反垄断案例的决策要点总结。另外一个更有技术难度的手段是对特别领域的反垄断法和政策制定指引原则。反垄断机构会在某些管辖领域使用这种手段，② 尤其是并购控制领域。③ 对那些期望研究法律的企业，这些指引原则很受欢迎，因为在很多国家，反垄断法的语言总是很少而且一般化。④

另外，反垄断机构通过组织反垄断法和政策的培训、会议和讨论

---

① See, for example, Regulation 17/62 OJ 1962 No. 204/62 under EC antitrust law. See ch. 5.

② See, for example, the Notice on Defining the Relevant Market, OJ 1997 No. C-372/5, discussed in ch. 2.

③ The European Commission, for example, has introduced various and important notices which have proved to be very useful for firms and their advisors. See, for example, the Notice on the Concept of a Concentration, adopted under Regulation 4064/89 OJ 1998 No. C 66/1.

④ See Bork, *Paradox*.

会把公众和它的工作联系起来，以促进公众对竞争作用的理解并表明其执行行为如何深化这些目标。[1] 通过这些论坛，反垄断机构能表明竞争如何使竞争者、客户和消费者受益；如何有助于确保在尽可能低的价格和尽可能高的质量上提供产品和服务；竞争市场的生产者如何被迫对消费者需求做出回应；竞争如何引起市场资源最有效配置。因此，当反垄断机构成功地使社会成员理解和支持竞争、反垄断法和政策的概念时，反垄断法的执行就被强化了。这些成员不仅限于商业团体和消费者，还可能包括反垄断法律师、商业和经济学专业的学者以及为消费者、其他利益集团和对市场经济感兴趣的政治学家所服务的机构和协会。

总结

综上所述，竞争政策的倡导是比反垄断法执行更为有效的确保法律被理解和认知的手段。各国在反垄断法和政策领域中的经验表明，反垄断法的执行是强化竞争、消除进入障碍、提高经济效率和保护消费者福利的有效手段。然而，像遵守诺言一样，保持传统反垄断法的执行并不意味着竞争政策的倡导作用微乎其微。无论如何，竞争政策的倡导增加了反垄断法执行的效益。因此，如果竞争政策的倡导不能作为另一种手段时，则亦可被看作是反垄断法执行措施的有益补充。

3.4　结论

从上述探讨中得出三个主要结论。第一，对反垄断法目标和要点的探讨是反垄断政策国际化问题的核心，由此确定在本章最初所作的假设。第二，探讨目标开拓了思路，并发现在任何时候将反垄断法同政治视角分开都很困难。一般反垄断法政策和具体反垄断政策国际化可以通过几种方式表现。这些方式的共同要素是公共机构对反垄断法目标的法律解释是法令形式，还是解释、应用和执行这些制度的方

① 几个处理反垄断法和政策的国内竞争机构和其他组织多年来一直从事这个项目。美国的司法部和德国的反垄断机构值得一提，因为它们主持了由在世界范围内反垄断机构官员参加的几次会议。并且，欧盟委员会在为此目的举行的不同会议中十分积极。它定期开展“反垄断法日”，并邀请公众、企业、消费者组织和学术界人员参加公众听证会。

式。第三，考虑对市场的公共干预问题十分必要。最后提出在随后章节中探讨的制度性方法和安排。

第4章

自由裁量权

反垄断机构和执法机关一般在其规制市场竞争条件以及实施和执行竞争政策方面拥有自由裁量权。自由裁量权在世界上的多数法律体系中普遍存在。有观点认为，诸多政策及其工具的实施过程有必要赋予其行政主体相当高的自由裁量权（K. Davis，1969）。在反垄断政策领域，反垄断法律条文一般倾向于使用模糊词汇，这就不可避免地使得反垄断机构拥有自由裁量权。不过，这种自由裁量权的存在可能在反垄断政策领域引发问题，特别是在反垄断政策国际化背景下，这种问题尤为突出。人们关注的问题主要是，虽然不同反垄断法律体系制定的依据有相似法规，但在反垄断法实施过程中却出现不同管辖权之间执法标准的激烈冲突（A. Guzman，1998）。在某些情况下，上述法律冲突是由自然原因造成的，譬如文化、经验及其他制度性因素，这些因素往往是具体法律体系所特有的（L. Haucher and M. Moran，1989）；而在另外一些情况下，执法标准的冲突完全是反垄断机构行使自由裁量权的结果。因此，我们有必要探讨自由裁量权的存在，特别是由此引发的执法标准冲突在多大程度上会给反垄断政策国际化带来负面影响。除上述负面影响之外，不同反垄断法律体系之间的冲突也不利于在这些法律体系之间进行比较（C. Doern and S. Wilks，1996）。

本章考察反垄断法文献中鲜有深入讨论的反垄断执法中的自由裁量权问题，以及自由裁量权与反垄断政策国际化关系问题。在分析方法方面，本章考察制度选择、政治因素和政策设计等内容。本章由五部分构成。第一部分试图解释什么是自由裁量权以及辨析自由裁量权与规则制定权之间的异同。第二部分考察自由裁量权可能引发问题的几种情况，之后的第三部分就上述问题提出一些解决方案。第四部分阐述分析的意义。第五部分是本章的结论。

4.1 分析框架

自由裁量权释义

讨论之初，有必要强调自由裁量权（discretion）概念不同于"行为能力（competence）"概念，后者是指权力机构根据法律授权采取行动的权力。当反垄断机构行使自由裁量权时，在遵循具体的和非具体的法律规范的前提下，拥有根据具体案情行使作为和不作为的各种选择权。具体说来，自由裁量权不限于法律授予的权力或者说法定权力，而是涵盖反垄断机构职权范围内法律未加限制的所有权力。有无数实例表明自由裁量权的行使是非法的，或者存在合法性方面的疑问。不仅如此，反垄断机构选择不起诉的情况也属于行使自由裁量权范畴。如果我们考察世界上多数反垄断机构处理的案件，选择不起诉的案件远多于选择起诉的案件。反垄断机构选择不作为的情况可能出现在决定是否对案件发起调查方面，也可能出现在启动起诉程序和做出裁决方面。反垄断机构不仅在最终裁决阶段行使自由裁量权，而且在最终裁决形成之前的各阶段也同样行使自由裁量权。这里，我们再次看到反垄断机构在最终裁决形成之前，行使自由裁量权的情况更为普遍。[1] 最后，我们注意到反垄断机构并非仅仅在裁定反垄断案件关键问题方面拥有自由裁量权，而是在反垄断程序、执法和其他方面广泛地行使自由裁量权。

区分自由裁量权与规则制定权

为了更好地理解自由裁量权概念，我们有必要将之与规则制定权（rule－making）相比较。规则的制定并非仅指狭义的立法过程，而且还有更广泛的含义，即指搜集必要的事实和信息的手段和方法，以利于相关主体确定应该制定怎样的规则。根据这种方法，执法者必须严格地按照规则行事。法院负责解释法规，而且必须在书面条文的严格限定范围内履行其职责。法院同行政和官僚机构一样，只拥有解释和应用规则的权力，而不能改变既定规则。[2] 这种制度设计及各司其职观点的初衷是追求公正和避免滥用职权，强调通过消除个人因素对决策过程的影响，实现公平待遇目标。通过严格遵守既定规则[3]以及由此产生的执法确定性，确保自然人和法人依照可预见的结果计划其行为。

4.2 辨识自由裁量权的例证

本部分内容相对简短，通过辨识反垄断机构行使自由裁量权的例证，阐明存在自由裁量权的事实。一般说来，行使自由裁量权的情况有如下几种：

情况选择和提起诉讼

反垄断机构在决定是否就案件发起调查方面拥有很大的自由裁量权。欧盟的情况即是一个很好的例证。欧盟委员会在决定是否提起反

① The truth behind this can be seen in the case of the EC. See, for example, the European Commission 21st Report on Competition Policy 1991.

② F. Hayek, *The Road to Serfdom*（Chicago University Press, Chicago, 1944）, pp. 72-3. Also, see report of the Franks Committee on Administrative Tribunals in the UK, Cmnd 218（1957）, p. 6.

③ As Duguit observed, ‘no organ of the state may render an individual decision which would not conform to a general rule previously stated’. L. Duguit, *Traité de droit constitutionnel*（Ancienne Librairie Fontemong, Paris, 1927）, p. 681.

垄断诉讼方面拥有广泛的自由裁量权。这已不仅为欧盟委员会自身所证实，也可从欧洲法院那里得到佐证。①

自由裁量权的运用

在我们讨论反垄断机构行使自由裁量权问题时，须审慎甄别反垄断诉讼程序产生的裁决。这是因为，反垄断机构在实施其国内反垄断法方面，并非世界上所有的执法机构均享有法定的做出对企业具有约束力的裁定的权力。我们对比一下美国和欧盟的情况，即可说明这一点。美国的反垄断体系中，法庭辩论的重要性居核心位置。虽说美国的其他一些权力机构——例如司法部和联邦贸易委员会——能够施加一些影响，但美国的反垄断法基本上属于判例法的一种。相比之下，在欧盟，首先主要由委员会做出裁决，而欧盟委员会基本上类属行政机构。欧盟委员会的裁决受欧洲初审法院（CFI）的司法审查，而CFI 的裁定又受欧洲法院（ECJ）的司法审查（C. Bellamy, 1999）。

但是，那些能够做出对企业具有约束力的裁决的反垄断机构享有广泛的自由裁量权。在这一点上，有些反垄断机构比其他执法机构享有更多的自由裁量权，能够在处理反垄断案件时做出具有约束力的裁定。这就是说，各国反垄断权力机关的自由裁量权限存在差别，这就会影响到反垄断政策国际化。

非正式的临时协议

并非反垄断机构发起的每一项调查均会最终导致具有约束力的裁定。更多的情况是，反垄断机构与企业之间达成非正式的临时协议，而不是一定要做出最终裁决。反垄断机构一般说来具有广泛的以此种

① See Commission 14th Report on Competition Policy 1984, in which the Commission referred at p. 119 to the judgment of the ECJ in Joined Cases 43 and 63/82 *VBVB* v. *Commission* [1984] ECR 19; [1985] 1 CMLR 27. Also, see the Opinion of Advocate General Rozes in Case 210/81 *Demo-Studio Schmidt* v. *Commission* [1983] ECR 3045, 3070; [1984] 1 CMLR 63. The most important case on this issue, however, is Case T-24/90 *Automec srl* v. *Commission* [1992] ECR II-2223; [1992] 5 CMLR 431.

方式处理案件的自由裁量权。[①] 毋庸置疑，谈判和解的处理方式有利于节省时间和提高反垄断机构的执法时效，有利于及时消除限制竞争行为的危害。但是，尽管和解的处理方式拥有上述优点，人们仍然不免存在对上述和解过程的担忧。有观点列举欧盟委员会的执法方式借以说明：当欧盟委员会寻求与企业通过和解的方式处理案件时，实际上是越过了所有的行政程序法提供的程序性保障，借此形成其政策导向。所以，有人提议欧盟委员会的执法活动和决策过程应增加透明度，接受公众监督和司法审查（I. Van Bael, 1992）。鉴于上述观点，反垄断机构的执法活动应设立监督机制。一旦反垄断程序已经启动，反垄断机构不应偏好谈判和解途径而无视最低限度的既有程序保障制度。[②] 遵守最低限度的程序保障制度有利于保护企业利益，同时提高反垄断机构的声望和信誉，减少执法活动的不确定性和非一致性，提高公正性。

反垄断豁免

反垄断豁免是个很难处理的政策问题。例如，当反垄断案件涉及两个或两个以上国家管辖权问题时，一国的反垄断机构可能出于产业政策的考虑，或者因为认定企业行为不会危害国内市场，而倾向给予国内企业反垄断豁免待遇。但是，该企业的行为危害了市场竞争，而且对其他国家的企业造成损害。例如，企业行为可能危害到外国企业在国内市场上的准入。[③] 赋予企业反垄断豁免权的权力机构为自己辩护的理由是尚不存在相关法律，由此导致各国反垄断机构之间的冲突

---

① A good ecample is furnished by the settlements that the European Commission reached with *Fiat and Alfa Romeo*(see(1984)17 EC Bull. No. 11, p. 24) and with *British Leyland* (OJ1984 No. L207/11). In the first case, a settlement between the Commission and the parties was reached when Fiat and Alfa agreed to instruct their dealers to refrain from promoting the purchase of right-hand-drive cars on the Continent which were sold at lower prices than those in the UK. In the second case, a binding decision and a fine was imposed by the Commission on *British Leyland*, even though the latter made similar commitments to those of *Fiat and Alfa Romeo*.

A similar claim can be made about the position adopted by the Commission in merger cases. Compare, for example, *British Airways/British Caledonian*(noted in Commission 18th Report on Competition Policy 1988, p. 81) and *British Sugar/Berisford*(noted in Commission 12th Report on Competition Policy 1982, p. 104) with *Electrolux/Zanussi* and *Philips/Grundig*, which were completed without any intervention on the part of the Commission.

② 在此,我们不妨考察一下美国 1974 年制定的《垄断程序和处罚法》(US Antitrust Procedures and Penalties Act 1974)。该法案建立起一套完整的制度框架,用以提高美国反垄断机构的执法活动透明度和设立司法审议程序。

③ 市场准入问题在本书第 8 章中讨论。

(E. Fox, 1997)。此外,拥有赋予企业反垄断豁免权的反垄断机构必然地享有广泛的自由裁量权。

反垄断程序的差别

认识到世界上各国反垄断体系之间存在程序方面的差别具有重要意义。在研究反垄断政策国际化问题时,有必要考察各国反垄断程序上的差异。这是因为,在某些反垄断体系中,例如在美国①,授予反垄断豁免的权限并非来自反垄断机构,而是来自法院和立法机构,这就意味着不同国家之间不可避免地存在执法标准方面的差异。例如,在欧盟的反垄断体系中,起初由欧盟委员会发起调查,之后或者由欧盟委员会裁定禁止垄断行为,或者授予企业行政性豁免权,这种做法已经招致许多指责。② 在某些情况下,欧盟委员会的裁决受到 CFI 的审查。如果出现当事人不服而提起申诉的情况,则案件提交 ECJ 复核。欧盟的法律实际上类属职权主义的纠问式诉讼体系(inquisitorial jurisdiction),而非当事人主义的对抗式诉讼体系(adversarial jurisdiction)。在处理反垄断案件过程中,ECJ 决定是否需要传唤证人和对证人交叉审问,以及是否需要指定专家撰写报告。这与美国的更加趋向于对抗式诉讼的法律体系形成鲜明对比。在美国,司法部和联邦贸易委员会向法院提起诉讼。对反垄断案件的处理涉及法官、陪审团(如果属刑事案件)、出庭证人、法庭对证、证据开示和交叉审问等程序。

此外,我们还应该看到反垄断法体系采用怎样的程序规则对实体法的发展产生重大影响。因此,十分有必要考察程序问题,特别是应该探讨法院和行政机构之间哪一方更适于在国际层面做出反垄断裁决。

4.3 自由裁量权的控制

① 根据美国反垄断法,司法部和联邦贸易委员会没有授予反垄断法豁免的权限。但这并非表示美国的反垄断法中不存在反垄断豁免。国会曾间或制定反垄断豁免的法案,例如,根据 1918 年颁布的《韦布—波密伦法》(Webb - Pomerene Act),出口卡特尔享有豁免权。此外,铁路卡特尔组织和符合"公共利益"的并购以及船运卡特尔组织也享有豁免权。更多有关反垄断豁免的讨论,参见 J. Griffin, 1987。

② 参见第 5 章。

途径选择

前文的讨论并非是说自由裁量权不该存在或者不需要。读者也不要认为反垄断机构在一切情况下行使自由裁量权都会失去控制。事实上，许多情况下反垄断机构的自由裁量权都会受到很多约束。反垄断机构的自由裁量权同其他类型的行政机构行使自由裁量权的情况一样，都是一定程度的自由裁量权，随着情况不同，自由裁量权限也存在差异。

反垄断机构行使自由裁量权的权限是十分宽泛还是受到约束取决于每个国家反垄断法律体系的职能，以及该法律体系下人们对反垄断政策目标及作用的认识。正是因为各国国内反垄断机构行使自由裁量权方面存在差异，因此本章提出控制自由裁量权的三种途径：原则控制、规则和程序控制以及司法审查控制（K. Davis，1969）。原则控制是指确立一种最高界限，一切自由裁量权均不得超越这一界限。这样做的目的是使一切必要的自由裁量权均控制在容许的范围之内。规则和程序控制是指鼓励反垄断机构制订计划、发布政策声明和制定规则，建立规则公开和先例开放的程序。最后，司法审查控制是指司法部门的监督和复议制度。这三种途径在下文中分别展开叙述。

原则控制

探讨自由裁量权的约束问题时，需要回答这样一个问题：反垄断机构的自由裁量权是否应该施加限制？我们的回答是：自由裁量权应该受到约束。① 反垄断法规本身的模糊性意味着反垄断机构获得了行使自由裁量权的默许。法规的修订可以改正某些局限，但相对来讲并未严格限定自由裁量权的范围。一般说来，可以认为立法机构已经竭尽全力界定自由裁量权限。不过，立法机构做出的界定尚待进一步澄清。这在需要通过执法实践才能严格界定自由裁定权的情况下尤为明显。因为立法机关起草反垄断法时无法预料到竞争条件的每一种变化，加之面临时间限制，所以不能寄望立法部门纠正反垄断执法部门

① 与此相关的一个问题是欧盟反垄断法律体系中集权化与分权化之争。新近的“现代化”争论，即主张欧共体条约第81(3)款直接适用，就是关于约束该条款下自由裁量权问题的。详细讨论参见第5章。

行使自由裁量权方面的过失。

规则和程序控制

既然立法部门在界定自由裁量权方面所能起作用的领域十分有限，那么在适当情况下反垄断执法部门基于约束自由裁量权的考虑，在制定执法标准、构建原则和制定规则方面就显得尤为重要。[①] 反垄断机构通过发布政策声明的方法将模糊的标准明朗化，并确立总体原则和规则。执法机构通过发布裁决意见或者行使规则制定权，也可以实现上述目标。反垄断机构的相当一部分工作内容是帮助企业加深对反垄断法的理解，以此实现让企业遵守反垄断法的目标。不仅是司法政策，而且行政政策也同样需要先例和通过向公众发布裁决意见和政策声明等方式才能得以发展。法律因此才得以澄清。企业有权知晓根据相关的反垄断法，哪些行为是法律禁止的。反垄断机构发布政策声明和行使其规则制定权有助于确立反垄断执法的协调一致性（M. Dabbah，2000）。[②]

与要求立法部门制定含义明晰的法规相比，一个更好的控制反垄断机构自由裁量权的途径是反垄断机构积极地运用其规则制定权。这并非是因为反垄断机构澄清法规条文含义的选择优于由立法部门澄清法规条文含义的做法，事实恰恰相反。反垄断机构大有所为的真正的原因是立法机构无力澄清反垄断条文涉及的每一个细节问题。立法者知晓自身的局限，它们知道自己面临的是无时无刻不在变化的政策环境，制定涵盖每一种现实情况的法律条文是它们无能为力的。它们也知道反垄断机构更适合这项工作，因为执法部门需要长期地、不间断地应对变化着的竞争政策环境。

因此，控制自由裁量权的可行途径是使模糊的实体法标准明朗化。[③] 反垄断法体系中典型的失败之处并非表现为立法机构制定的法规因为用词模糊而赋予执法机关过大的自由裁量权，而是反垄断机构未能及时行使其规则制定权，以此澄清法律条文的确切含义。反垄断

---

① “规则”意指一项法律提议，“原则”意义不甚具体而且含义较广，而“标准”更失具体且含义更为模糊。参见 R. Dworkin，1986。

② M. Dabbah 的观点是，把“竞争政策的倡导（competition advocacy）”作为衡量一国反垄断体系成功与否的标准。详细讨论参见第 3 章。

③ 详细讨论参见第 5 章。

法涉及的各方——不管是企业，还是立法机构和法院——均应敦促反垄断执法部门及早行使其规则制定权。

但是，反垄断机构一般倾向于规避行使其规则制定权。这是因为反垄断机构倾向于在反垄断案情出现时，仅就案件涉及的内容做出裁决，等下一个案件出现时再继续构建反垄断规则，因为反垄断机构仅能每次处理一个案件。[①] 有时反垄断机构即使能够一次处理多个案件，它们也倾向于回避行使规则制定权。通过裁决途径构建反垄断法是一种可行的和必要的过程。多数国家反垄断法均是这一过程的结果。

尽管如此，我们认为反垄断机构一般倾向于不必要地延迟行使其规则制定权。反垄断机构即使在它们凭借已有的经验能够通过行使规则制定权澄清反垄断条文的情况下，也常常踌躇不前。其原因可能是资源的限制，或者正在优先处理其他案件。当反垄断机构做这样的处置时，很可能出现过度行使自由裁量权问题。有关这一点，需要我们考虑重要的观点和学术意见。[②]

司法审查控制

反垄断机构的自由裁量权需要通过司法审查制度加以约束，以此区分有限制的自由裁量权和无限制的自由裁量权。这里我们引用欧盟的情况具体说明。

欧洲法院（ECJ）

欧洲法院根据欧盟法律享有广泛的权力，包括审查欧盟委员会裁决的权力。[③] 但是，ECJ 一直不赞同行使这一权力，特别是在欧盟委员会行使自由裁量权的情况下。我们从 ECJ 过去的若干重大裁决中可以观察到它的这一态度。在早期的 Consten and Grundig 案中，ECJ 的观点是：

欧盟委员会行使自由裁量权的事实必然地意味着其裁决是对复杂经济因素分析的结果。ECJ 的司法审查必须考虑欧盟委员会行使裁量

① See Report of the American Bar Association Sections of Antitrust Law and International Law and Practice on *The Internationalization of Competition Law Rules: Coordination and Convergence*, December 1999, p. 26.

② 笔者另外的一项研究得出同样的结论，参见 Dabbah(2000)。

③ 参见《欧盟条约》第230条。

权的性质，把审查范围局限于考察欧盟委员会据以得出结论的相关事实及法律结果方面。ECJ 的审查活动必须首先审查欧盟委员会裁决所依据的事实和分析方法，因为这样才能评判欧盟委员会所做出的裁决是否合理。[①]

20 年后，ECJ 得出了同样的结论，认为欧盟委员会是在经过复杂经济分析基础上得出的结论。在“Remia BV 诉欧盟委员会”一案中，[②] ECJ 认为其司法审查范围应局限在复核相关程序法规则是否得到遵守、欧盟委员会所做出的选择的事实基础是否准确真实以及是否存在明显的判断失误和滥用权力等方面。

从上述两个案例中 ECJ 的观点来看，ECJ 显然不愿意在缺少依据的情况下猜测欧盟委员会的裁决，除非存在明显滥用职权之嫌的情况（M. Mendes, 1991）。ECJ 的态度是值得商榷的。欧盟委员会没有在反垄断案件裁决过程中犯严重错误的事实尚不足以解除 ECJ 保障欧盟反垄断法正确实施的职责。欧盟委员会享有自由裁量权与要求其提高裁决程序的透明度是并行不悖的。这里应坚持“存疑有利于被告（in dubio pro reo）”原则，而不是“存疑有利于欧盟委员会（in dubio pro Commissione）”原则。[③]

有些学者似乎不十分关心 ECJ 的态度问题，认为欧盟委员会作为欧盟法律的执行机构，应该被授予担当欧盟反垄断法主要监护者职责的权限，并容许欧盟委员会以自己认为合适的方式扩展其地理范围，扩大自己在国际法律界的声望，取得法律界的认可（J. Friedberg, 1991；Mendes, 1991）。[④]

如果我们考察欧盟委员会的决策过程，加强对欧盟委员会的司法审查的急迫性就越显突出。[⑤] 从原则上来讲，欧盟委员会关于反垄断案件的决策应该由全体委员参加，如同一个选举团；但实际情况是，决策是经由所谓“书面程序（written procedure）”做出的，并没有经

① Joined Cased 56 and 58/64 *Establishements Consten SARL and Grundig-Verkaufs -GmbH* v. *Commission* [1966] ECR 299, 347; [1966] CMLR 418.

② See Case 42/84 *Remia BV* v. *Commission* [1985] ECR 2545; [1987] 1 CMLR 1.

③ See opinion of Advocate General Rozès in Case 210/81 *Demo-Studio Schmidt* v. Commission [1983] ECR 3045, at 3070; [1984] 1 CMLR 63.

④ Hawk 赞同“高度集权的体系”，他把该体系与“美国的拜占庭式容许多部法规和多个执行机构存在”的体系相比较。转引自 Mendes, 1991。

⑤ See, for example, *Re Continental Can Co. Inc.* [1972] CMLR 690.

过全体委员参加的辩论过程。在这种程序下，一项决策草案分发给每个委员。除非有人在指定时限内提出异议，通常为不足一周时间，否则草案被视为获得同意并采纳。欧盟委员会的操作程序表明实际处理案件的委员掌握决策权。欧盟委员会集起诉者、法官甚至陪审团职能为一身。基于上述情况，ECJ 如果不积极干预欧盟委员会的执法活动，就意味着欧盟委员会在行使自由裁量权方面可能完全失控。①

欧洲初审法院（CFI）

1989 年欧洲初审法院（CFI）的建立标志着专职法院的创立，反垄断政策案件由 CFI 审理。欧盟委员会的裁决需接受 CFI 的司法审查。CFI 的裁决需进一步接受 ECJ 的审查。

自 CFI 建立以来，已经审理过数个案件。我们很难辨识 CFI 判案的原则方向。尽管如此，有若干裁决表明欧盟委员会的决定已经受到 CFI 的严格审查。例如，在“意大利平板玻璃（Italian Flat Glass）”一案中，CFI 认为欧盟委员会应在反垄断案中承担举证责任，而且欧盟委员会不能仅仅通过复述案情的方式敷衍这一举证责任。② CFI 在 PVC 一案裁决中表现出同样的态度，指责欧盟委员会决策过程的低效率。③

在“European Night Services 诉委员会”④ 一案中，CFI 宣布欧盟委员会的裁决无效，强调欧盟委员会有责任列举出与判决关系重大的事实和考量因素。CFI 认为欧盟委员会虽不必陈述其做出裁决所依据的法律、事实情况和考量因素，但依照欧共体条约规定须向 CFI 及相关企业阐明裁定企业违反反垄断法的证据。因此，如果欧盟委员会裁定某企业违反反垄断法，但未能提供重要的分析数据作为佐证，而这些重要数据对于判断企业是否违反反垄断法至关重要，并且 CFI 依据该数据即可判定是否存在严重损害竞争的事实，例如有关涉案企业市

---

① 欧盟的情况与德国形成鲜明对比。在德国，上诉法院（Bundeskartellamt）严格审查联邦反垄断局（Bundeskartellamt）行使自主裁量权的裁决。该司法审查的特别之处在于联邦反垄断局属于一种专家机构，而欧盟委员会则属于一种政治机构。当然，联邦反垄断局行使裁量权的裁决与欧盟委员会的裁决不能等同对待，因为欧盟委员会需要面对诸多政策问题和考虑其他因素。有关德国反垄断法律体系的详细讨论请参见 D. Gerber, 1998。

② Joined Cased T-68, 77 and 78/89 *Societã Italiana Vetro* v. *Commission* [1992] ECR II-1403; [1992] 5 CMLR 302.

③ Joined Cases T-79/89, T-84-86/89, T-91-92/89, T-94/89, T-96/89, T-98/89, T-102/89 and T-104/89 *BASF AG* v. *Commission* [1922] ECR II-315; [1992] 4 CMLR 357.

④ Cases T-374-5 and 388/94 [1998] ECR II-3141; [1998] CMLR 718.

场份额的数据，那么即使欧盟委员会后来向 CFI 提供此数据，欧盟委员会也失去了引证该数据的权力。[①]

但是，同上述描绘的景象截然相反的情况是，CFI 在许多欧盟委员会行使自由裁量权的案件中并未干涉欧盟委员会的裁定，特别是针对欧盟委员会裁定涉案企业缴纳罚金和从轻处罚的案件。[②] 这里，如果考虑 CFI 设立的初衷，CFI 表现出的态度令人吃惊。有观点认为，CFI 作为审查事实证据的初审和终审法院，其用意即在于确保欧盟委员会的裁定有事实依据。不过，我们不能因此认为欧盟的反垄断体系缺乏足够的司法监督，至少在 CFI 层次上不是如此。例如，考察并购领域的反垄断体系，自从第 4064/89 号条例（即并购条例）自 1990 年生效以来，只有 15 起并购案件被欧盟委员会裁定为违反条例，不到这期间欧盟委员会接到申报数量的 1%。在这 15 例并购案中，有半数企业或者上诉到 CFI，或者上诉到 ECJ。其中有 3 例并购案中欧盟委员会的裁决被 CFI 推翻，欧盟委员会的裁决受到严格审查并遭到指责。[③] 因此，权衡上述各种情况，考虑到例外情况的存在，我们有足够理由相信欧盟的反垄断法体系中存在有效的司法监督。

4.4 分析的意义

制度选择

各国反垄断机构之间存在制度差异，这基本上是一种选择问题。考察上述制度差异时应考虑到各国选择不同反垄断体系的原因。反垄断法体系的形成有赖于各国反垄断体系追求目标的不同。因此，不同的政策目标导致不同的制度选择。这就是说不同国家之间反垄断法体系追求目标的差异可能导致各国间反垄断制度方面的差异，这无疑会

---

① Recently the CFI annulled the Commission decision in the case of *Airtours* because the CFI believed that the Commission did not supply sufficient evidence in support of its decision. see Case T-342/99 *Airtours plc* v. *Commission*(6 June 2002).

② See Case T-7/89 *S. A. Hercules Chemicals NV* v. *Commission* [1991] ECR II-1711; [1992] CMLR 84; Case T-69/89 *Radio Telefis Eireann* v. *Commission* [1991] ECR II-485; [1991] 4 CMLR 586; see the opinion of Advocate General Vesterdorf, at 125.

③ See the CFI judgments in Case T-342/99 *Airtours plc* v. *Commission* (6 June 2002), Case T-77/02 *Schneider Electric* v. *Commission*(22 October 2002) and Case T-5/02 *Tetra Laval BV* v. *Commission*(25 October 2002).

对反垄断政策国际化带来影响。[①]

政治因素和政策考虑与法律规则的关系

从前文的讨论中可以看到，反垄断政策国际化过程中的一个主要问题，就是在全球范围内应该由法官还是由行政官员裁定反垄断案件。这一问题对应着关于法院和反垄断机构职能问题上的两种观点。一方面，如果认为反垄断政策受政治因素制约，则反垄断政策国际化将可能导致出现关于行政机构和官僚机构行使自由裁量权之争；另一方面，如果排除政治因素影响，例如，把反垄断法视为保护和维护公共品的手段，则反垄断法的国际化问题将出现关于合法权益、司法分析和司法决策权之争。后一种情况下，政治因素和政策考虑的重要性会有所减少。[②]

其他问题

反垄断政策国际化问题产生的部分原因是市场的全球化。当市场越过国界，随之而来的即是涉及其他国家的反垄断问题。[③] 在这种情势下，国内反垄断规则未必适用于其他市场上竞争的一般规制，也未必适用于涉及国际管辖权问题的情况。基于此，我们说反垄断法已不足以应对出现的新情况。法律出现了真空。

在这一新形势下，反垄断机构可以做出若干选择。[④] 这些选择包括但不限于这样几种：国内反垄断法的域外适用、转向签订或依靠业已签署的反垄断合作协议等。在反垄断机构选择各种方案时都会涉及自由裁量权问题。反垄断机构关注的问题大致有：执行法律、行使自由裁量权做出裁决以及在相关法律法规、自由裁量权和政治因素之间取得平衡。事实上，反垄断机构更加关注自由裁量权，而不是法律规则。读者可能已经注意到，在反垄断机构能够行使自由裁量权的情况下，反垄断机构的官员总是面临许多选择。这些选择可能是善行与专

① 这里我们注意到，国与国之间，无论是发达国家还是发展中国家，很难在反垄断政策目标方面达成一致。参见第3章的内容。
② 参见第3章。
③ 参见第1章和第3章。
④ 参见第7章和第8章。

制[1]之间的选择，也可能是正义与非正义、合理与专横之间的选择。但无论怎样，这些官员都不会承认当法律出现真空时，善行将会终止；不会承认当法律出现真空时，会出现非正义、专制和专横现象。相反，他们要让每个人相信：当法律出现真空时，随之而来的是智慧和公正地行使自由裁量权。

此外，还有两个问题也很重要。第一，行使自由裁量权问题与另一个问题密切相关，即反垄断体系中的权力核心问题。其实这里我们的问题是：政府在市场竞争过程中干预的程度如何？这是因为一国反垄断法体系只有当政府在一切反垄断案件中掌握最终裁定权时，反垄断法才切实有效。如前一章的讨论中我们所看到的，反垄断政策国际化过程中需要回答的问题是：最终我们看到的是基于公共部门（各国政府为主体和决策者）还是私人部门（市场和商业企业自主决定）为主要参与方的国际反垄断法体系。虽然不能断言，但我们认为一个以各国政府为主要参与方的国际反垄断体系会更为有效，并会对反垄断政策国际化进程施加重大影响。这种观点的一个结果是反垄断政策国际化进程会更多地受到政治因素的影响。[2] 第二，各国反垄断机构行使自由裁量权的程度不同，这会为反垄断政策国际化带来影响。上述两个问题值得注意，因为不考虑其他方面影响，这些问题的存在使得一些问题的分析变得更加困难，例如，分析各参与主体之间的政治交涉问题，以及政治方面的受欢迎度问题等。[3]

4.5　结论

综上所述，我们可以看出反垄断机构显然在行使自由裁量权，而且在某些时候拥有广泛的自由裁量权。自由裁量权的普遍存在给反垄断政策国际化带来影响，特别是因此导致各国反垄断执法方面的冲突。如前文所述，需要采取行动解决上述反垄断法律体系之间的冲突，特别是在反垄断机构广泛行使自由裁量权的情况下。控制反垄断

---

① 位于华盛顿的司法部大楼刻有 W. Pitt 这样一句话："法律一旦消失，专制即会开始。"

② 参见第 9 章。

③ 有关各参与主体的详细讨论，请参见第 9 章。

机构自由裁量权的途径有原则控制、规则和程序控制以及司法审查控制等。

原则控制是一种特别值得考虑的选择，因为这有助于鼓励反垄断机构增强其执法活动和裁决的一致性，并且以稳妥、理性的方式构建反垄断政策。这样做不仅有助于提高反垄断机构执法活动的确定性，而且对于企业来讲也是十分有益的，因为这些企业在市场运作方面十分需要这种法律确定性环境。这样做的结果就是反垄断政策国际化变得更为可行，并最终创立一套国际反垄断法律与体系。

司法审查的方法可用来补充上述控制原则的不足之处。司法审查的益处在于该制度不仅可以使反垄断机构行使自由裁量权受到约束，而且容许企业监督反垄断机构的执法活动，以此使企业的利益和权利受到保护。

第 5 章

欧盟反垄断政策

本章考察欧盟反垄断实践。欧盟反垄断实践的若干特征为研究反垄断政策国际化问题提供了法律、经济和政治方面的重要启示。特别是欧盟反垄断政策在处理法律与政治关系方面具有丰富的实践经验，为研究跨国界反垄断体系提供了成功案例。[①] 欧盟反垄断实践的其他重要特征也将在随后的章节中进行讨论。

本章结构安排如下：第 1 节为引言，即提出问题。第 2 节描述欧盟委员会、欧盟法院及欧盟成员国国家法庭在欧盟反垄断政策中的作用。第 3 节考察欧盟反垄断法和各成员国反垄断法的关系。第 4 节阐述欧盟反垄断法的重要性及对国际市场的影响。第 5 节探讨现有分析的意义及影响。第 6 节为结论。

---

① See generally D. Gerber, *Law and Competition in Twentieth Century Europe* (Oxford University Press, Oxford, 1998), pp. 417-36.

5.1 引言

欧盟反垄断法的特征

一般认为，欧盟反垄断法是一种特有的法律形式。[①] 若干事实可验证其独特性。欧盟反垄断法的执法背景很特别，即以市场一体化为目标，因此它具有市场一体化特征。[②] 就此而言，该法律属于一个更为宽泛的法律体系，旨在消除各国之间的障碍以及推动单一市场的形成。[③] 在过去的45年中，欧盟反垄断法已经得到广泛认可，并作为推动单一市场目标[④]的基本原则，单一市场最初以共同市场的形式存在，之后建成了内部市场。[⑤] 为实现该目标，一方面要消除各成员国间相互施加的限制条件，另一方面要确保这些限制条件不会被私人企业行为引发的个别限制条件所替代，因为两者都会损害单一市场目标的实现。鉴于以上种种原因，反垄断法被引入用来解决此类问题，[⑥] 这促使反垄断法在欧盟内成为重中之重。[⑦] 由此引发的与欧盟反垄断法的独特性相关的另外一点是，将反垄断法与单一市场一体化目标相结合意味着反垄断法已经在许多非传统领域有所发展，这可以在其他司法领域内的反垄断体系中观察到。这就意味着欧盟反垄断法不仅可以被用来提高效率和确保消费者福利，而且可以作为实现更宽泛政治目标的“工具”。[⑧] 因此，欧盟反垄断法具有多重目标。欧盟反垄断

① See generally D. Gerber, *Law and Competition in Twentieth Century Europe* (Oxford University Press, Oxford, 1998), pp. 417-36.

② See Articles 2 and 3 EC. These provisions will be discussed below. See p. 89 below.

③ See Report of American Bar Association on Private Anti-Competitive Practices as Market Access Barriers, January 2000.

④ Many commentators share the view that antitrust policy is rgarded as the most fundamental and successful of EC policies. See L. McGowan and S. Wilks, 'The First Supranational Policy in the European Union: Competition Policy' (1995) 28 *European Journal of Political Research* 141.

⑤ See B. Hawk, 'Antitrust in the EEC-the First Decade' (1972) 41 *Fordham Law Review* 229, 231; U. Kitzinger, *The Politics and Economics of European Integration: Britain, Europe, and the United States* (Basic Books, New York, 1963), pp. 22-58; the Commission 23rd Report on Competition Policy 1993, p. 88. Similar aspirations can also be found in the Cockfield White Paper on the Completion of the Internal Market COM(85)310, 7, para. 14.

⑥ See the discussion on the EC antitrust chapter, pp. 88-9 below.

⑦ See P. Massey, 'Reform of EC Competition Law: Substance Procedure and Institutions' (1996) *Fordham Corporate Law Institute* 91.

⑧ See M. Mendes, *Antitrust in a World of Interrelated Economies: the Interplay between Antitrust and Trade Policies in the US and the EEC* (Editions de I' Université de Bruxelles, Brussels, 1991), p. 74.

法反映了欧洲的一种调控方式。不仅如此，为了进一步考察反垄断政策国际化的问题，欧盟还建立了一种“新的国际法律秩序”。这种观点一定程度上来自于欧盟法院对 Van Gend en Loos 案中具有开创性的判词。该判词宣布，为了这种新的国际法律秩序的利益，欧盟各成员国的主权尽管在有限的领域内受到限制，但欧盟反垄断法律秩序的主体不仅包括各成员国，同样还包括它们的全体国民。① 在这种新的国际法律秩序中采纳并且运用反垄断法为反垄断政策国际化补充了一个案例。因此，这对新的法律秩序汲取反垄断的成功经验或者失败教训都非常有帮助。

欧盟反垄断法条款

欧盟反垄断规则出现在《欧盟条约》第Ⅲ部分第 1 章中。该章由 9 个条款组成，即《欧盟条约》第 81 ~ 89 条。其他一些重要的未被包括在《欧盟条约》第 1 章中的反垄断工具，主要以指南或指令的形式存在，例如《欧共体 17/62 号条例》、《欧共体 4064/89 号条例》、《合并指南》等。

在《欧盟条约》第 1 章中有两个条款值得特别关注。第一个是《欧盟条约》第 81 条第 1 款，该条款禁止企业②之间达成限制竞争和影响各成员国之间贸易的协议、决定或者一致性的行为。根据《欧盟条约》第 81 条第 2 款规定，任何违反第 81 条第 1 款规定的协议、决定或者一致性的行为均视为无效；然而，如果协议或行为满足第 81 条第 3 款的要求，那么该禁令不适用。第二个是《欧盟条约》第 82 条，该条款禁止欧洲共同体市场中具有市场支配地位的或者占有

---

① Case 26/62, *NV Algemene Transporten Expeditie Onderneming van Gend en Loos* v. *Nederlandse Administratie der Belastingen* [1963] ECR 1.

The question of legal personality and nature of the EC has also been considered on other occasions by the European Court of Justice. The following characteristics of the legal order established by the EC have been emphasised by the ECJ. By contrast with ordinary international treaties, the EC created its own legal system which became an integral part of the legal systems of the Member States. By creating a Community of unlimited duration, having its own institutions, its own legal capacity and capacity of representation on the international plane and real powers stemming from a limitation of sovereignty or a transfer of powers, the Member States have limited their sovereign rights. This limitation of Member States sovereignty is permanent. Case 6/64 *Costa* v. *ENEL* [1964] ECR 585, p. 593. See how this view of the ECJ corresponds to EC legislation. Article 281 EC states that the EC has legal personality, and Article 312 EC states that it has concluded for unlimited duration.

② “企业”的概念包括所有从事商业活动的自然人和法人。本章将继续使用“公司”的概念代表欧盟背景下的企业。

很大市场份额的一个或多个企业滥用其市场支配地位和可能影响成员国之间贸易的行为。最后，《合并指南》适用于公司之间的集中，也就是合并。

然而，上述原则应当与《欧盟条约》中的三个重要条款相结合而不应被孤立地阅读和理解。这三个重要条款分别是《欧盟条约》第2条、第3条和第4条。《欧盟条约》第2条是非常重要的规定，值得在此列出全文。条款内容如下：

共同体应参照第3条和第4条以建立共同市场、经济和货币联盟及执行共同政策或行动为任务，促进整个共同体的经济活动实现和谐、均衡且可持续的发展，提高就业和社会保障水平，促进男女平等，实现持续和非通胀的经济增长，提高竞争力并且使经济集中运行，提高环境保护水平并改善环境质量，提高生活水平和质量，增强各成员国之间经济和社会的凝聚力。

上述目标在《欧盟条约》第3条之后被列出，其包括共同体的行为。条款第（g）段中明确指出的“确保内部市场中的竞争不被扰乱的体系”与目标具有显著的相关性。《欧盟条约》第4条规定共同体及其成员国的行为应遵从自由竞争的开放市场经济规则。

欧盟反垄断法的本质

正如第2章所述，欧盟反垄断法与许多国家的反垄断法类似，并不符合律师或经济学家的愿望，而是符合政客和“关心民主体系的学者”的愿望，这些学者认为这是解决关键的民主问题的一个答案，即使不是真正的答案。[①] 在欧盟反垄断法的产生及其有争议的发展过程中对上述因素的涉及与前一章表述的观点一致，即很难将反垄断法与特定时间点的特定政治观点相分离。[②] 而且，它还支持以下观点：反垄断法和政策，包括与国际化相关的法律和政策，应该按照跨学科的研究方式进行研究。[③] 就欧盟而言，可以从欧盟反垄断法的产生和发展中含有的政治因素跟法律和经济因素同样多的事实中明显看出这

① G. Amato, *Antitrust and the Bounds of Power*(Hart Publishing, Oxford, 1997), p.2.
② See pp. 34-5 above.
③ See pp. 57-8 above. Also, see M. Dabbah, ‘Measuring the Success of a System of Competition Law: a Preliminary View’(2000)21 *European Competition Law Review* 369,371.

一点。[1]

有关欧盟反垄断法和经验的本质，还有两点值得说明。第一，尽管《欧盟条约》中的反垄断条款在过去的45年中没有改动是事实，但支持条款的政策已经随着时间和政治观念的变化而改变。这些变化反映了欧盟反垄断政策的政治本质，特别是在欧盟官僚政治层面上的。正如前一章所述，从一些反垄断案件[2]的判决中我们可以明显看出欧盟反垄断政策的政治本质。在这些案件中，反垄断政策与其他政策之间可能达成妥协，通常是与欧盟委员会范围内的产业政策达成妥协。[3]

第二，与本书导言[4]中所提到的另一点有关，即本书的写作目的之一是考察反垄断政策国际化的本质是“法律”问题还是“政治”问题（或者两者都是）。就这一点而言，研究欧盟反垄断法的实践至关重要，因为它能够为实现上述目标提供确切的证据。有关这一点的说明可以从欧盟反垄断法最初的执行情况中看出：

德国倾向于将竞争法看作基本“司法”——必须根据司法方式解析和应用的法律规范。至少，由于引入一个德国的竞争法而产生的长达十年的争论使德国习惯于将共同体的竞争政策看作“法律”。

其他成员国的决策者通常倾向于将第85条（现第81条）和第86条（现第82条）看作指导委员会管理决策制定的纲领性声明，而不是“可执行的法律”。以法国为例，倾向于从政治和政策的角度看待竞争法，更喜欢将由共同体官员根据共同体及其成员国的需要而进行的评估作为决策的依据。它们倾向于沉浸在统治和规划的价值与方法当中来看待竞争法。[5]

---

① Amato, *Power*, p. 2.

② See further ch. 4 for a discussion on the use of discretion by the Commission, as an example of the political nature of EC antitrust policy.

③ I. Maher, 'Alignment of Competition Laws in the European Community' (1996) 16 *Yearbook of European Law* 223, 229.

Former Commissioner K. van Miert once said, antitrust policy 'is politics'; quoted in C. Doern and S. Wilks, *Comparative Competition Policy* (Oxford University Press, Oxford, 1996), p. 254. For an illustration of the kind of compromises in question in the Commission decisional practice, see *Aérospatiale/Alenia/DeHavilland* (Case IV/M. 053) OJ 1991 No. L334/42; [1992] 4 CMLR M2; *Ford*/VW OJ 1993 No. L20/14; [1993] 5 CMLR 617.

④ At pp. 4-5 above.

⑤ Gerber, *Competition*, p. 346 (footnotes omitted).

This, in turn, raises the issure of the seriousness of antitrust law beyond national boundaries. Initially, some Member States believed that EC law, in general, and EC antitrust law, in particular, could be enforced seriously under such circumstances, whilst others held a completely opposite view.

综上所述，欧盟反垄断的经验为能够并需要解释的反垄断政策国际化提供了法律和政治范畴的重要启示。欧盟反垄断体系已经在过去几年中得到了很大的发展。并且，正如人们将要看到的，它具有进一步发展的潜力。

5.2 制度框架

为了解释、应用和执行欧盟法律,[①]《欧盟条约》建立了新的自治机构。两个欧盟机构——欧盟法院和欧盟委员会——正逐渐发挥其解释和执行欧盟反垄断法的中心作用。[②] 欧盟反垄断法的很多含义都是通过这两个机构解释的。因此，它们也因为相应的司法解释而引起了很大的争论。[③]

欧盟委员会

在欧盟中运用法律保护竞争意味着该法律必须与成员国国内法律有所区别，因为欧盟竞争政策的目标是要解决跨国界的非公开限制竞争的经济活动。根据一些评论家的说法，为建立一种“竞争文化”，有必要忽视成员国的作用并集中建立一种新的超国家机构，因为欧盟反垄断规则是创新的并且几乎是革命性的。[④] 规则从一开始就要求对根深蒂固的有关经济行为的想法和经济行为模式作根本改变。在欧盟委员会的商业组织之间几乎没有信任感，各成员国的律师和法官准确或者善意地应用反垄断规则。[⑤] 同样可以找出在欧盟反垄断政策中集中建立一种新机构的其他原因。欧盟委员会拥有经验丰富的法律和经济专家，这使得欧盟委员会更适宜并且更有资格来裁决具有法律、经

---

① Article 7 EC.

② Not, however, the role of the Court of First instance (CFI), examined at pp. 81-3 above.

③ For example, the employment of Article 82 EC by the Commission and the ECJ has made it difficult to decipher the aims of the provision. See M. Dabbah, ‘Conduct, Dominance and abuse in “Market Relationship”: Analysis of Some Conceptual Issues under Article 82 EC’ (2000) 21 *European Competition Law Review* 45; V. Korah, ‘Tetra Pak II-Lack of Reasoning in Court’s Judgment’ (1997) 18 *European Competition Law Review* 98.

④ I. Forrester and C. Norall, ‘The Laicization of Community Law: Self-Help and the Rule of Reason: How Competition Law Is and Could Be Applied’ (1984) 21 *Common Market Law Review* 11, 13.

⑤ See M. Hutchings and M. Levitt, ‘Concurrent Jurisdiction’ (1994) 15 *European Competition Law Review* 123; M. Reynolds and P. Mansfield, ‘Complaining to the Commission’ (1997) 2 *European Counsel* 34.

济和政治重要性的案件。此外，决定由创始成员国负责履行对欧盟委员会的职责是欧盟在第一个十五年实现经济增长的结果，这恰好是《欧盟条约》第2条中所表述的目标。此观点与欧盟委员会对此问题的看法一致。近来，欧盟委员会一直强调早期反垄断政策在整个欧盟范围内并不是众所周知的。根据欧盟委员会的说法，当对欧盟反垄断法的解释，特别是《欧盟条约》第81条第3款的解释仍然不确定，并且欧盟的主要目标是促进市场一体化时，集中执行欧盟反垄断规则就成为唯一的并且适当的做法。作为集中化的机构，欧盟委员会相信它可以在整个成员国中统一应用欧盟反垄断规则，通过避免隐形壁垒的产生促进市场一体化，创建所有成员国和产业都可以接受的规则体系，并将欧盟委员会作为单一市场正常运行的基础。① 机构集中化过程是按照《欧共体17/62号条例》发起的，该条例是一项很难起草的标准。② 欧盟委员会的权力来自于该条例，条例中定义了欧盟委员会在欧盟反垄断政策中的作用。③

欧盟法院

欧盟法院总体而言是靠自身力量在欧盟法律中成为强大的领导者，其领导作用在欧盟反垄断法中尤为突出。其中的原因可能是欧盟法院对自身作用的定义，也可能是欧盟自20世纪60年代末到20世纪80年代初所遭受的政治僵化状态，还可能是欧盟法院具有与欧盟和反垄断法相类似的目标。④

自1957年开始的20年里，欧盟法院主要通过推广其主张来推动欧盟反垄断法的发展。为此，目的性推理这一主要工具成为欧盟法院

---

① See the commission White Paper on *The Modernisation of the Rules Implementing Articles 85 and 86 of the EC Treaty*, 28 April 1999, para. 4.

② OJ 1962 204. See V. Korah, *An Introductory Guide to EC Competition Law and Practice* (Sweet & Maxwell, London, 1994); A. Deringer, 'The Distribution of Powers in the Enforcement of the Rules of Competition and the Rome Treaty' (1963) 1 *Common Market Law Review* 30.

③ Note, however, the existence of Regulation 4064/89 EC, which upon its enactment rendered Regulation 17/62 inapplicable to mergers. Further discussion on Regulation 17/62 can be found at pp. 109-12 below.

④ D. Gerber, 'The Transformation of European Community Competition Law' (1994) 35 *Harvard International Law Journal* 97, 127-30.

的独特解释方法。[①] 通过目的性推理，欧盟法院将欧盟反垄断法置于具体的背景下予以考虑，即单一市场一体化的目标。欧盟法院认为有必要建立一个中央机构——欧盟委员会——来实现单一市场一体化的目标。因此，人们愿意采用具体的方式对欧盟反垄断法加以解释，从而增强欧盟委员会的权力，并且使欧盟委员会成为各成员国及其国内反垄断机构的重要机构。根据一些作者的说法，为此，欧盟法院向欧盟委员会提供了“机会窗口”，这使得欧盟法院具有超越对特定案件事实观察的能力，并且不违背由欧盟委员会推动反垄断法的具体政策发展的意愿。[②] 通过不断扩大欧盟委员会的特权，欧盟法院加强了欧盟反垄断法。

人们不能低估欧盟法院的重要性。在集中欧盟委员会的反垄断政策时，可以说欧盟法院担当了政治角色。当人们在囊括整个欧盟法律的更宽泛的框架下考虑问题时，也就是欧盟法院似乎在推动市场一体化中扮演了主要的角色时，这一点变得更加明显。[③] 朝着更宽泛的政治目标扩大反垄断法的调整范围——像市场一体化一样——意味着这样的法律是具有政治性的。[④] 就这一点而言，欧盟法院似乎承担了更宽泛的政策制定者的角色。其次，欧盟法院在建立跨国界的反垄断体系中起到了实质性的作用。这个事实对本书的论题有一些启示，因为反垄断政策国际化包括这样的问题，即司法部门在该过程以及最终的国际反垄断体系中究竟扮演了怎样的角色。[⑤]

国内法庭

为欧盟条约第81条第3款保留的欧盟反垄断规则直接适用，这

---

① See generally J. Bengoetxea, *The Legal Reasoning of the European Court of Justice* (Oxford University Press, Oxford, 1993); B. Van der Esch, 'The Principles of Interpretation Applied by the Court of Justice of the European Communities and Their Relevance for the Scope of the EEC Competition Rules' (1991) *Fordham Corporate Law Institute* 223, 225-34; M. Dabbah, 'The Dilemma of Keck-the Nature of the Ruling and the Ramifications of the Judgment' (1999) 8 *Irish Journal of European Law* 84.

② See D. Goyder, *EC Competition Law* (4th edn, Oxford University Press, Oxford, 2002), pp. 578-82.

③ See P. Craig and G. De Burca, *EU Law* (3rd edn, Oxfrod University Press, Oxford, 1998), p. 88.

④ See A. Green, *Political Integration by Jurisprudence: the Work of the Court of Justice of the European Communities in European Political Integration* (Sijthoff, Leiden, 1969).

The flip-side of this argument is that a political topic has been 'judicialised'. This would, of course, raise the question whether this is desirable or inevitable. See the discussion in chs. 4 and 7 on the desirability of judicial control.

⑤ See p. 83 above and ch. 10.

一点很重要。这就意味着它们成为成员国法律体系的一部分而不需要作为成员国采取的任何行动的条件。这一规则同样直接有效，也就是说，它们可能涉及成员国国内法庭的个人——无论是原告还是被告。① 这样看来，国内法庭在应用欧盟反垄断规则的过程中需要起到非常重要的作用。正如人们即将看到的那样，几年来其作用已经得到增强，并且，人们希望其作用在欧盟委员会的现代化方案最终实现时进一步增强。②

在欧盟条约中有一项重要的规定值得一提，即《欧盟条约》第234条，该条款为成员国国内法庭提供了与欧洲法院对话的机会，并且受到所有欧盟法律的约束。该条款对欧盟反垄断法非常有帮助，其不仅在对话的开始和发展过程中发挥作用，而且使国内法庭更加积极地参与到欧盟反垄断规则的应用中来。按照规定，国内法庭可以请求欧盟法院为进入国内法庭程序之前的期间引起的与欧盟反垄断法有关的判决做出解释。无论该请求何时发出，欧盟法院的目的都是避免对有疑问的事实做出判决，这些案件应归属于成员国国内法庭的管辖范围。理论上，欧盟法院的职能正是要制定应用到上述案件中的欧盟反垄断法规则。

5.3 欧盟反垄断法和各成员国反垄断法的关系

影响问题

学者们通常从法律和经济角度分析欧盟反垄断法和各成员国反垄断法的关系。③ 然而，本书中却通过政治视角进行分析，因为人们相信这种关系涉及的政治因素跟法律和经济因素一样多。有几点原因可以说明欧盟反垄断法对各成员国反垄断法的影响具有特别重要的意义。原因之一与所有成员国在加入欧盟之时即拥有反垄断体系的事实

---

① See the case of *Van Gen en Loos*.

② See pp. 109-12 below.

③ See Massey, 'Reform', 117-21; J. Temple Lang, 'European Community Constitutional Law and the Enforcement of Community Antitrust Law' (1993) *Fordham Corporate Law Institute* 525.

相关。[①] 欧盟反垄断体系在构建成员国国内反垄断体系过程中发挥了至关重要的作用。

第一个二十五年：关系的特点

在欧盟成立的第一个二十五年内，欧盟反垄断法和各成员国反垄断法的关系仅建立在司法管辖权标准的基础上。[②] 根据欧盟法院在其早期法学中引入的“双重障碍理论”（two – barrier theory）决定标准的适用性。[③] 该理论定义了欧盟和国内法庭各自司法领域的司法管辖权，塑造了两套法律之间关系的基本组成。该理论规定只有在对成员国间贸易产生影响时欧盟反垄断法才适用。[④] 成员国可以自由采用它们国内的反垄断法，在自己的领土范围内调整对竞争条件产生影响的行为，条件是这种行为没有违反欧盟反垄断法。

事实是在这段时期，两部法律在两个独立的司法管辖权范围内都适用，然而，不排除二者在这些范围内相互协调的可能性。[⑤] 目前看来，这种协调动机并不强烈。缺乏动机的因素有很多，其中最重要的一个因素是，通常国内法庭执行反垄断法的权限存在着某些限制条件。[⑥] 成员国国内反垄断体系的功能几乎仅由行政管理机构执行。[⑦] 因此，对限制竞争行为提起控诉的人们几乎没有诉诸司法部门要求对限制竞争行为带来的损失进行赔偿的动机。他们发现，这比由其国内反垄断机构协同司法部门采取法律行动或向欧盟委员会提出控诉更加

---

① One such Member State is Italy. See M. Siragusa and G. Scassellati-Sforztine, ‘Italian and EC Competition Law: a New Relationship-Reciprocal Exclusivity and Common Principles’ (1993)29 *Common Market Law Review* 93; F. Romani, ‘The New Italian Antitrust Law’ (1991) *Fordham Corporate Law Institute* 479; B. Cova and F. Fine, ‘The New Italian Antitrust Act *vis-à-vis* EC Competition Law’ (1991) 12 *European Competition Law Review* 20. Also, see the Italian antitrust authority’s website http://www.agcm.it.

② C. Kirchner, ‘Competence Catalogues and the Principle of Subsidiarity in a European Constitution’ (1997) 8 *Constitutional Political Economy* 71.

③ Case C-148/68 *Walt Wilhelm* v. *Bundeskartellamt* [1969] ECR 1.

④ See J. Faull, ‘Effect on Trade between Member States and Community: Member States Jurisdiction’ (1989) *Fordham Corporate Law Institute* 485.

⑤ In the early-1970s, it was clear that domestic courts could apply most of EC antitrust law. See Case 127/73 *Belgische Radio en Televisie et al.* v. *SV SABAM and NV Fonier* [1974] ECR 51, para. 16 and 17; [1974] 2 CMLR 238.

⑥ See J. Bourgeois, ‘EC Competition Law and Member States Courts’ (1993) 17 *Fordham International Law Journal* 331; Forrester and Norall, ‘Laicization’.

⑦ 还有，很明显，企业的反竞争活动会影响多个成员国的市场。因此，对于国内法庭而言，不可能在他们跨国界地影响到市场时调控这样的活动。

简便、低廉而且可靠。[①] 就此需要补充的事实是，国内法庭应用欧盟反垄断法的方式非常不明确。[②]

导致协调动机缺乏的其他因素与下面的事实有关：在集中化体系下（将在后文中讨论），国内法庭仅拥有应用欧盟反垄断法的某个部分而不是所有部分的权力。例如，他们没有权力宣布《欧盟条约》第81条第3款的个别豁免，原因是《欧共体17/62号条例》仅为欧盟委员会保留此项权力。[③] 对于国内法庭全面应用欧盟反垄断法的权力限制同样阻碍原告寻求对欧盟反垄断法的执行，特别是《欧盟条约》第81条，在国内法庭上，[④] 鼓励他们停止诉讼并将其作为辩护策略向欧盟委员会请求豁免。

对国内法庭的权限和管辖权的限制并不意味着欧盟和国内法庭的权限范围之间的协调不能通过其他渠道实现。其中之一就是要求国内反垄断机构执行欧盟反垄断法。[⑤] 然而，事实是国内反垄断机构同样缺乏在《欧盟条约》第81条第3款下获得豁免的权限，[⑥] 再加上它们中的一些甚至缺乏在其国内法律规定下首先应用欧盟反垄断法的权力，也就是说该选择权甚至没有法庭选择权的普遍性。

第二个二十五年：集中化与分散化的争论

欧盟反垄断法与成员国国内反垄断法之间的关系，包括它们各自权限领域的划分，从1957年到20世纪80年代，无论是在法律文献

---

① See R. Whish, 'Enforcement of EC Competition law in the Domestic Courts of Member States' (1994) 15 *European Competition Law Review* 60, 61-2; L. Hiljemark, 'Enforcement of EC Competition Law in National Courts-the Perspective of Judicial Protection' (1997) 17 *Yearbook of European Law* 83.

② See D. Hall, 'Enforcement of EC Competition Law by National Courts' in P. Slot and A. McDonnell (eds.), *Procedure and Enforcement in EC and US Competition Law* (Sweet &Maxwell, London, 1993), p. 42; L. Rittler, D. Braun and F. Rawlinson, *EEC Competition Law-a Practitioner's Guide* (Kluwer, Deventor, 1991), p. 718; G. Cumming, 'Assessors, Judicial Notice and Domestic Enforcement of Articles 85 and 86' (1997) 18 *European Competition Law Review* 370; C. Kerse, *EC Antitrust Procedure* (Sweet & Maxwell, London, 1994), pp. 81-2; C. Kerse, 'The Complainant in Competition Cases: a Progress Report' (1997) 34 *Common Market Law Review* 230; I. Van Bael, 'The Role of National Courts' (1994) 15 *European Competition Law Review* 6.

③ See Article 9 of the Regulation.

④ 即使国内法庭发现《欧盟条约》第81条禁令适用，被告公司也可以使委员会信服并宣布豁免，进而宣告诉讼无效。

⑤ Notice on *Co-operation between the Commission and National Competition Authorities in Handling Cases Falling Within the Scope of Article* 85 *and* 86 *EC*, OJ 1996 No. C262/5, p. 13.

⑥ 很明显，国内反垄断机构可以花费其资源来将一项起诉归结到《欧盟条约》第81条第1款的范围内，对此它没有最终的控制权。See M. Fernandez Ordonez, 'Enforcement by National Authority of EC and Member States Antitrust Law' (1993) *Fordham Corporate Law Institute* 629.。

中还是在欧盟委员会官员们的议程中都很少受到关注。[①] 基于这种情况，对于是否有必要根据欧盟和成员国国内法律权限之间的协调性的增强来改变二者的正式关系，几乎没有任何考虑。

然而，自20世纪80年代中期以来，关于改变这种关系的想法开始浮现出来。[②] 特别是以1986年《单一欧洲协定》的引入为标志的市场一体化过程的复苏，说明保持欧盟与成员国国内法律权限形式上的划分已经不再可能。这样的发展使人们对欧盟和成员国国内反垄断法之间的关系中起决定因素的管辖权标准产生疑问。欧盟正在向更高的一体化水平进发并因此引出了一个问题，也就是一般欧盟法律——特别是欧盟反垄断法——需要一个基本的、更加协调的一体化框架。由此便引发了一个与欧盟反垄断法和政策有关的主要争论，即集中化与分散化的争论。

集中化

集中化本质上是一种向心的过程，在欧盟成立的早些年，人们建议将权力集中到欧盟层面。此观点出自多种原因。其中之一是，在条约执行初期，欧盟委员会的部分官员关注在布鲁塞尔集中力量，从而削弱成员国及其国内反垄断机构在执行反垄断政策中的作用。另一个原因来自于单一市场一体化的目标。根据该目标，人们普遍体会到欧盟反垄断法及其机构必须逐渐向欧盟反垄断政策的中心舞台移动。因此，成员国国内反垄断法被推到了边缘，并且仅限于处理在本国境内发生的与反垄断政策相关的问题。[③]

分散化

与上述集中化观点相反的，是一种离心的过程，即要求授权至国家层面。这就是所谓的分散化过程。在20世纪80年代中期，欧盟反

① 看起来这个原因与该时期的经济难题有关，如石油冲击，以及国际通常水平的政治僵化。

② 在这段时期内，欧盟内部的经济条件和政治舆论的变化在不断增多。

③ 这个发展似乎已经通过引进合并条例得以证明，1989年的《欧共体1064/89条例》授权欧盟合并任务组织负责合并成员国国内反垄断机构之外具有政治、经济以及法律重要性的案件。

垄断政策开始迈入了这一进程。① 当时，欧盟委员会开始认真考虑让国内法庭和国内反垄断机构参与应用欧盟反垄断法的必要性。② 这一趋势的产生归因于若干因素。最主要的因素是欧盟委员会在其体系框架下明显不能履行其职责，原因在于：第一，缺少资源，主要由财政和政治因素所导致；③ 第二，20 世纪 80 年代中期，欧盟有可能在计划扩大其地理区域范围（或许有人会说这是事实）。④ 从 20 世纪 80 年代末到 20 世纪 90 年代初发生的重大事件使分散化变得更加紧迫。这些事件有 1989 年开始的苏联解体进程、⑤⑥ 1992 年欧洲联盟条约（TEU）的签订，⑦ 以及当时更多国家即将加入欧盟等。⑧

分散化的形式及含义

分散化的三种不同形式及其相应含义如下：

国内法庭对欧盟反垄断法的应用

这种分散化需要国内法庭更加深入参与解释、应用以及执行欧盟反垄断法。欧盟委员会认为，增加国内法庭的职责不仅能够有效地解决大量待处理案件堆积所产生的问题，还能够提高其对欧盟反垄断法的应用意识，并且促使国家法律与欧盟反垄断法保持一致。此外，这种分散化同样也是人们所期望的，因为没有必要更改“双重障碍理

---

① Prior to this, the Commission was hesitant about decentralisation, because: first, it was thought that it would reduce the capacity of EC institutions to influence the development of an EC system of antitrust; secondly, it would afford Member States the opportunity to use it to further their own objectives and individual interests; and thirdly, it would increase the risk of inconsistencies within the system. See J. Meade, ‘Decentralisation in the Implementation of EEC Competition Law-a Challenge for the Lawyers’ (1986) 37 *Northern Ireland Law Quarterly*, 101.

② See Commission 13th and 15th Reports on Competition Policy 1983 and 1985, paras. 217 and 38 respectively.

③ See Hiljemark, ‘Enforcement’, 87.

④ 西班牙和葡萄牙于 1986 年加入欧盟，瑞典、芬兰和奥地利等更多国家也相继加入欧盟。此外，加盟计划还包括那些加入欧盟时不具有反垄断法或反垄断体系的处于早期发展阶段的国家。这就是说，这些国家中的企业和未来的官员将必须被告知反垄断法的概念，这可能导致欧盟委员会资金和教育负担的增加。

⑤ 原文如此。苏联解体时间为 1991 年。——译者注

⑥ 中欧和东欧形式的不断变化说明欧盟必须考虑扩大其成员范围——以包括某些中欧和东欧国家——的可能性，而这些国家并不熟悉竞争和反垄断法。See pp. 120-30 below.

⑦ The TEU introduced the principle of subsidiarity under Article 5 EC, which provides that the EC should not regulate conduct that could be regulated at least as effectively at the national level. The principle of subsidiarity did not require changes in the EC system of antitrust. However, it has played a central role in the relationship between EC and domestic antitrust laws, and in this from it entered the centralisation/decentralisation debate. See B. Francis, ‘Subsidiarity and Antitrust: the Enforcement of European Competition Law in the National Courts of Member States’ (1995) 27 *Law and Policy in International Business* 247; R. Alford, ‘Subsidiarity and Competition: Decentralized Enforcement of EU Competition Laws’ (1994) 27 *Cornell International Law Journal* 275; R. Wesseling, ‘Subsidiarity in Community Law: Setting the Right Agenda’ (1997) 22 *European Law Review* 35.

⑧ See note 57 above.

论”，或者迫使欧盟委员会放松其对欧盟反垄断体系的掌控。

在20世纪90年代初，欧盟委员会极力鼓励原告向国内法庭提出诉讼请求，而不再鼓励原告去布鲁塞尔寻求补偿，于是这种分散化形式随之变得越来越明显。① 在1993年由欧盟委员会颁布的、关于欧盟委员会与各成员国间合作应用《欧盟条约》第85条（现第81条）和第86条（现第82条）的《通告》中也对这些努力给予说明。②

《通告》的若干用途使其地位更加巩固。③《通告》既强调欧盟委员会努力促进私人诉讼，同时也强调欧盟委员会对遵守法律问题的高度关注。④《通告》强烈宣传这样一种原则：任何对欧盟没有特殊政治、经济或法律意义的案件，应该按照一般原则，由国内法庭或成员国国内反垄断机构解决。⑤ 为了明确国内法庭的作用，《通告》对国内法庭如何应用欧盟反垄断法给予程序上的指导。《通告》还具体规定了国内法庭对案件做出裁决并采取措施所应考虑的因素。⑥ 从本质上说，国内法庭应该按照《通告》的指示原则，依据欧盟反垄断法，使其做出的裁决尽可能与欧盟委员会或欧盟法院对该案可能做出的裁决保持一致。《通告》建议国内法庭除应考虑欧洲法庭的审判裁定外，还应考虑到欧盟委员会依据集体豁免原则可能做出的裁决惯例。其中的共识似乎是，如果有更多的国家司法机构效仿欧盟委员会的豁免原则，那么就可为欧盟成员国依据《欧盟条约》第81条第3款的规定就个案宣布反垄断豁免扫清障碍。《通告》指出，欧盟委员会将积极倡导这种机制的使用，进而使其成为深化分散化形式的一种手段。

《通告》在其产生的第一年里便引发了质疑，人们怀疑《通告》是否可以明显提高国内法庭的利用率。产生该质疑的原因是，当时

---

① C. Ehlermann, ‘The European Community, Its Law and Lawyers’ (1992) 29 *Common Market Law Review* 213, 225.

② OJ 1993 No. C39/6. Some have argued that the Notice was a reaction on the part of the Commission to a lack of response to the intensification of its earlier efforts. See R. Wesseling, ‘The Commission Notices on Decentralisation of EC Antitrust Law: in for a Penny, Not for a Pound’ (1997) 18 *European Competition Law Review* 94.

③ See A. Riley, ‘More Radicalism, Please: the Notice on Co-operation between National Courts and the Commission in Applying Articles 85 and 86 of the EEC Treaty’ (1993) 14 *European Competition Law Review* 93.

④ See paras. 15 and 16 of the Notice.

⑤ 注意:《通告》颁布的实际时间与辅助原则引入的时间相同,这似乎说明欧盟委员会在此应用欧盟反垄断法范围内的原则。See para. 14 of the Notice.

⑥ See paras. 17-32 of the Notice.

《通告》本身或欧盟委员会任何相关的行为都没有影响或者改变企业的一般态度，即只向国内法庭提起有关风险和不确定性方面的法律诉讼。[①] 事实上，这种质疑态度贯穿了《通告》存在的始终。毫无疑问，采用这种分散化形式依然存在一些障碍，例如国内法庭缺乏宣布个别豁免的权力。[②] 尽管存在这样的质疑，但总体而言，仍可以认为《通告》使得欧盟委员会与国内法庭间的合作关系迈出了积极的一步。

各成员国反垄断机构对欧盟反垄断法的应用

第二种分散化形式是由成员国国内反垄断机构直接执行欧盟反垄断法。多年以来，欧盟委员会与各国国内反垄断机构相比，缺少改进这种分散化形式的动机。[③] 缺乏热情的原因有许多。其中之一是，欧盟委员会多年来一直认为这种分散化形式与由国内法庭执行欧美反垄断法的分散化形式一样复杂，而且更加具有不确定性。欧盟委员会认为，这种选择本应该通过成员国国内反垄断机构的官员与欧盟委员会自身的官员做出的裁决决定进行协调，从而必然使两个组织间的关系更加协调紧密。然而，人们却认为这种做法具有冒险性，因为每组官员都有一定程度的判断力，每个人都善于在政策体系运行范围内考虑政策，并对反垄断体系带来的压力做出回应。[④] 缺乏热情的另一个原因是，与执行国内反垄断法相比，成员国国内反垄断机构对欧盟反垄断法的执行缺乏兴趣。[⑤] 另外，大多数国内反垄断机构的资源和经验比较有限，况且有些成员国，如意大利，甚至根本不具备反垄断体系，更不用说其国内反垄断法和欧盟反垄断法之间存在的巨大差别，这些在很大程度上都导致了这种热情的缺乏。

尽管欧盟委员会显然在勉强追求这种分散化形式，国内反垄断机构显然也缺乏应用欧盟反垄断法的积极性，但欧盟委员会还是宣布了

① See C. Ehlermann, ‘Implementation of EC Competition Law by National Antitrust Authorities’ (1996) 17 *European Competition Law Review* 88, 89.

② G. Marenco, ‘The Uneasy Enforcement of Article 85 EEC as between Community and National Levels’ (1993) *Fordham Corporate Law Institute* 605.

③ See Temple Lang, ‘European’, 571-5.

④ 欧盟委员会同样认为这样会花费委员会大量的额外成本并干扰其在欧盟中用以保护竞争的控制能力。

⑤ 从一定程度上说，这一点是可以理解的，因为它们缺乏按照《欧盟条约》第 81 条第 3 款规定宣布个别豁免的权力。它们主要负责自身国内反垄断法律的制定和执行，而且通常按照这项任务的完成情况判断他们责任履行的情况。

一项关于欧盟委员会和成员国国内反垄断机构之间处理属于1996年《欧盟条约》第85条（现第81条）和第86条（现第82条）的调整范围内的案件进行合作的《通告》。[①]《通告》称，欧盟委员会有认真考虑这种分散化形式的意愿，特别提到了辅助原则——该原则将权限在欧盟和成员国国内反垄断机构之间进行分配，并将其作为权限转换增加的理由，尽管对成员国国内反垄断机构来说转换的方式有限。[②]《通告》中解释，根据提起诉讼的规模或效果，如果能在共同体层面上得到很好的解决，就应该由欧盟委员会出面执行；如果诉讼可以在国家层面上得到很好的解决，则最好由相关成员国国内反垄断机构出面执行。而这种权限分配原则的价值很明显——正如《通告》中介绍的——其操作和适用范围有限，主要原因是成员国国内反垄断机构缺少在欧盟条约第81条第3款的规定下获得豁免的权限。

《通告》表明欧盟委员会已经开始意识到与成员国国内反垄断机构合作的重要性，并说明了这种合作的好处，特别是为了避免双重反垄断执法。[③] 然而，《通告》未从根本上改变成员国国内政策制定者更积极思考有关分散化过程的态度。很明显，按照《通告》所述，要使这种分散化形式更可行，则需要欧盟委员会在这方面采取更重要的措施以巩固其效果；正如即将在下文中看到的，欧盟委员会已经采取了一些措施。[④]

各成员国反垄断机构对国内反垄断法的应用

分散化的第三种形式是成员国国内反垄断机构继续采用本国的反垄断法，而且使用越来越频繁。[⑤] 人们自然很少讨论这种形式的分散化，主要原因是欧盟委员会和成员国国内反垄断机构通常使用术语

---

① OJ 1996 No. C262/5.

② In the light of this allocation principle, the competence of the Commission or the relevant domestic antitrust authority to act is determined by the size and effect of the agreement.

Regarding cases in which the allocation principle is applicable, the Commission takes the position that where the main effects of conduct are within one Member State, the domestic antitrust authority of that state may handle the case. Nevertheless the Commission reserves the right to take a case where it considers that it has important political, economic or legal significance-for example, if it raises new points of law or if it involves conduct in which another Member State has a particular interest. See Commission 25th Report on Competition Policy 1995. This position seems to have been confirmed by the Commission's paper on modernisation. see pp. 109-12 below.

③ 通告的目的在于避免成员国国内反垄断机构将在欧盟委员会最终执行其权限领域的案件中耗费精力和资源的可能性。

④ 见下文关于"最新进展"的讨论。

⑤ See P. Bos, 'Towards a Clear Distribution of Competence between EC and National Competition Authorities' (1995) 16 *European Competition Law Review* 410.

"分散化"来代表只有欧盟反垄断法的分散化应用。[①] 然而，这里有两点可以用来解释应该考虑这种分散化形式的原因。首先，成员国国内反垄断机构增加对本国反垄断法的应用可以回应辅助原则相关的价值和关注。这些价值和关注降低了在欧盟层面上权力的集中，并加强了成员国保护竞争的权力，至少它们做出的决议可以跟欧盟委员会做出的决议同样有效。其次，成员国国内反垄断机构可以按照本国反垄断法很好地保护竞争，欧盟委员会不必再耗费任何资源就可以实现其目标。在这种情况下，更多地依赖成员国国内反垄断法还可以避免遭遇许多困难，这些困难是在欧盟委员会和一个或更多的成员国国内反垄断机构同时应用欧盟反垄断法的情况下产生的。

尽管存在上述原因，但对成员国国内反垄断机构更多地依赖其国内反垄断法仍然具有争议。55年来，欧盟委员会一直在探寻如何使欧盟反垄断法成为市场一体化的基础。如果增加对成员国国内反垄断法的依赖，似乎可以颠倒该过程。这种行为降低了欧盟委员会的优越性和权威性。成员国国内反垄断机构有机会为商界提供咨询，企业可以按照标准制定重要的商业决策和决议，这样将挑战欧盟委员会的优势。此外，在欧盟委员会内部也产生了质疑，即到底在多大程度上依赖成员国国内反垄断法保护竞争才能像依赖欧盟反垄断法一样令人满意。考虑到限制竞争的条件通常产生跨国效应，于是这种疑问的提出似乎具有其合理性。这些限制可能会违反多个成员国的法律并因此引起成员国之间的矛盾，耗费国内反垄断机构以及相关企业的时间和资源。一个成员国未必能够有效地解决这些限制问题，因为这些限制不只会影响一个成员国，而且在某些情况下不能保证充分获取其他成员国的信息和证据。[②]

然而，人们建议不再考虑这些因素引发的问题，来确保国内反垄断机构可以按照类似的方式执行类似的、实质性的反垄断规则。毫无疑问，成员国国内反垄断体系越接近，在欧盟层面和成员国国内层面之间分配权力的手段就越容易，特别是在疑难案件中以及涉及调配相

① 例如，欧盟委员会的政策经常会加强欧盟反垄断法的作用和有效性，而对国内法律的依赖性的增加则与之相悖。

② 同样存在着这样的争论，国内反垄断机构对其国内法律的依赖性的增加会破坏欧盟反垄断法的优越性和一站式原则的价值，一站式原则在欧盟合并控制中很重要。

关证据的情况下。不仅如此，反垄断体系越相似，欧盟和成员国国内反垄断法之间的差别就变得越来越没有意义。成员国国内反垄断机构运用本国反垄断法的最终结果就是会引起较少的反对。

各成员国反垄断法的协调：关系密切

20世纪80年代中期至20世纪90年代初期在实现单一市场一体化目标上重获的信心——从1986年和1992年分别引进的SEA和TEU可以看出——为欧盟反垄断政策开辟了新篇章。自那时起，许多欧盟成员国，或者引进了与欧盟反垄断体系模式类似的、新的反垄断体系，或者修改它们自己的反垄断体系使其更加接近欧盟的反垄断体系模式。① 然而有趣的是，目前这种协调的转变并不是欧盟委员会分散化做法的结果，而是出于某些成员国的主张。各成员国调整其类似的反垄断规则，使其适应欧盟反垄断法，这种做法表明了成员国对欧盟创始国的支持，如法国和德国，它们追求更深入的一体化。这样的成员国可能得到其他支持者的赞同。20世纪90年代初，期望加入欧盟的国家同样表达了它们对“法律协调”的兴趣。瑞典、奥地利和芬兰正处于加盟的不同阶段，它们通过并颁布与欧盟反垄断法类似的反垄断法律，以此证明它们对现有成员国和欧盟机构一体化努力的支持。那段时间同样见证了一场成员国之间为外商投资而发起的激烈战争。这一发展鼓励商业企业依从与欧盟法律类似的、较宽松的国内法律环境。20世纪90年代初，某些国家被确定为即将成为欧盟成员国，从而为贸易共同体的观点增添了更多的活力。另外，在不久的将

① In 1998, the UK reformed its antitrust law in this manner. The new law adopted Articles 81 and 82 EC standards. See the Competition Act 1998, which came into force on 1 March 2000. For a good accound of the new legislation see B. Rodger and A. MacCulloch, *The UK Competition Act* (Hart Publishing, Oxford, 2000); P. Freeman and R. Whish, *A Guide to the Competition Act* 1998 (Butterworths, London, 1999); S. Singleton, *Blackstone's Guide to the Competition Act* 1998 (Blackstone, London, 1999). Also, see UK Office of Fair Trading's website: http://www.oft.gov.uk and the UK Competition Commission's website: http://www.competition-commission.org.uk.

In its 25th Report on Competition Policy 1995, at p. 36 the Commission stated that convergence of domestic antitrust laws has taken place in nine different Member States.

Whilst the present discussion will not attempt to deal with the situation in individual Member States, it will attempt to offer more than general comments on the relationship between EC and domestic antitrust laws. See the following literature on the situation in individual Member States. P. Wessman, 'Competition Sharpens in Sweden' (1993) 17 *World Competition* 113; J. Ratliff and E. Wright, 'Belgian Competition Law: the Advent of Free Market Principles' (1992) 16 *World Competition* 33; S. Martinzez Lage, 'Significant Developments in Spanish Antitrust Law' (1996) 17 *European Competition Law Review* 194; T. Liakopoulos, 'New Rules on Competition Law in Greece' (1992) 16 *World Competition* 17; K. Stockmann, 'Trends and Developments in European Antitrust Laws' (1991) *Fordham Corporate Law Institute* 441, 448-69. Also, Commission 28th Report on Competition Policy 1998, pp. 329-57.

来，欧盟将有25个成员国更支持这种论点。

多种因素导致成员国国内反垄断法朝着协调的方向发展。特别值得一提的因素有三个方面。第一，经济因素。不同成员国的商业企业强调，它们及各成员国间的跨国贸易在协调的反垄断规则下受益。第二，特别是从20世纪80年代末期以来，成员国反垄断机构间相互学习的意愿有所增加。第三，整个欧洲对竞争价值的认同度不断提高。这一点可以通过市场机制逐渐占据支配地位来证实，在这种情况下有必要采取措施保护其经济活动的运行及其机能的正常运作。从某种程度上说，这是一种意识形态的转变。而且，反映出人们逐渐意识到整个欧洲经济复苏的必要性，也意识到竞争水平的提高很可能是促进经济环境强壮和健康发展的手段。

协调的类型

存在两种不同类型的协调。第一种类型是文本上的协调，[①] 此种类型的协调已逐渐遵循《欧盟条约》第81条和第82条的规定。在某些情况下，一些国内法律，如法国法律，[②] 只遵循这些规定的基本框架；其他法律，如瑞典法，则采用了欧盟法律中的术语。[③] 第二种类型是制度和程序上的协调。在这种情况下，与文本上的协调相比，欧盟反垄断体系被作为统一的模式要求。然而，制度层面上的变化的一般模式已经趋于具有更多的司法特征和制度，这些制度倾向于在成员国国内反垄断体系中扮演更多的司法角色。它们已经承担了在国家层面上解释、应用以及执行反垄断规则的责任，这与先前有关成员国中存在的行政控制制度有所区别。就此而言，国内反垄断机构已经逐渐地——比如从政治影响中——获得了独立性。

协调的阶段

协调大致包括两个阶段。第一阶段，在国家层面上应用与欧盟反垄断法相类似的协调模式。第二阶段，努力协调欧盟和成员国国内反

---

① H. Ullrich, 'Harmonisation within the European Union' (1996) 17 *European Competition Law Review* 178.

② See generally F. Jenny, 'French Competition Law Update: 1987-1994' (1995) *Fordham Corporate Law Institute* 203. For information on the French system of antitrust see the Director-General's website: http://www.finances.gouv.fr/DGCCRF/index-d.htm and the Competition Council's website: http://www.finances.gouv.fr/conseilconcurrence.

③ See M. Widegren, 'Competition Law in Sweden-a Brief Introduction to the New Legislation' (1995) *Fordham Corporate Law Institute* 241.

垄断体系的关系。在协调过程中所取得的进展十分显著。协调的两个阶段间的相互作用有望在构建欧盟和各成员国反垄断法之间的关系中发挥重要作用。欧盟一体化的深入对各国反垄断体系一体化提出了相应要求。协调的两个阶段间的相互作用有助于阐明未来动态及不同组成元素。① 欧盟和成员国国内反垄断体系的组成部分能否在更加一体化的基础之上运行，或者是否只有正式的司法规则才能将这些组成部分联系起来，这两点都不明确。②

描绘这样的一个画面并不困难：欧盟和成员国国内反垄断体系之间的关系更加紧密。这种反垄断前景使欧盟体系成为欧盟反垄断政策及欧盟原则发展的焦点，并且与成员国国内反垄断体系相关联。“双重障碍理论”将继续发挥主要作用，欧盟委员会或相关成员国反垄断机构是否具有对特定反垄断案件进行调查和裁决的能力依然是问题的焦点。因为欧盟委员会的权力和威信可能会因成员国反垄断机构的介入而受到威胁，因此这个问题依然是（且很大程度上是政治方面的）难题。这就意味着政治矛盾在决策中的地位逐渐弱化。此外，这同样是个政治问题，因为欧盟和成员国的决策者所坚持的政策和持有的个人观点往往各不相同，并且有时候可能会相互矛盾。

体系结构

欧盟和成员国国内反垄断体系之间的关系呈现两种结构：垂直合作和水平合作。

第一种结构可以称为“垂直合作”。这种结构所包含的因素诸如欧盟与成员国反垄断机构的官员如何分享共同利益以及如何制定制度手段来追求并保护这种共同利益。处于两个级别的政策制定者们都具有保护竞争进程的共同目标，但是他们在如何最好地实现该目标问题上往往存在分歧。此外，这些利益能否与其他目标和价值相结合尚不明确。因此，为了追求共同利益，在欧盟和成员国国内反垄断体系之间搭建一个势力相当、沟通流畅的平台，是一项非常难以执行的计划。

第二种结构可以称为“水平合作”。这种结构意味着成员国国内反垄断机构之间将建立更加密切的联系。这一点一方面取决于他们对

---

① See generally Maher, ‘Alignment’.
② See generally Temple Lang, ‘European’.

共同利益认识的程度，另一方面取决于他们为了追求这种利益——与“垂直结构”相互独立——愿意并且能够找到实现手段的程度。

评价

多年以来，人们几乎没有意识到这些结构的重要性。这主要是由于这样的事实：到目前为止，人们只能从个别角度对反垄断法——欧盟反垄断体系或成员国国内反垄断体系——予以考察。因此，包括律师、经济学家和政策制定者在内，很少有人能够很好地掌握不同体系之间的类似经验和共同问题，并且解决不同体系间的难题。①

然而，之前的讨论证明了形势还在不断变化，并且人们更多地关注结构的重要性。当然，很难准确地预测，这种重要性是否会逐渐增强，以及结构间在多大程度上能够相互结合。这很可能会受到欧盟反垄断体系的外生因素影响。这些外生因素包括第三世界国家加入欧盟等因素。② 与此相关的加盟问题取决于即将加盟的国家，加盟的时间，加盟后的经济、政治和法律传统的类型等因素。在本章后面的内容中将会对这些问题分别予以解决。

同样，对结构重要性的判断也会受到内生因素的影响。其中一个重要的可能影响因素是在全球经济环境下产生变化及变化程度的问题。另一个重要因素是各成员国如何认识欧盟反垄断体系。如果认为欧盟反垄断体系是成功的、有益的，将会激励成员国拉近本国的反垄断体系与其之间的距离，这就意味着该体系很可能赢得支持、变得有力而且具有影响力。这对彼此是互惠互利的，因为欧盟和成员国法律体系将彼此支持。另一方面，如果成员国持有相反的认识，那么他们不太可能采取上述措施。欧盟委员会所面临的重大挑战是能否以某种方式维系它与成员国国内反垄断机构的关系，这种方式将避免成员国国内反垄断机构产生与欧盟委员会利益相悖的动机。为此，“垂直结构”的有效性看起来是形成“水平结构”的关键因素。各成员国的认识问题需要得到仔细考察，从而确保分析具有全面性和合理性，并且避免产生有害的政治方面的假想。

欧盟反垄断法和各成员国反垄断法的关系可以看成市场一体化目标的核心。欧盟反垄断体系和成员国国内反垄断体系之间的有效协调

---

① Gerber, *Competition*, *p*. 3.
② For a discussion on the issue of accession see pp. 120-30 below.

可能会促成该目标的实现。这同样也会提高欧盟反垄断体系跨国界的影响力。因此，为了在欧盟内部和外部避免对欧盟反垄断体系的形象产生任何负面影响，努力协调二者之间的关系变得极为重要。

最新进展

1999年4月28日，欧盟委员会发布了其《〈欧盟条约〉第85条（现第81条）和第86条（现第82条）实施细则现代化》白皮书（文件）。[①] 该文件阐述了欧盟委员会对欧盟反垄断体系的重新思考："该体系运行得非常好"，但却"不再适合今天这个拥有15个成员国、11种语言以及3.5亿多居民的共同体"。[②] 欧盟委员会在文件中提出了修订提议的理由，尽管条款并不完整。在文件第5款中，欧盟委员会在《欧共体17/62号条例》中提出了这次重新思考的理由"以及共同体发展的外部因素"。此外，在文件第10款中，欧盟委员会解释现有的体系已无法适应欧盟所面临的挑战。欧盟委员会相信有必要修改现有体系，以便解决现在的资源缺乏问题，减轻商业企业由于不必要的成本和官僚作风带来的负担。欧盟委员会可以更加严格地追查反垄断法案件，并且形成一个更加简单有效的控制体系。

根据欧盟委员会所述，现在应该由国内法庭和成员国反垄断机构肩负起执行欧盟反垄断法的责任，包括确定是否满足《欧盟条约》第81条第3款的标准。这意味着国内法庭和成员国反垄断机构能够完全应用《欧盟条约》第81条的规定，而不是像现在仅仅应用《欧盟条约》第81条第1款和集体豁免的规定。因此提议，《欧共体17/62号条例》中的告知和豁免体系应当被废除，并且由欧盟委员会指南所替换，欧盟委员会指南可以直接执行《欧盟条约》第81条第3款的标准，而无须欧盟委员会提前做出决定。如此看来，提议使得欧盟委员会的优先权得以集中，例如打击具有跨国业务和影响的卡特尔。当然，这并不意味着欧盟委员会将放弃作为欧盟反垄断规则的守护者。恰恰相反，欧盟委员会在文件中明确声明，它将继续对国内法庭和成员国反垄断机构应用法律规则的情况进行考察。这将涉及在特定案件中宣布司法权限，如对于欧盟具有法律、经济及政治意义的

① OJ 1999 No. C132/1;[1999] 5 CMLR 208.
② See para. 5 of the Paper.

案件。

欧盟委员会的提议很全面，特别是欧盟委员会提议放弃其获得《欧盟条约》第 81 条第 3 款豁免的垄断权。然而，这些做法对企业及那些为企业提供咨询服务的公司来说可以说也是一种慰藉。当前体系的问题之一是，对大部分协议来说，从欧盟委员会获得个别豁免需要提前通告，欧盟委员会多年以来一直由于资源缺乏和员工短缺而未能应对庞大的通告工作，正因如此，该体系存在缺陷。[①] 文件中的提议达到了彻底放弃通告程序的效果。不会再有通告存在。企业将根据相关的法律和判例法，评估它们自身的限制性行为是否符合欧盟反垄断法。[②]

通告的废弃对企业及其法律顾问来说将是一项特殊挑战。这也有助于协调欧盟与美国在反垄断豁免中的地位。美国企业的独立性更强，这将对反垄断法的国际化产生直接的正面影响。[③] 可以预测，在未来很长的时间内还将对这一问题及很多其他更详细的法律和实践问题进行争论。最近，欧盟出台了针对实施《欧盟条约》第 81 条和第 82 条的新欧盟法规。[④] 新法规包含对欧盟反垄断体系与成员国国内反垄断体系之间关系的重要条款。法规的第 11 条特别值得一提。这项条款主要解决欧盟委员会与成员国国内反垄断机构和国内法庭之间的合作问题，欧盟反垄断规则的适用将以双方之间的紧密合作为基础。这项条款要求成员国国内反垄断机构和法院在涉及适用《欧盟条约》第 81 条和第 82 条的情况下，在任何诉讼程序开始之前通知欧盟委员会。另外，国内反垄断机构和国内法庭可以在依法裁定之前咨询欧盟委员会，依法要求终止违法、接受企业承诺或者撤销集体豁免。这项义务包括，在做出裁定之前的一个月内，向欧盟委员会提交案件的总结文书及任何相关的重要文件。欧盟委员会依然保留请求提交任何其他相关文件的权限。最后，这项条款还规定，如果欧盟委员会决定启动诉讼程序，那么国内反垄断机构将不再具备适用《欧盟条约》第 81 条和第 82 条的权限。

---

① 当然尽管如此，该体系还是考虑到了那些希望通告的各方。
② See para. 77 of the Paper.
③ See ch. 9.
④ Regulation 1/2003 OJ 2003 No. L1/1.

5.4 欧盟反垄断法的国际影响力

欧盟委员会凭借其超国家地位和国际化视野，正不断寻求与世界其他反垄断机构的合作，同时通过输出欧盟委员会的概念和理念，拓展欧洲反垄断法在国际上的影响力。其影响力的表现为：第一，通过与第三国反垄断机构缔结双边协议，在反垄断法执法方面进行正式合作；第二，把反垄断规则纳入欧洲经济协议（EEA）中；[①] 第三，在欧盟与欧洲国家、波罗的海国家之间达成的联合协议中以及与其他国家达成的伙伴和合作协议中统一各国反垄断法；[②] 第四，主动提出多边国际合作。[③]

双边视角：欧盟/美国关系

合作框架

欧盟和美国在反垄断政策方面的合作受到1991年9月23日签署的双边协议的统领。[④] 该协议规定欧盟与美国反垄断法应在多方面进行合作。协议的第2条至第5条特别值得一提。第2条规定，当一方的执法行为可能影响另一方的利益时，一方需要通知另一方。第3条规定，各方应当交换信息。第4条规定，应当协调各方之间的执法行

① See J. Stragier, 'The Competition Rules of the EEA Agreement and Their Implementation' (1993) 14 *European Competition Law Review* 30.

② See Commission 25th Report on Competition Policy 1995, para. 221; D. Kennedy and D. Webb, 'The Limits of Integration: Eastern Europe and the European Communities' (1993) 30 *Common Market Law Review* 1095, 1113.

③ 参见下文关于“反垄断政策框架的拓展”的讨论。

④ Initially, a technical deficiency led the ECJ to invalidate the agreement. However, the agreement was validly adopted in 1995. See OJ 1995 No. L95/45 as corrected by OJ 1995 No. L131/38. See also Commission 25th Report on Competition Policy 1995, Para. 224.

The literature on the issue of bilateral co-operation between the Commission and the US antitrust authorities is abundant. See K. van Miert, 'International Cooperation in the Field of Competition: a View from the EC' (1997) *Fordham Corporate Law Institute*13, 16-25; J. Parisi, 'The EC-US Agreement Regarding the Application of Their Competition Laws: Another Step towards Fostering International Cooperation in Antitrust Enforcement', address before the European Trade Law Association, Brussels, December 1991; D. Ham, 'International Cooperation in the Antitrust Field and in Particular the Agreement between the United States and the Commission of the European Communites' (1992) 30 *Common Market Law Review* 571; J. Griffin, 'EC/US Antitrust Cooperation Agreement: Impact on Transnational Business' (1993) 24 *Law and Policy in International Business* 1051.

为。第5条规定了“积极礼让”方面的重要问题。① 根据该原则，协议的一方（称为请求方）可以要求另一方（称为被请求方）解决在后者边界范围内可能影响前者利益的限制竞争行为。

这项协议对双方均有利，为各方提供就共同感兴趣的案件交换观点的机会；在适当的时候，对各方的执法活动进行协调。在最近11年间，按照协议规定所作的合作非常密切，而且成果卓著。② CRS/SABRE案中的合作就是一个很好的例证。在该案中，美国司法部请求欧盟委员会调查计算机预定系统（CRS）市场中的行为，它怀疑这些行为可能阻碍以美国为基地的CRS公司在欧洲市场中有效竞争的能力。SABRE公司隶属于美国航空公司，它提出如下声明：欧洲的Amadeus的三大航空公司所有者的限制竞争行为妨碍SABRE公司深入欧洲市场。③

美国司法部（DoJ）决定在欧盟与美国之间合作协议的基础上援引“积极礼让”原则。当时负责司法部反垄断署的J. Klein认为，因为这项行为是在欧盟境内发生的，并且如果竞争环境遭到破坏，那么风险的主要承担者是欧洲的消费者，所以由欧盟出面调查是最合适不过的。④ 欧盟委员会内部的竞争总司秘书长A. Schaub认为此案在“心理上具有重要影响”。在此次调查中，欧盟委员会把该案作为重点案件处理，因为欧盟委员会意识到，其如何援引“积极礼让”原则解决美国问题将在很大程度上影响美国反垄断机构如何援引“积

① See D. Conn, ‘Assessing the Impact of Preferential Trade Agreements and New Rules of Origin on the Extraterritorial Application of Antitrust Law to International Mergers’ (1993) 93 *Columbia Law Review* 119, 148; C. Ehlermann, ‘The International Dimension of Competition Policy’ (1994) 17 *Fordham International Law Journal* 833, 836. See further pp. 218-19 below.

② In the period from January 1995 to December 1996, for example, there were varying degrees of co-operation in nearly 100 cases. See J. Griffin, ‘EC and US Extraterritoriality: Activism and Cooperation’ (1994) 17 *Forham International Law Journal*, 353. Note, however, the *Boeing/McDonnell Douglas case*, which indicates that this has not always been the case. OJ 1997 No. L336/16. Yet, the recent *MCIWorldcom/Sprint case* is a paradigmatic example of the European Commission and the US antitrust authorities working closer than ever before and sharing information constructively. See Commission Press Release, ‘Commission Opens Full Investigation into the MCIWorld Com/Sprint Merger’, 21 February 2000, available at: http://www. europa. eu. int/comm/competition/index _ en. html.

③ 美国指控这三家航空公司与其他旅行服务供应商达成一致，拒绝向SABRE提供与Amadeus相同的票价，另外，前者还不能享有与后者相同的各种预定和出票功能。

④ US Department of Justice Press Release, ‘Justice Department Asks European Communities to Investigate Possible Anticompetitive Conduct Affecting U. S. Airlines’ computer reservation systems’, 28 April 1997. See http://www. usdoj. gov.

极礼让”原则解决欧盟委员会的问题。①

欧盟委员会在1997年开始了“初始调查”，调查持续的时间约为2年。接着，按照美国的请求，于1999年3月对法国航空公司——Amadeus的三家欧洲航空公司所有者之一——正式提起诉讼。欧盟委员会表示，根据初始调查的结果，法国航空公司对Amadeus公司给予了优惠政策，而对SABRE公司采取了歧视性政策。②

然而，该案最终能否增加欧盟和美国有效援引“积极礼让”原则的信心，仍然需要进一步考察。一些美国议员对欧盟回应美国执法请求的事实做出了积极的肯定。反垄断、商业权利和竞争专门委员会的参议员H. Kohl，在欧盟委员会调查之后曾经谈到，美国与欧盟“积极礼让”协议已经开始发挥作用。③ 但是，美国与欧盟在反垄断政策中取得的最新进展，并没有让在大西洋彼岸的美国获得同样积极的态度。此时，笔者的脑海里自然而然地浮现出GE / Honeywell合并案的裁定，将在第7章对此进行详细的分析。欧盟委员会所作的裁定是阻止通用电器与霍尼韦尔之前的合并案，而该合并案在美国却一路畅通无阻，因此，欧盟委员会遭到美国的严厉批评。尽管欧盟委员会与美国司法部之间在该案中的裁决相互冲突，但是两个机构在该案中的合作是有目共睹的，正如在其他案件中所看到的那样。④

最新进展

欧盟委员会于1996年6月与美国当局成功磋商之后，采纳了一项基于1991年协议的提案。另一项深化欧盟与美国关系的措施是1998年所达成的另一项正式协议。⑤ 这一新协议具有很多优点：第

---

① Commission Press Release, ‘EU Gives Priority to US Airline Reservation Case’, 9 September 1997.

② European Commission Press Release, ‘Commission Opens Procedure Against Air France for Favouring Amadeus Reservation System’, 15 March 1999.

③ See ‘Senate Sub - Committee Focuses on International Enforcement, Positive Comity’ 76 *Antitrust c’ Trade Reg. Rep.* (BNA) 482, 6 May 1999.

The case of *MCIWorldcom/sprint* is a very good example of true comity being practised between the USA and the EC.

④ see the closely co - ordinated parallel investigations in cases such as *Exxon/Mobil* (1999) OJ C127/2 (Commission/FTC), *CVC/Lenzing* (2001) OJ C141/13 (Commission/FTC), *Alcoa/Reynolds* (1999) OJ C339/14 (Commission/DoJ) and *Compaq/HP* (2001) OJ C374/68 (Commission/FTC).

⑤ OJ 1998 No. L173/26; [1999] 4 CMLR502. 这项协议设置了这样一种假设，即在某些情况下，(所谓的“请求方”) 通常将延缓或暂停自己的执法行为，反竞争行为主要是在这些方面出现的，并主要指向其他方的领域。所建议的积极礼让协议是这方面的重要发展，这是因为它代表了美国方面对反垄断执法的承诺，而不是寻求垄断法的域外适用。see ch. 7.

一，有助于推进“积极礼让”原则的使用；第二，肯定了双方持续使用“积极礼让”原则的努力；第三，对“积极礼让”原则应以何种方式实施进行了说明。进一步增进欧盟与美国间——也包括欧盟与其他国家间——合作的协议正在筹划之中，并且应当是受欢迎的。[①]

1991 年和 1998 年签署的协议已经拉近了两个重大反垄断体系的距离。在这两项协议签署之后，欧盟委员会与美国司法部、联邦贸易委员会雇员之间的彼此接触成为这三个机构日常工作的一部分。这些日常的接触在合并控制领域极为明显。笔者认为，假定双方所使用的规则在程序和内容上均存在差异，那么应当特别关注欧盟与美国在合并控制领域所进行的日常合作。因此这三个机构之间针对相同的案件和相同的事实也会存在分歧，[②] 尽管这些分歧是极个别的。笔者在此并不就分歧双方的是非对错表态，而是提醒读者，基于相同证据、相同法律、相同事实的理智分析可能得出截然不同的结论。至少在欧盟和美国的情况下（正如前文所述），双方所运用的规则不同，[③] 因此可以理解在某些情况下可能产生分歧。但更重要的是，双方目前都致力于促进双方在反垄断政策方面进行越洋对话，确定统一的领域，并且力求减少分歧。这是欧盟反垄断委员会主席 Mario Monti、美国司法部前反垄断署署长 Charles James 和联邦贸易委员会主任 Tim Morris 于 2001 年 9 月 25 日会面后给我们留下的印象。考虑到布什政府在其他领域，例如钢铁、中东冲突和建立国际刑事法庭等多方面实施的临时政策，不得不承认美国正致力于拓展和深化与欧盟在反垄断政策方面的双边合作。

EEA 协议

简介

欧盟经济区协议（以下简称协议）是于 1994 年 1 月 1 日起颁布实施的。该协议最初签约的一方为欧洲经济共同体、欧洲煤钢共同体和欧盟 12 个成员国，另一方是 EFTA 的 5 个成员国——奥地利、芬

① An agreement has also been entered into with Canada. See Co - operation Agreement between Canada, the EC and the ECSC: OJ 1999 No. L175/49; [1999] 5 CMLR 713

② See, for example, the case of *GE/Honeywell*, discussed at pp. 179-81 below.

③ See further chs. 4 and 9.

兰、冰岛、挪威和瑞典。在1995年奥地利、芬兰和瑞典加入欧盟之后，只有冰岛和挪威还作为EFTA成员国参与该协议。当1995年5月列支敦士登成为协议的一方之后，EFTA成员国增加到3个国家。

该协议旨在基于共同规则和同样的竞争条件下，建立一个动态和谐的欧洲经济区。为此，协议内容应当包括欧盟的基础政策和原则，以及欧盟规则附带的政策和原则。协议中所包含的最重要的政策和原则有货物、人员、服务和资本的自由流动，反垄断，公共采购，社会政策，消费者保护和环境等领域。协议还应包括欧盟法规中级条例中所涉及的领域。

平行体系

实际上，在协议签署之后形成了两个独立的法律体系：第一，形成了适用于EFTA和欧盟双方以及EFTA协约国自身之间的关系的EEA协议；第二，形成适用于欧盟内部成员国之间的关系的欧盟法律。这种事务情况意味着为了维系EEA协议，应当平行发展两个法律体系，统一其应用和执法。为此，协议规定把欧盟新制定的中级立法融入EEA的决策程序和监控机制中，保证依据协议履行其职责，并对协议条款做出统一的诠释和应用。

由协约国的代表根据协议组成一个联合委员会。该委员会负责把新规则引入EEA。然而，监管机制以双方独立的双支柱结构形式存在。在欧盟范围内实施并应用该协议应该受到欧盟委员会的监控，而监督局则负责在EFTA支柱范围内执行相同的任务。为了保证在整个EEA范围内实施统一监控，两个机构应当相互合作，交换信息，彼此咨询政策问题及个案的监督政策。

这个双支柱结构还适用于司法控制机制，因为EFTA法院具有类似于ECJ和CFI的执法能力，包括EFTA国家的监督程序和EFTA监督局的上诉请求。

相关机构

EFTA监督局

EFTA监督局（以下简称监督局）成立的依据是EFTA成员国就建立监督局问题与美国司法部间所达成的协议。该协议包含监督局的组织结构等基本条款，明确规定其任务和职能。监督局由3位成员组成，这3位成员均由EFTA成员国政府协商任命，任期4年，可以连选连任。监督局的首脑是主席，采用同样的任命方式，任期2年。各成员在履行职责过程中完全独立。他们不得接受任何政府或其他机构的指令，避免任何违反其职责的行为。从这个意义上说，各成员应该是相互独立的个体，而且不会轻易接受任何妥协。

监督局的主要任务是保证EFTA各成员国履行EEA协议中规定的各项义务。笼统地说，这意味着监督局肩负着全面的监督职责，同样保证协议的条款包含附件中所引用的协议和法案应该在EFTA成员国的国内法律体系中得以实施和应用。

在反垄断政策领域，监督局已经扩展其能力范围，包括一系列具有行政特性的工作，作为监督局总体监管工作的补充，这充分展示了欧盟委员会在这些领域中的扩展能力。这些具有行政特性的工作主要与市场中企业的实践和行为有关。因此，监督局应保证成员国必须遵守协议中的反垄断规则，特别是禁止限制竞争行为协议，以及企业滥用市场支配地位的行为协议等。为了保证监督局能够顺利执行这些工作，它们应该拥有欧盟委员会所具有的类似权力，尤其是进行现场检查、处以罚款和期间罚款等方面的权力。在出现违法的情况下，可以通过上诉请求迫使相关公司停止其违法行为。

EFTA法院

EFTA法院对EEA协议方的EFTA成员国具有司法管辖权。EFTA法院主要处理由EFTA监督局提出的针对EFTA成员国实施、应用或诠释EEA规则的违法行为。EFTA法院的能力范围还包括两个或多个EFTA成员国之间的争端解决、与EFTA监管当局裁决相关的听证上诉、向EFTA成员国法院提供诠释EEA规则的咨询意见等。因此，EFTA法院的司法管辖范围与ECJ的管辖范围相对应——正如在前一章及本章前一节所描述的。

EFTA法院由3位法官组成，这3位法官分别由3个EFTA成员国提名。法官的任命按照成员国政府协商决定，任期6年。法官选举产生主席，主席任期3年。除了常任法官之外，还有临时法官体系，设立临时法官旨在当常任法官不能出席具体案件时，可以由临时法官出庭审理。法院的裁判——与ECJ案件不同——以多数人的意见为依据。法院依据EFTA法院的成文法及其诉讼规则对诉讼程序进行规定。

EEA 协议的反垄断条款

反垄断条款

EEA 协议包含多项与反垄断事项相关的重要条款。与 EEA 协议第53条、第54条和第59条相对应的是《欧盟条约》第81条、第82条和第86条。基于《欧共体指南4064/89》，将集中控制纳入协议第57条。借助协议第60条和附件 XIV，欧盟法规关于反垄断法的大部分内容在合并之后，均已包含在 EEA 体系当中。协议第61条与《欧盟条约》第87条相对应。

评价

上面谈到的欧盟法律体系（欧盟法律）也将被吸纳到 EEA 协议中来。这种做法从表面上看，似乎是对欧盟委员会的倡议所作的一种回应。倡议主要针对国际贸易的全球化①，以及不同的反垄断机构在解决贸易全球化问题上增强反垄断政策的协调。② 鉴于此，该协议中所包含的反垄断规则同样适用于 EFTA 国家与欧盟存在贸易的情况。③ 该协议与《欧盟条约》相类似，并没有要求签约国在国内法律秩序中采纳欧盟反垄断规则。

EEA 协议规定了反垄断规则双方的协商程序。依据 ECJ 对木浆案（Wood Pulp）的审判原则，这些规则绝不能预先排除欧盟反垄断法的整体适用性。④ 因为这也是欧盟委员会所阐明的观点，它还很好地解释了为什么欧盟委员会从来不认为有必要在反垄断案件中援引该条款。“域外管辖权”理论进一步强化了这一观点，ECJ 在相同的判决中援引了“域外管辖权”理论，授予欧盟委员会在欧盟范围内，依据《欧盟条约》对任何限制竞争的协议或其他限制竞争的做法

---

① See generally T. Jakob, ‘EEA and Eastern Europe Agreements with the European Community’ (1992) *Fordham Corporate Law Institute* 403; S. Norberg, ‘The EEA Agreement: Institutional Solutions for a Dynamic and Homogeneous EEA in the Area of Competition’ (1992) *Fordham Corporate Law Institute* 437.

② Commission 25th Report on Competition Policy 1995, section V.

③ See Articles 53 – 7 of the Agreement. There are clear rules on jurisdiction in the Agreement thus avoiding the possibility of duplication of efforts on the part of both the EEA Authority and the Commission when investigating a case. See J. Stragier, ‘The Competition Rules of the EEA Agreement and Their Implementation’ (1993) 14 *European Competition Law Review* 30.

④ [1988] ECR 5193; [1988] 4 CMLR 474.

——尽管可能是源于欧盟境外的——实施司法管辖权。①

欧洲内部的双边协议

欧盟与中欧国家和东欧国家分别缔结了若干双边协议。此类协议主要存在三种类型：联合协议、伙伴协议和合作协议。② 这些协议既具有某些相似之处，也在很多方面存在区别。除非另加说明，否则下文提到的“协议”一词是指欧盟与俄罗斯联邦之间的联合协议及伙伴关系和合作协议。

背景知识

联合协议

20 世纪 90 年代欧盟与中欧和东欧国家签署的新的联合协议反映了东欧国家经历的前所未有的、深刻的政治和经济方面的转型。③ 联合协议说明了这些国家希望进一步加深与欧盟的密切联系，不仅仅由于地理邻近性，还因为这些国家具有相同的价值观，并且其相互依赖的程度也越来越高。④ 从这一点来说，欧盟已经迈出决定性的步伐，

---

① See ch. 7 on the doctrine of extraterritoriality.

② Partnership and Co – operation Agreements were signed with Russia, the Ukraine and Central – Asian Republics. See generally, M. Maresceau and E. Montaguti, ‘The Relations between the European Union and Central and Eastern Europe: a Legal Appraisal’ (1995) 32 *Common Market Law Review* 1327.

The discussion will use the Partnership and Co – operation Agreement between the EC and the Russian Federation as an example.

③ Initially, there were three separate Association Agreements between the EC, its Member States and, in turn, Hungary (OJ 1992 No. L116/1), Poland (OJ 1992 No. L114/1) and Czechoslovakia (OJ 1992 No. L115/1), which were signed on 16 December 1991. Similar agreements with Romania and Bulgaria, however, were initiated on 17 November and 22 December 1992 re – spectively. Agreements were also concluded later on with other countries bringing the number of all such agreements to a total of ten. The conclusion of all these agreements was the con – sequence of the conviction that free trade must go hand in hand with ensuring undistorted competition. See E. Faucompert, J. Konings and H. Vandenbussche, ‘The Integration of Central and Eastern Europe in the European Union – Trade and labour Market Adjustment’ (1999) 33 *Journal of World Trade Law* 121, 132 – 4.

For an overview of these Association Agreements, see C. Lucron, ‘Contenu et portée des accords entre la Communauté et la Hongrie, la Pologne et la Tchécoslovaquie’ (1992) 35 *Revue du Marché Commun et de L’ Union Européenne* 293. A more up – to – date account of these agreements is available at: http: //www. europa. eu. int/comm/dg04/internal/multilateral. htm.

④ All these Association Agreements have been conceived with a view to substantially contributing to the countries’ full integration into the EC, both in economic and political terms. Although the question whether such integration must necessarily lead to future accession to the EC is not answered, such a step seems to be aspired to by all participating countries. For a general discussion, see T. Jakob, ‘EEA and Eastern Europe Agreements with the European Community (1992) *Fordham Corporate Law Institute* 403, 429 – 34; G. Marceau, ‘The Full Potential of the Europe Agreements: Trade and Competition Issues: the Case of Poland’ (1995) *World Competition* 44.

并且朝着一个基于民主、市场经济、法律规则和人权尊重体系的方向发展。正因如此，可以说这种响应是具有正面效果的。[①] 因此，欧盟对这些国家在政治和经济发展方面给予支持非常重要。

欧盟与俄罗斯联邦的伙伴关系和合作协议（PCA）

欧盟与俄罗斯联邦于1994年6月14日签署了PCA。该协议是欧盟与前苏联于1989年签署的早期贸易和合作协议的延续，在不到两年的时间内，人们便发现1989年签署的协议不适宜欧盟与前苏联之间关系的发展。在PCA签署之后，俄罗斯试图加强该协议与联合协议之间的联系。然而，欧盟担心俄罗斯在转型过程中可能出现不确定性，出于地缘政治理由而搁置了此项决定，而是选择了从政治、法律和经济角度寻求更宽松的框架。然而，从利益各方的视角来看，该协议表明，俄罗斯不再是国家垄断产品贸易的国家，而是正在转型中的经济体。[②] PCA的前言中也引用了“政治条件”条款，说明各方都意识到依据法律规则和尊重人权的重要性。

主要内容

协议的内容十分广泛，不仅包括了贸易、商业和经济合作，还包括了几乎所有的经济活动、政治对话和文化合作等。协议所涉及的主要领域有最高级的政治对话，货物、工人、设施、服务、支付、资金的自由流动，反垄断和其他经济条款，法律近似，经济、文化与金融合作及制度等。

反垄断法在协议中的作用

反垄断条款是该协议的重要内容。签署协议的目的是确保在协议框架内竞争不被扭曲。协议中纳入反垄断条款的目的也是实现其多重目标：建立新规则，以及缩短与欧盟政策和实践方面的差距（如在联合协议中，推进欧盟一体化进程）。换句话说，反垄断条款试图为与欧盟合作搭建适当的框架。反垄断条款让彼此产生支持合作（这里指联合协议中的一体化进程）的动力，这正是反垄断法的某些特征，根本不足为奇。依照欧盟的经验，协议理所当然地包含了自由贸易条款，作为反垄断条款的补充，从而防止隐形贸易壁垒打破双方和

① See generally Commission 9th Report on Competition Policy 1979, p. 9. Also, T. Frazer, ‘Competition Policy after 1992: the Next Step’ (1990) 53 *Modern Law Review* 609.

② See generally Maresceau and Montaguti, ‘Relations’, 1338 – 43.

谐的经贸关系。

按照协议规定，应该由欧盟委员会或相关国家的国内当局（亦或二者同时）根据具体情况来判断是否应该对影响双方贸易的竞争行为采取限制措施。这种判断同时应考虑到《欧盟条约》反垄断条款中的规则。为了让一般条款产生实际效果，应当就规则的实施细节进行磋商，进而保证双方的合作取得效果。①

特别关注事项

尽管协议中包含了反垄断条款，也并不能保证在双方具有共同利益的情况下，对竞争条件的监管不会遇到麻烦。这里有三个问题值得特别关注。

司法管辖重叠

首先，法律所关注的是如何解决欧盟和相关国家司法管辖范围之内的案件。按照《欧盟条约》第 81 条中的规定，欧盟可以依据 ECJ 在“木浆案”中确立的原则，对共同市场中的限制竞争协议行使司法管辖权。② 如果这些案件满足“木浆案”条件，那么适用欧盟法律。然而，由于欧盟与其他协议方即将建立更紧密的协议联系，因此很可能按照《欧盟条约》第 81 条的内容，在双方领土范围内，对企业间的行为采取措施。在这种情况下，欧盟和其他相关方都具有司法管辖权。当不止一家反垄断机构参与解决问题的情况下，所得出的答案很可能有差异。例如，结盟国家与俄罗斯分别按照欧盟反垄断政策规定的原则调整其国内反垄断规则。然而，这并没有解决司法管辖重叠的问题。例如，当不同的反垄断机构执行反垄断条款时，总会存在分歧——正如在前面章节中所提到的。

根据《欧盟条约》第 82 条，在滥用市场势力的背景下，可能会出现司法管辖重叠问题。不过，问题并不严重。只有市场中存在占据

---

① In the case of Association Agreements, the rules necessary to implement the antitrust provisions were agreed to be established by the Association Councils within a period of three years. See, for example, the implementing rules for the application of the antitrust provisions applicable to firms provided for in Arts. 33 (1) (i) and (ii) and 33 (2) of the EC – Poland Interim Agreement OJ 1996 L208/24. See M. Blässar and J. Stragier, ‘Enlargement’ (1999) 1 *European Community Competition Policy NewsLetter* 58; T. Vardady, ‘The Emergence of Competition Law in (former) Socialist Countries’ (1999) 47 *American Journal of Comparative Law* 229, 251; K. van Miert, ‘Competition Policy in Relation to the Central and Eastern European Countries – Achievements and Challenges’ (1998) 2 *European Community Competition Policy NewsLetter* 1; Jakob, ‘Agreements’.

② 参见前文关于“EEA 协议的反垄断条款”的述评。

市场支配地位的企业，才可能出现滥用的行为。[1] 在这种情况下，很少产生司法管辖重叠问题。

关于合并控制，PCA 和联合协议中都没有限制欧盟按照《合并指南》（《欧共体4064/89 号条例》）行使权力。但是，在俄罗斯和结盟国家的国内法律体系中都具有合并控制的制度，在处理合并案件过程中就可能产生司法管辖重叠问题。

司法管辖缺失

也可能存在这样的情形，即欧盟或任何相关各方都不具有司法管辖权。在这种情况下，应当根据具体情况采取行动。有可能出现这样有趣的问题，即企业间的限制竞争协议不会影响成员国之间的贸易，而会影响欧盟和其他方之间的贸易。在这种情况下，欧盟是否可以根据 PCA 或联合协议处理这样的限制竞争行为呢？PCA 和联合协议并不打算产生“直接效力”，而且毫无疑问，协议中的条款也不可能在任何情况下都产生直接效力。[2] 对产生直接效力的条件作以简单回顾便会得出这一观点，正如在 Van Gend en Loos 案中的规定：一项条款若要产生直接效力，就尤其要清晰、精确、无条件限制。就协议而言，它至少不满足“无条件限制”的要求。这是因为，决定采取哪些进一步的措施，必须依赖于具体条件。此外，协议还无法满足“精确”的要求。协议中不包含《欧盟条约》第 81 条第 3 款这一类型的条款，这意味着可以通过对协议不同的解释方式，进而获得豁免。而这本身并没有让欧盟失去行动的能力。尽管如此，为了确保欧盟在这些情况下的司法管辖权，协议应该规定具体的执行条款。

各方利益协调

可以设想这样的情况：只有一方具有司法管辖权，而另一方的重大利益被牵涉其中。在这种情况下，有关的反垄断机构对待这样的案件，应该秉承合作和透明的原则，从而达到实施规则的目的。总而言

---

① However, note the situation can arise where dominance and abuse can fall within different markets. See C－333/94 *Tetra PakRausing SA v. Commission* [1996] ECR I－5951; [1997] 4 CMLR 662; Case T－228/97 *Irish Sugar* v. *Commission* [1999] 5 CMLR 1300.

② See, for example, Article 63 of the EC－Poland Agreement, in which it is stated that the Association Council may be required ‘at a later stage to examine to what extent and under what conditions certain exemption rules may be directly applicable, taking into account the progress made in the integration process between the community and Poland;

Having said that, Case 12/86 *Demirel v. Stadt Schwäbisch Gmünd* [1987] ECR 3719 seems to suggest that Association Agreements may produce direct effect.’

之，减少过程的复杂性至关重要。鉴于各方的市场条件难免存在差异，按照不同的法律标准处理案件，可能会得出完全不同的结论。更重要的是，应当协调各方的行动，并乐于考虑其他方的利益。这种情况下的合作模式可以参考经济合作与发展组织（OECD）在 1986 年提出的建议，或者当前欧盟与美国之间签订的合作协议。

中级立法的地位

另一个突出的问题与欧盟中级立法（诸如集体豁免条例）及其未来发展有关。对限制竞争协议采取措施时，也应当适用中级立法中的原则。另一方面，欧盟法规如果在未来发生变化，必须找到适当的方式和途径保证对协议的解释也随之改变。

欧盟利益

联合协议中的反垄断条款的制定依据是《欧盟条约》第 81 条和第 82 条，[①] 各联合委员会应当在 1995 年 3 月 1 日前制定出条款的实施细则。欧盟积极为联合协议的实施细则提供咨询，至少从表面上看，这体现出欧盟反垄断法与联合协议的反垄断法存在相似之处。

结盟国家参照欧盟反垄断规则制定国内反垄断政策的执法合作在很多方面反映了欧盟的利益。欧盟借助反垄断规则的域外适用并不能确保其成功性。[②] 此外，欧盟的企业可能从结盟国家执行的反垄断规则中受益，特别是在国家援助、政府垄断和滥用市场势力等领域。

法律近似

协议中还包含反垄断法的法律近似条款。[③] 但是，在 PCA 和联合协议中的规定存在差别。前者规定，法律近似条款仅限于确保法规逐步与欧盟反垄断法和谐统一。联合协议考虑到加入协议之前各方的形象，其法律近似条款更加严格，必须制定与欧盟反垄断法大体一致的

---

① For a translation of the statutes and a detailed analysis of the implementation of these provisions see J. Fingleton, E. Fox, D. Neven and P. Seabright, *Competition Policy and the Transformation of Central Europe* (CEPR, London, 1995), ch. 4 and Appendix 2.

② 有关域外法律适用原则的讨论，请参见第 7 章

③ See (1996) 1 *Commission Competition Newsletter* 38. 这种统一——包括当前和未来的立法——是在欧盟之间建立更紧密联系的主要先决条件。PCA 的第 55 条规定了俄罗斯将努力确保其法律体系逐步向欧盟的法律体系靠拢。

在同盟协议中，法律统一被看作是相关国家融入欧盟的一体化进程的条件。匈牙利“应努力保证未来的法律体系尽量与欧盟的法律体系靠拢”，波兰“应努力保证其未来的法律体系与欧盟的法律体系靠拢”，而捷克、斯洛伐克共和国、罗马尼亚、保加利亚、爱沙尼亚、拉脱维亚、立陶宛和斯洛文尼亚“应努力保证它们的法律体系逐渐与欧盟的法律体系靠拢”。

国家法律。

关于法律近似本质方面的争论喋喋不休。[①] 法律近似条款是保证与欧盟经济关系更加紧密，相关国家的法律在未来不会与欧盟反垄断法发生冲突的先决条件。这其实是要求成员国不经过调整阶段，径直制定与欧盟规则一致的反垄断条例。这种要求已经超出施加给现有欧盟成员国的其他一切责任。就结盟国家而言，欧盟委员会在其1995年关于中欧和东欧国家一体化和内部市场联盟准备的白皮书中，对法律近似给出了狭义的概念，要求结盟国家不仅要与欧盟反垄断法总则保持一致，而且必须符合欧盟现有判例法的要求。

欧盟反垄断法对这些较小的新兴市场经济体来说并非最理想的选择。在相对发达的经济条件下，时常存在压力迫使严格的反垄断政策必须适应快速的经济结构调整。因此，强迫这些国家履行法律近似责任让它们的政府几乎丧失判断力。[②] 相比之下，发达国家通常先制定一个产业政策，然后依据国际化协议对其进行修改。于是，包含法律近似责任便意味着这些国家从一开始就按照国际责任的标准制定它们的政策。需要指出的是，尽管发达国家为了适应迅速的结构调整，不断修改反垄断政策，但是，对这些转型国家来说，不会出现这种情况，它们不会为了履行国际化义务而对反垄断政策进行调整。

如果把加入欧盟作为目标，那么实现目标的关键是规定法律近似的总体水平。这些国家可以通过它们自己的方式有效地保证并保护竞争，因此这种法律近似的规定是一种极为敏感的措施。商业企业赞同这种做法，因为可以减轻它们应付完全不同的反垄断体系的负担。这样在内容和程序上都能获得好处。在这种情况下，以外部责任为基础的空降法律未必会遭到反对。同时，在新的市场经济背景环境下，有必要在国内法律秩序中增加反垄断法方面的内容。相关国家与欧盟建立密切的合作关系，如果是为了发展市场经济，而不是为了将来加入欧盟组织，那么它们更希望采纳与其文化和制度背景相一致的反垄断规则，与空降法律相比，这些规则更容易被使用它们的相关国家所接受。因此，效力比近似原则本身更为重要。效力与近似的问题也许就

① See Fingleton, Fox, Neven and Seabright, *Competition*, p. 55.

② F. Vissi, 'Challenges and Questions around Competition Policy: the Hungarian Experience' (1995) 18 *Fordham International Law Journal* 1230, 1241.

是时间选择的问题。欧盟委员会或许要重新评价法律统一的重要性，允许对欧盟反垄断法作适当的修改并且将其引入转型国家的国内法律体系中。另一方面，转型国家的国内反垄断机构及其政策制定者，必须在其现有的经济需求及与欧盟更加密切的目标之间做出妥协。

总体而言，在协定中包含法律近似的要求可以看成是美国与欧盟为了影响欧洲和俄罗斯而进行的管制竞赛。① 这种近似原则使欧盟企业更轻松地在这些国家运营，并将增进与欧盟的合作。而且，就联合协议而言，它还将促进其与最终成员一体化的进程。尽管如此，与欧盟间的关系看上去是出于欧盟内部议程的动力，而不是出于这些国家自身发展的需要。② 尽管欧盟反垄断法本身并非是最好的模式，但是仍要采纳法律近似的原则。尽管支持法律近似原则的主要原因是对全球化及跨国界的国内反垄断机构的需要做出相同的回应，然而欧盟受到其一体化议程的驱使，仍然坚持与这些国家“一对一”接触，而不是“集体”接触。例如联合协议，在加入联盟之前，就应该强调成员国应该满足哪些条件。结果，人们可以推断：在联合协议方面，俄罗斯与欧盟合作的延缓及俄罗斯加入欧盟的延迟，不是因为欧盟没有能力消费东欧生产的商品，而是因为相关国家经济抵挡不住欧盟企业的竞争。于是，法律近似的规定不仅涉及相关国家的利益，总体而言，还有利于欧盟企业的利益，特别是欧盟内部的企业。此外，法律近似的要求有多种实现形式，反映了相关国家经济发展的不同阶段，同时也反映各方在谈判地位上的不平等。

最新进展

欧盟委员会和 13 个候选国于 2002 年 6 月 16 日至 17 日在立陶宛召开了第八届年会③。大会探讨了许多议题。议题的中心主要围绕候选国在过去 12 个月的时间里在反垄断政策领域所取得的进展，以及如何组织未来的合作。各方还就世界贸易组织和国际竞争网络的发展问题交换意见。④

---

① See L. McGowan and S. Wilks, ‘The First Supranational Policy on the European Union: Competition Policy’ (1995) 28 *European Journal of Political Research* 141, at 144.

② See Kennedy and Webb, ‘Limits’, 1095.

③ 这些国家是保加利亚、塞浦路斯、捷克、爱沙尼亚、匈牙利、拉特维亚、立陶宛、马耳他、波兰、罗马尼亚、斯洛伐克共和国、斯洛文尼亚和土耳其。各种大会研讨会的具体摘要请登录：http://www.europa.eu.int/comm/competition。

④ 见第 9 章中有关这些发展的讨论。

本届大会建立在第六届和第七届年会成功召开的基础之上。第七届年会的主题是欧盟委员会如何评估候选国在反垄断法方面的执法纪录。这一评估后来被证实在帮助如爱沙尼亚、拉脱维亚、立陶宛、斯洛文尼亚等国家与欧盟进行反垄断法条款内容方面的加盟磋商方面是非常有益的。第六届年会则关注反垄断法执法的完整性与有效性。欧盟委员会在会上强调，在相关国家中建立有效的反垄断体系是加盟磋商内容的重中之重。对候选国来说，此届大会标志着与欧盟委员会就欧盟反垄断政策内容磋商的开始，以及完整且有效地实施反垄断规则的重要性。

欧盟委员会和候选国把年会视为反垄断法发展过程中极其重要的盛会。总体而言，大会以政策为导向，重点关注欧盟反垄断法的发展以及如何确保候选国完整且有效地执行反垄断规则。大会明确指出，为了确保加盟的成功，应当适时采用欧盟反垄断法，并且再次确认欧盟委员会和候选国有义务在反垄断法领域加强合作。大会同样有助于欧盟委员会对候选国情况进行评估，尤其有助于那些一直因存在困难而不能完成与欧盟委员会就反垄断法内容进行磋商的国家。大会还是欧盟委员会向候选国传达信息的适当媒介，只有候选国当局和企业在加入欧盟之前已经适应这种竞争规则的情况下，候选国才有可能成为欧盟的一员。欧盟委员会要求每个候选国能够证明已经具备了必要的法律框架、行政管理能力和可信的执法记录。

反垄断政策框架的拓展

欧盟委员会为创建一个超越欧盟和欧洲范围的、更广泛的反垄断政策框架做出实际努力①。欧盟的不同小组一直试图解决这一难题。比如，1994年，一组专家受当时欧盟委员会的反垄断委员卡瑞尔·范·米尔特的委托专门组成“智囊团”，为强化反垄断规则的多边框架并促进该领域的国际合作而提出许多有趣的建议。专家组建议，通过加强多边合作来应对全球竞争。专家组还建议创建一个完善的工具，包括完善的执法结构、共同原则的核心内容，以及“积极礼让”规定等。专家组同样为解决争端提出了建议，用于解决成员国之间在

① See Commission 25th Report on Competition Policy 1995, section V; Commission 28th Report on Competition Policy 1998, pp. 118 - 20.

遵守规则方面的争端。①

除此之外，欧盟委员会一直积极倡导在 WTO、OECD、新成立的国际竞争网络（ICN）和联合国贸易与发展会议的框架下，采用《限制企业行为法案》解决问题。② 欧盟委员会一直以来十分支持该法案，也非常赞同法案中的主要观点。该法案一个有趣的特点与其术语有关，即这些术语看起来与欧盟反垄断法密切相关，比如“支配”和“滥用”等概念。法案强调制度的重要性，以及制度与实质性条款间的互动，而欧盟反垄断体系也是如此。可以明确一点，欧盟反垄断法对该法案的发展具有极其重要的作用。

欧盟委员会努力向国际化方向发展，其中的原因包括全球化水平的提高、技术进步和加入欧盟的需要，以及在反垄断政策范围内建立全球秩序等方面的因素。这些因素将在第 9 章和第 10 章中作进一步考察。然而，值得一提的是，欧盟委员会一直努力做出积极的贡献，包括为引入反垄断政策的国家提供技术支持。人们相信，建立一个不仅具有高效的反垄断法和政策，而且拥有可靠、透明的执法机构的反垄断体系，是一项艰巨的任务。构建这样一个体系与拓展私人部门发展的战略密切相关。当发展中国家和转型国家考虑将反垄断法引入国内法律体系的时候，它们考虑的主要问题通常围绕资源缺乏和专业人士短缺等问题。

多年以来，欧盟委员会一直表示了它们对上述问题的理解。欧盟委员会愿意帮助和支持那些引入反垄断法和政策的国家和地区，并且为它们的重大项目提供资金资助。实际上，其他重要的反垄断机构，如美国和国际组织（如 UNCTD）都采取过与欧盟委员会类似的做法。在过去的 10 年中，欧盟委员会已多次组织反垄断法官们进行培训，这些官员来自有意加入欧盟的候选国家，比如拉丁美洲、中美洲、非洲及中东地区的国家。特别值得一提的是欧盟委员会与东南非共同市场（COMESA）之间的合作项目。该项目旨在发展非洲的区域性反垄断法，增强 COMESA 反垄断机构的执法能力。尽管项目的时间相对较短，但是其意义十分重大。该项目承认反垄断法是欧盟与 COMESA

---

① See ‘Competition Policy in the New Trade Order: Strengthening International Co - operation and Rules’ COM (95) 359, available at: http://www. europa. eu. int.

② 对 WTO、OECD、UNCTAD 和 ICN 的具体检验请参见第 9 章内容。

在贸易领域的合作之一，而且是 COMESA 整个一体化进程和改进福利目标的重要组成部分。预计在将来，该项目的重要性会逐步上升。COMESA 成员国通过该项目具备制定反垄断法的能力。它们不仅可以制定清晰、透明的反垄断法，而且可以拥有高度发达的反垄断专业水平以及高效、可靠的执法机构。

欧盟反垄断法的价值

最后要评论的是欧盟反垄断法在国际上的价值。倘若第三国为了竞争而打算引入或者建立一个总体框架体系，特别是反垄断法的框架体系，那么欧盟反垄断法对第三国来说将是一个非常有用的工具。有作者这样写道：

然而，欧盟竞争法的经验对今天正努力发展市场经济并制定适当法律框架的国家而言同样是政策制定者的宝贵资源。大多数这样的国家拥有竞争法体系，但一般作用不大，可能因为对该体系的动态、成本情况和结果的了解不够。通常，政策制定者面对的情形与欧盟近年来所面对的形势类似，因此欧洲的经验可以帮助它们完成竞争法体系的建立和完善。①

事实上，欧盟反垄断体系的成功经验将影响第三国政策制定者所作的决策。在考虑引入反垄断法或修改现有法律时，可以将欧盟反垄断体系作为参考和指导。在欧盟反垄断法基础上采用反垄断法的国家不断增加。② 正如我们之前所看到的，有些国家已经朝着加入欧盟的方向努力，而另一些国家，无论在地理上还是在其他方面，都与欧盟毫无关系。③ 欧盟反垄断法的重要性、成功经验及影响给欧盟委员会提供了机会。

然而，对欧盟委员会来说，这同样也是一个挑战。有些国家可能不愿意借鉴欧盟反垄断经验的启示和教训。例如，美国一直是这方面的先驱。它们普遍认为欧盟的这些经验几乎没有借鉴作用，因为在十多年前它们的反垄断体系就已经具有 100 年的历史。在一定程度上，

① Gerber, *Competition*, p. 5.
② 见第9章关于“欧盟与美国的法律冲突”的讨论。
③ See the Commission 28th Report on Competition Policy 1998, pp. 116 – 18. See also ch. 9.

欧盟反垄断法的经验具有不稳定性，因为美国已经形成了十分完善的反垄断法和反垄断政策惯例。然而，正如即将看到的一样，欧盟反垄断经验对于反垄断政策国际化具有重要意义。① 事实上，美国具有强大的反垄断体系，但是大部分美国政策制定者不愿意将欧盟的反垄断体系作为反垄断政策国际化的指导。欧盟委员会发现推进反垄断体系向国际化方向发展并不容易。人们怀疑美国和其他若干国家不会把欧盟反垄断体系看作建立全面的国际反垄断体系的成功典范。② 美国反对欧盟提议建立该体系可以说明产生这种怀疑的原因。③ 这种情况导致美国与欧盟在观念上发生冲突，进而对反垄断政策的国际化发展构成障碍。有关这一重要问题将在第9章中进行讨论。

5.5 分析的意义

尽管欧盟反垄断法在某个阶段出现过停滞状态并且产生过分裂和矛盾，④ 然而欧盟的反垄断体系似乎非常成功。该体系的政治意义和影响力与其经济和法律方面的影响同样深远。该体系的成功之处体现在如下几个方面。

欧盟反垄断法和成员国国内反垄断法的关系

各成员国国内反垄断法的协调对欧盟与成员国国内法律的区分在许多方面产生影响。在打破传统的欧盟与成员国间关系的过程中，协调很好地说明了欧盟成员和这种“新的国际法律秩序”是如何影响国家法律秩序的。从成员国不止一次考虑协调的情况可以看出这种影

---

① 见第9章关于“欧盟与美国的法律冲突”的讨论。

② An example is Norway, which has been reluctant to model its antitrust law on that of the EC. See F. Engzelius, ‘The Norwegian Competition Act 1983’ (1996) 17 *European Competition Law Review* 384.

③ See D. Gerber, ‘The US – European Conflict over the Globalisation of Antitrust Law’ (1999) 34 *New England Law Review* 123, 130. Also, pp. 258 – 9 below.

One can also add that the USA does not believe that international antitrust policy should usurp its own. Furthermore the USA seems to be sceptical over how far the EC focuses on competitive impact as opposed to non – economic factors. See further ch. 9.

④ See generally Craig and De Burca, *EU Law*, pp. 13 – 14.

响。成员国似乎并不愿意将其完善的反垄断体系改为欧盟的模式。[①]

协调可能会遇到麻烦。一方面，尽管在文本和程序上完整、统一，欧盟和成员国之间仍然可能出现分歧；另一方面，成员国之间关于欧盟与成员国国内反垄断法的基本政策方面可能发生分歧。如果国家法律具有足够的灵活性，可以调整其国内法律体系来适应欧盟反垄断法的基础，那么分歧所带来的影响可能不严重。同样，如果欧盟和成员国国内反垄断法反映的原则基础大体一致，那么分歧也不会变成难题。然而，统一的直接后果若是欧盟与成员国国内反垄断法之间的关系模糊不清，那么分歧就会变成难题。

协调有利于促使各成员国密切关注欧盟反垄断法的发展动向，进而有可能促进欧盟与各国之间的双向交流。此外，也可以将协调的结果看作欧盟反垄断体系的成功。与此同时，尽管各成员国来源于相同的法律（作为协调的产物），[②] 但是国内法律文化对法律的协调所作的回应各不相同，必将导致各国的反垄断法具有其独特性。[③] 此外，协调最终会更好地区分欧盟与各国之间的法律权力。但是在短期之内，仍然存在司法管辖重叠和法律不确定性等问题。

欧盟委员会在欧盟反垄断法分散化执法过程中发挥了协调作用。欧盟委员会将被动地监视各国制定成员国国内反垄断法的方式。为了保证协调的有效性，欧盟委员会将给各国反垄断机构提供信息沟通的便利条件，这必将提高欧盟反垄断法的重要性。如果出现这些情况，那么欧盟反垄断法对各成员国反垄断法的影响也会促使各成员国密切关注欧盟反垄断法的发展动向。

自愿在国内法律体系中应用欧盟反垄断法标准的做法与中东欧国家的经验形成对比。后者必须以欧盟委员会的法律近似为原则。当然，欧盟范围内的法律协调与欧洲其他范围内的法律近似不能等同看待。下面我们换个角度讨论问题。

---

① A good example is Germany. See P. Norman, ‘Bonn Plans Cartel Law Change’, *Financial Times*, 28 April 1997; S. Held, ‘German Antitrust Law and Policy’ (1992) *Fordham Corporate Law Institute* 311; R. Bechtold, ‘Antitrust Law in the European Community and Germany – an Uncoordinated Co – Existence?’ (1992) *Fordham Corporate Law Institute* 343.

② See J. Jacquemin, ‘The International Dimension of European Competition Policy’ (1993) 31 *Journal of Common Market Studies* 91.

③ The importance of culture has already been spelt out in chs. 3 and 4. See generally Haucher and Moran, *Capitalism*, p. 3.

欧盟与周边国家的协定

应当强调的是，欧盟委员会为扩大欧盟在欧洲的影响不断做出努力。这些努力包括欧盟委员会与其周边国家之间签订了各种不同类型的协定。很明显，这些努力提高了欧盟反垄断体系的重要性。欧盟委员会已经把这些协定（联合协议）与加入欧盟的目标联系起来，[①] 这样一来，欧盟委员会将提高自己和欧盟的谈判地位。协议中规定了法律近似原则，这意味着欧盟反垄断法逐渐被引入不同的法律体系和法律文化中。实际上，这是欧盟反垄断法的成功经验之一。中东欧国家的反垄断法必须适应欧盟反垄断法的事实说明欧盟反垄断法仍将继续为实现一体化而发挥重要作用。因此，欧盟很可能在地理范围进行扩张。与此同时，将45年来对其发展有所贡献的最初的法规和原则基础予以保留。欧盟委员会因而具备了在欧盟和欧洲范围之外推行欧盟反垄断思想的信心和经验。

欧盟反垄断法的国际发展

如上所述，欧盟一直渴望在更高的水平上展示其反垄断经验，主要通过参与多边磋商，以及为国际组织在反垄断政策领域做出贡献。不过，如果与欧盟和成员国之间关系方面以及在欧洲范围内所取得的进展相比，欧盟在这方所取得的成就并不理想。

在欧盟反垄断法的发展历程中，一直有一把“双刃剑”摆在欧盟的面前，即机会与挑战。一方面是机会。欧盟可以让全世界了解这种新型的、强大的和成功的“国际反垄断体系”是如何建立和运作的。[②] 鉴于在欧盟和欧洲层面的成功经验，欧盟有理由为国际反垄断体系规划蓝图。另一方面是挑战。欧盟正在同那些拥有强大反垄断体系的国家进行竞赛。美国是一个最典型的例子，它既不渴望国际组织干预国际反垄断法，也很不希望从欧洲汲取反垄断经验。

---

① See the Commission ' s document on ' The Enlargement Negotiations after Helsinki ' MEMO/00/6, 6 February 2000.

② See Commission 28th Report on Competition Policy 1998, p. 118

作为超国家机构的欧盟委员会

欧盟委员会作为一个超国家机构，促成了欧盟反垄断体系的成功，而且提高了欧盟反垄断体系的影响。实际上，欧盟委员会的地位相当特殊。欧盟委员会是欧盟的一个机构，而且逐渐成为欧盟反垄断体系中的领导者。它已履行承诺，建立起新的法律秩序。然而，欧盟委员会同样是一个国际机构，或者说是一个超国家机构。这是因为，欧盟委员会不仅建立了“新的国际法律秩序”，而且在欧盟内外不断发展欧盟的反垄断体系。可以说，欧盟委员会成为了具有国际反垄断思想的机构。许多评论家鼓励欧盟委员会在国际上扩大欧盟反垄断法的影响。① 早在欧盟发展初期，欧盟委员会一直密切关注欧盟反垄断法和各成员国反垄断法的关系。在欧盟反垄断政策中，欧盟委员会的最初目标是加强整个欧盟反垄断体系的作用。欧盟委员会通过努力已经提升了该体系的重要性和影响力。欧盟委员会的成功在很大程度上主要来自于欧盟其他机构的支持，如法院、议会和国会，② 同样也来自于成员国国内的其他力量，如国家工业部等。欧盟委员会未来的成功，尤其在国际反垄断思想方面的成功，必将继续依赖这些参与者。欧盟委员会的成功还有赖于成员国的支持：成员国在多大程度上寻求与其他国家的合作；成员国国内的政治家和政策制定者在多大程度上重视反垄断政策；成员国国内反垄断机构的官员在多大程度上相信自己能够像布鲁塞尔最高反垄断机构一样战胜限制竞争行为。

5.6 结论

回首过去45年的发展，欧盟反垄断体系显然是成功的。它的成功已经为其现在和未来向更高层次发展做出巨大的贡献。欧盟反垄断体系所取得的进展是个渐进的过程，其结果往往不可预知。对那些寻求建立反垄断体系以及那些支持反垄断政策国际化进程的国家来说，

---

① See J. Friedberg, ‘The Convergence of Law in an Era of Political Integration: the *Wood Pulp and Alcoa Effects Doctrine*’ (1991) *University of Pittsburgh Law Review* 289, 322 -3.

② See Parliament resolution on the Commission 28th Report on Competition Policy 1998, Commission Report: SEC 1999 -743; Bull. 5 -1999, point 1. 2. 48.

欧盟反垄断法的经验至关重要。

欧盟反垄断经验的价值取决于外因和内因。前者包括他国的政策制定者借鉴欧盟反垄断经验的意愿程度；而后者则包括欧盟反垄断体系如何按照加入欧盟的新法规以及欧盟与国家之间的关系逐步取得发展。毫无疑问，这些因素的变化以及变化所带来的力量必将影响欧盟委员会的现在和未来，乃至反垄断政策国际化进程。

第6章

主权

本章考察了国家主权的概念及其对反垄断政策国际化的重要意义。大量文献曾从广义上对主权的概念进行讨论，并对其影响因素进行研究。然而，其中却很少涉及主权与反垄断政策关系这一问题，[①]对主权与反垄断政策国际化关系的研究则更少。

首先，有必要解释一下为什么要在本书中讨论主权问题并将其安排在本章。之所以安排专门的一章来研究主权问题，主要是出于以下考虑：虽然主权不是反垄断政策国际化的根基，但却是重要的理论支

① See N. Averitt and R. Lande, 'Consumer Sovereignty: a United Theory of Antitrust and Consumer Protection Law' (1997) 65 *Antitrust Law Journal* 713; S. Farmer, 'Altering the Balance between Sovereignty and Competition: the Impact of *Seminole Tribe* on the Antitrust State Action Immunity Doctrine' (1997) 23 *Ohio Northern University Law Review* 1403; S. Farmer, 'Balancing State Sovereignty and Competition: an Analysis of the Impact of *Seminole Tribe* [*Seminole Tribe v. Florida*, 116 S. Ct. 114 (1996)] on the Antitrust State Action Immunity Doctrine' (1997) 42 *Villanova Law Review* 111; J. Griffin, 'When Sovereignties May Collide in the Antitrust Area?' (1994) 20 *Canada - United States Law Journal* 91; S. Snell, 'Controlling Restrictive Business Practices in Global Markets: Reflections on the Concepts of Sovereignty, Fairness and Comity' (1997) 33 *Stanford Journal of International Law* 215.

柱之一。我们在本章中将清楚地看到，国际化进程推动了国际反垄断体系的建立。国际化进程中的一个重要问题就是国家需要在多大程度上让渡主权，以及国家愿意在多大程度上让渡主权。鉴于这是一个非常重要的问题，并且我们之前并未充分考虑主权在反垄断政策国际化中发挥的作用，因此我们有必要对主权的概念进行细致的研究。在前面章节已经讨论过欧盟反垄断经验的情况下，安排本章来研究主权问题，可以保证现有的讨论朝着正确的方向、以令人满意的速度进行。欧盟的建立在一定程度上限制了独立国家的主权，这对欧盟的法律特别是欧盟反垄断法有着重要的意义。对主权的研究也引出了与法律域外适用相关的问题。下一章将着重研究法律域外适用问题。因此，在本章研究主权问题，这一安排是合情合理的。

本章的结构安排如下：第 1 节考察了主权的概念框架，包括主权的法律、社会、政治作用等问题。第 2 节概述了在国际公法视角下的主权的定位，分析了主权的取得与丧失等问题，这些问题对反垄断政策国际化来说都是至关重要的。第 3 节和第 4 节分别阐述了主权与反垄断政策国际化的关系及其发展进程。第 5 节为结论。

6.1　主权的概念框架

主权的重新审视

国际公法领域的学者曾经做过这样的解释，即国际公法规定一个国家占有地球表面确定的一部分。在国际公法的限制范围内，该国可以在该部分内对人和物正常行使管辖权，而排除他国的管辖权。当一个国家行使这一权利时，就可以称该国对其领土行使主权（J. Brierly，1963；C. Olmstead，1984）。对主权的起源和历史发展进行全面考察已经超出了本章的范围，本章旨在判断主权是否在当今世界中起到一定作用，以及主权是如何影响反垄断政策国际化的。

近几年来，对国家和国际关系的理解都涉及主权。主权随着现代国家的发展而发展（J. Anderson，1986），它反映了国家和公民社会之间的关系，并且从某种程度上反映了政府和商界的关系（R. Ashley，1988；R. Walker and S. Mendlovitz，1990；F. Halliday，

1987；P. Muchlinski，1995）。但是，主权与其说是一项存在的事实，毋宁说是关于如何或应该如何行使政治力量的一个概念或一项权力（F. Hinsley，1966）。

近几个世纪来，人们围绕主权的含义已经进行了许多解释，这导致了人们对主权的概念更加混淆不清，特别是在与国家利益、国家独立和国家安全有关的方面。其他的一些因素也导致了这种混淆，例如对主权的识别要看国家在某些事件上对本国公民、外国侨民及其他国家施加主观愿望的能力。① 有关这一点我们将在本章以及下一章中进行解释，并在国际公法的框架下特别针对反垄断政策国际化提出一些重要问题。尽管上世纪以来，尤其是近些年来，反垄断政策领域发生了巨大转变，但是混淆不清状态的继续存在仍需要我们对主权的概念和主权的行使进行重新审视。

主权的种类

主权可以分为两类：一类是"实际运行中的主权（operational sovereignty）"，它需要运用最高立法机构的权力；另一类是"国家主权（state sovereignty）"，它是国际关系的组织原则。本章只讨论国家主权。

主权的重要性

主权的重要性为反垄断政策国际化提出了许多难题。一方面，当新的国家出现时，或者从本书的角度看，当新的反垄断体系出现时，主权在当代世界似乎变得更重要了。另一方面，有观点认为全球化进程带来的经济、文化融合，使得主权变得不那么重要了。加速的全球化进程给国家主权的行使带来了新问题（J. Rapsenau，1979）。

主权的作用

从另一方面来看，主权的作用涉及它的社会、政治和法律价值。

---

① 曾有人提出应该从正反两方面来看待主权。从正面来看，主权是一国领土内的法律体系的一部分，也就表示国家当局掌握领土的管辖权，这是至高无上的权力；从反面来看，主权意味着一个不受外部干预的法律和执法系统。See D. Lasok and J. Bridge, *An Introduction to the Law and Institutions of the European Communities* (Butterworths, London, 1982), p. 262.

就前两项而言，主权既是一个保护国家利益免受外国干预和影响的盾牌，也是一种打破法人或自然人的经济势力对个人自由的限制的方法。然而，当我们将主权的法律价值考虑进去时，主权的作用就不那么明显了。要想弄清楚主权是承担了一种法律角色还是仅仅处于法律和政治的交界处上，我们就要明确主权的内容是什么。这就是下面要解决的问题。

从某种意义上来说，以上的讨论表明，就在最近，有关主权的概念的说法开始变得有点似是而非。20世纪70年代，主权的概念曾遭到严重的质疑。政治学者和国际法学家都用各自学科的基础理论对主权的概念发起了强烈的挑战。这一点从一些学者的文献中就可以清楚地看到。他们普遍认为，在那一时期，主权是残留物（J. Camilleri和J. Falk，1992）。尽管如此，主权在世界秩序中仍然是一个至关重要的问题。由此我们可以得出这样的结论：尽管主权的概念已被修正，但它并没有消失。人们相信主权带有一种越来越强的说服力量。事实上，国家的主权意识正在增强。而且，各个国家以及国家联合体已经开始运用主权来抵御外来力量的支配和控制，保护国家自由。从这个角度来看，主权的概念仍然继续对国家政策产生刺激作用（C. Jenks，1969；W. Friedmann，1964）。

主权内容的审视

人们更倾向于从法律原则角度还是从主权角度对国际公法中的许多概念进行讨论，这是不确定的（M. Korowicz，1961）。另外，几乎没有其他概念像主权这样灵活、说法不一并且经常让人感到费解。对这一概念的表述多种多样。不同作者对主权理解的多样化不仅表现在主权的内容、法律含义和其赖以建立的理论基础上，而且表现在与主权特性有关的主题或研究目的上。多样化也是主权的基本内涵之一。这些变化与政治变化几乎同时进行，以至于人们几乎不能判断究竟是政治变化带来了主权的概念的变化，还是主权概念的变化带来了政治变化。基于这些原因，审视主权内容似乎不那么容易。

相关评论

无论上述功能中的哪一个附属于主权的概念，人们都不能从主权的概念中得到、提炼或推断出实质性的规则和原则，无论是大体的还是详细的。凯尔森等知名学者曾经反复强调这并不重要（H. Kelsen, 1966）。人们也可以由此得出结论，相信从主权的概念中能够得出法律规则是一种错觉。从主权的概念中衍生出任何主权国家的权利都是不合理的。主权国家是国际公法的一个主体，并且在国际公法下被授予权利和施加责任，除此之外人们不能从主权的概念中得出其他结论。正如接下来将讨论的那样，这一点构成了反垄断政策国际化框架内主权意义的中心部分。

主权和与之相关的概念框架是现代政治辩论、分析以及政策的重要特点。有一种关于主权的观点认为，国家是这个世界的主要角色、能量的贮藏地和主要的利益目标。其关于国家政策、国家竞争、国家文化以及国家角色与目标的讨论构成了这一观点的核心部分。支持国家的措施提高了国家意识，增加了国家利益，并且代表了国家行动。

6.2 国际公法视角下的主权

在解释主权在反垄断政策国际化问题中所起到的重要作用之前，我们有必要大致地考察一下国际公法视角下主权的范围。本章特别阐述了主权的取得与丧失，因为这是本书的核心问题之一。

国际公法下享有主权的主体

国际公法学家认为主权属于国家。这一点似乎很清楚。根据国际公法的准则，国家拥有主权。[①] 既然只有国家才能享有主权，国际公法中的其他主体，如国际组织、法人和自然人等就都处于从属地位。审视这一准则可以揭示其中的原因。

主权的取得与丧失

为了弄清主权是在何时被放弃或在何时被取得的，我们需要查阅国际公法的相关准则。其内容如下：通常假设主权从权力和权威的意

① 1933年12月26日在蒙特维多签订并于1934年12月26日起生效的《国家权利与义务公约》第1章规定："国家作为国际法人应具备以下要件：（1）常住人口；（2）明确的领土；（3）有效政府；（4）与他国交往的能力。"

义上来看是指一个国家授予权利和施加责任的能力，而且一个国家为了维护主权必须至少保有这种能力的最小部分，这是国家取得或保有主权的方式。就本章而言，下面这个疑问意义更重大：国家为何放弃主权？为了解释这个问题，让我们查看欧盟的案例。

欧盟各成员国承诺遵守无限期法律秩序。[①] 欧共体以及后来的欧盟的众多条约，除了在某些特殊领域之外并没有导致成员国主权的丧失，而仅仅是施加一种限制。[②] 这是否应被看作是主权的丧失是存在争议的。然而，人们可以认为欧盟成员国并没有完全丧失主权，只是存在一些约束，因为各国总是可以退出欧盟，尽管这在政治上似乎不太可能。

在这方面有一个有趣的问题，那就是满足什么需求才可以使成员国放弃本国的主权，将欧盟变成一个主权（联邦制的）国家。当然，这种情况在成员国的个别否决权被剥夺的时候恐怕不会发生。但是，一旦大部分或所有的否决权都被剥夺，甚至建立一个欧盟的中央政府，那么局势就不那么明朗了。按照此情况继续发展，有一天成员国将不再享有国际公法意义上的主权。尽管如此，有一点是非常清楚的：当把建立一个超国家的反垄断体系作为更宽泛的法律秩序的一部分时，成员国并没有丧失主权。这一点显然对反垄断政策国际化有着重要的意义。我们在第 1 章中说明了国际反垄断体系是反垄断政策国际化的核心和最有希望实现的形式，而以上的分析使我们有理由相信，国际反垄断体系的建立不会造成国家主权的丧失，但还是可能会存在一些立法中的限制。

主权相对性

在国际公法下一个广为认可的共识是：主权不是绝对的。国家不享有“无条件主权（unqualified sovereignty）”。这意味着，只要国际大家庭中有一个以上的国家存在，国家就不能拥有绝对的个体行动自由。也就是说，绝对主权将可能与约束所有国家行为的国际公法发生冲突，还可能为国家提供忽视那些条款的约束力的机会。因此，国家享有的主权从这个角度来说不可能是绝对的，否则在用词上将会似是

---

① See Article 312 EC.
② See ch. 5.

而非。从法律角度来看，一个被普遍接受的观点是：主权必须是相对的，即国际公法要对国家施加限制，并且在那些限制下，国家的权利和自由都是相对的（H. Kelsen，1944）。

相对主权意味着国家被囊括在一个“关系网络”中，它必然会对国家意愿施加限制（C. de Visscher，1953）。当然，无论是朝着扩大还是缩小的方向，这种限制总会不时地随着国际公法的发展而发生改变。从这一点来说，有人认为主权国家作为国际公法的主体的一个重要特征就是它直接从属于国际公法，因而也没有其他超国家的中间的法律管辖国家。[①]

因此，为了判断一个国家是否在国际公法下享有主权，又因此受制于它，我们必须探求法律是否具备直接管辖国家的特性，也就是说，该法在本质上是否是国际性的。将国际公法定义为对主权国家施加限制的法律并无意义。这一点可以通过欧盟和美国的比较来说明。在欧盟内部，成员国被认为直接从属于国际公法，而美国各州则被认为直接从属于国家法，也就是美国法律。如果主权国家间订立的协定或条约是基于这样的条件，即一方或几方将要放弃一些权力，而这些权力在国际公法下被认为对主权来说是必要的，那么这一协定或条约至少在那一方将不再属于国家公法了。美国联邦中的州在国际公法的意义上来说丧失了主权，而欧盟成员国却没有。

纵向关系

国际公法和国内法之间的关系与国家间的关系不同，国家维护主权没有最小能力的限制。从这个意义上来说，主权的概念就毫无用处了。正如本章前面所提到的，国际公法虽然从某种程度上限制了国家的自由，但并没有达到消灭主权的程度。可以消灭主权的这一程度也并不存在。国际法可能限制了国家的自由；也可能限制了国家的能力，使国家仅保有微小的执行行政作用的能力。国际公法甚至暗含了这样的意思，即许多国家共同消失从而创造出一个新的世界国家。显然，在这种情况下，单个的主权国家已经不复存在，主权也就随之丧

① 很明显这一观点是有争议的，尤其在欧盟的例子中。欧盟成员国尽管受制于国际法，但也受制于欧盟内部建立的相关条约。但是，也有观点认为尽管有欧盟的存在，欧盟成员国仍然受制于国际法。

失了。

所以，主权可能被某一国家、一系列国家或其他所有国家放弃，但这种情况不会发生在整个国际公法范围内。主权的丧失是横向的而不是纵向的。这不是说国际协定总是同时向国家授予权利并施加责任，不是说一个国家通过与他国签订协议而放弃主权是符合国际公法的，也不是说惯例法——特别是从性质上来讲——不能起到类似作用，而是说以牺牲国家法律系统（本国反垄断体系）为代价可以使国际法系统（国际反垄断体系）扩大它的管辖权，而且这完全属于国际公法与国家法的关系范畴之内。换句话说，国家不会丧失主权，除非大量国家消失而一个新的世界国家被建立起来。

主权的实质

这一看似清楚的结论还有更深层次的含义。在国际公法下，主权不是由其实质决定的。主权的实质不能作为主权的标准可以用下面的内容予以解释。如上文所述，有观点认为国际法系统可能在不侵犯国家主权的情况下破坏国家系统。国际公法通过规定和限制国家的自由将国际公法自身缩小到国内的范围，那么就不存在国际公法不能控制的领域了。这必然导致有人认为国际公法是一个不断发展的灵活的法律系统。如果存在主权的实质，那么它也会随之发生改变。主权的实质不可能是静止的。为了明确主权的实质，我们必须首先分析国际公法的原则。确定主权的边界是国际公法在一国范围内起到的全部作用。国际公法下的主权总是在不断变化和发展着的。主权的实质也是在不断变化着的，而不应被看成是固定的和绝对的。知道和了解这一结论非常重要。

由此，主权的概念与落入本国范围内而不受国际公法约束的内容密切关联。主权关系到一个国家独立控制本国事务的能力。更确切地说，为了符合国际公法，一个国家必须有能力在不受他国法律机构干预的情况下独立处理本国范围内（而不是国际范围内）的事务，也就是行使主权。本国范围仅由国际公法和国内法在某一特定时期的关系决定，而这一时期并不确定。例如，人们可以说在某一特定时期一个国家缺少主权，但重要的是，既然主权的实质是变化着的，那么国际法中就不会有关于主权的条款是源自实质的，也就是说，不会有条款规定国家为了享有主权必须能够独立处理某些事务。所有这类条款都只能预示着主权的实质只涉及本国范围内的问题。

6.3 主权与反垄断政策国际化

主权关系的衔接点

主权的概念对成员国国内反垄断体系的建立、操作和执行都有深远影响。在某种程度上，该表述背后的真相不难被推断出来。保护竞争的想法在许多方面与国家利益以及政策制定紧密相连，这些都是与主权相关的问题。通过考察主权的不同维度可以弄清这些影响。

主权的两个维度

主权是一个二维的概念。若要了解主权与反垄断政策国际化的机构，我们需要分别对每个维度进行全面考察。

第一个维度：国家视角下的主权

从国家的视角来看，主权与本书主题密切相关主要有两点原因。第一点原因，是某些国家认为反垄断政策国际化意味着建立自治国际体系，它必然对国家主权造成影响，仅仅查看美国的例子就可以发现这一点（J. Griffin，1999）。第二点原因，也是我们将在下一章讨论的，是一国国内反垄断法的域外适用必然会对他国的主权造成影响。在外交抗议中最常被提及的就是美国等一些国家对反垄断政策的域外管辖权的行使。在反垄断政策的跨国执行方面，提出外交抗议的国家认为，某些国家对外国企业行使管辖权侵犯了他国的主权。例如，在美国对瑞士制表业的反垄断诉讼中，瑞士政府就曾提出美国对反垄断法的域外适用侵犯了瑞士的主权，破坏了国际法，影响了美国的国际关系。① 这使我们有必要考察主权和国家视角下的主权在反垄断政策国际化中的地位。

第二个维度：国际视角下的主权

在概括了主权的国家维度之后，接下来让我们考察主权的国际维

① See *United States v. Watchmaking of Switzerland Information Centre*, *Inc.* 133 F. Supp. 40 (SDNY 1955).

度。主权在国际反垄断体系建立后面临一些限制。我们知道，反垄断政策国际化推动了自治国际体系的建立；我们还可以推断，反垄断政策国际化将使个别国家的主权受到某种程度的限制。在上一章中以欧盟为例说明个别国家主权受限制的相关分析支持了这一推断。从欧盟已经建立的“新的国际法秩序”可以清楚地看到这一点。[①] 接下来的一章我们将把范围扩展到国家对反垄断政策的跨国执行能力上。其内容将包括个别国家减少对域外管辖权的行使可以被间接地看作是对这些国家主权的某种限制。有观点认为是主权问题引出反垄断政策领域的域外管辖权的行使问题。我们很容易就能设想出这样一种情况：某些国家声称它们在反垄断领域行使域外管辖权可能是出于保护自身利益和权利的需要。这些利益和权利常常被认为是对国家主权的保护。所以，正确的判断应该是：这些限制不必被看作是很严重的或者是不利的，它仅仅是伴随国际反垄断体系的建立和执行（或二者之一）而自然产生的。

国际反垄断体系的发展

关于主权和国际反垄断体系，首先要说的是我们不能期望国际反垄断体系像美国宪法、欧共体或欧盟条约一样影响深远。因此，认为国际反垄断体系的建立将百分之百地引发主权的丧失或取得是夸张的。换句话说，在这一系统下，国家将完全丧失主权或新建的自治组织将享有完全主权都是不可能的。不过，正如上文所分析的那样，对国家主权实施部分限制还是有可能的。

现有的国际反垄断体系

国际反垄断体系内的自治机构具有约束各个国家的能力。认为它的存在与该系统中缔约国的主权不相容是对主权概念的错误认识。缔约国的行动自由在该系统下不会比在欧盟等其他组织内部受到更多的限制。该体系与欧盟或其他国际体系的不同仅仅是量的不同而不是质的不同，因为无论在国家法律、地区法律还是国际法律下，国家都不会享有无限的行动自由。

国际反垄断体系作为有约束力的国际体系，与其他国际体系的不

---

① See ch. 5.

同仅仅表现在集中度上。集中这一特点并不必然造成国家主权的丧失或国家被剥夺了在国际社会独立行动的法律权利。无论是国际反垄断体系下的自治机构的存在限制了缔约国的行动自由，还是该体系比其他国际体系更集中，都不能证明国际反垄断体系的存在与国际公法或国家主权是相互冲突的。国际反垄断体系是否比欧盟拥有更高的集中度是值得怀疑的，但是在欧盟的案例中我们很难断言存在主权的完全丧失。

权力的转移

国际反垄断体系的建立将使体系内发生从国家层面到国际层面的自下而上的权力转移。当然，如果只有一些国家而不是所有国家承诺这种权力的转移，那么将会产生一些问题。例如，该体系若无法达到一定程度的国际化，整个体系存在的意义就会受到质疑。这个问题将在第 9 章中进行讨论。

本章关注的是权力转移本身而不是它的结果。此处特别考察了拥有主权是否意味着拥有最小权力，即国家在将权力转移给反垄断的国际体系的自治机构后，其主权是否会受到影响。国际公法下的主权意味着一国的法律机构或司法权力仅受国际公法的约束，所以我们可以得出这样的结论：反垄断国际体系的建立将使权力从国家层面转移到国际层面，但这并不必然等于侵犯了国家的主权。

但是，如果过分强调某一由缔约国建立的法律规则的重要性，那么国际反垄断体系的建立将会出现问题。如果这个法律规则是一个条约，那么它将是国际法。这就意味着，签订这个条约的各方仅仅从属于国际公法，也就是说它们拥有主权。与这一情况不大相同的是一个联邦国家的宪法是通过国际条约形式制定的。这里的国内法就源于国际公法。当把条约和宪法——国际公法和国内法——严格区分开的时候，仅仅在量上而不是质上丧失主权的观点就得到了支持。也就是说，在条约约束下，国家的行动自由或多或少受到限制，但是主权没有丧失。

但是，在这一点上可能有过分拘泥于形式的危险。如果国家甲通过与国家乙建立一个框架协议而把国家甲的反垄断立法权转移给国家乙，那么从国家甲的角度看，这个代表最高法律秩序的框架协议并非双方的条约，而是国家乙的本国反垄断体系。从国家乙的角度看，与国家甲相比，它拥有完全的行动自由，因此新的框架协议已经被纳入国家乙的权利范围之内。这样就不会存在真正意义上的（表示国家间的协定的）反垄断国际体系了，因为这一体系将导致国家甲在国际社会中的消失。所以，对不同的反垄断体系进行区分是很重要的。这一点已经在本书前面的分析中进行了解释。真正的国际反垄断体系首先应包括两个以上的不同国家，其次应该不存在权力从一国转移到他国的情况。

因此，当体系内的法律带有国内法的性质时，由于体系内的法律集中度太高，国家可能在质上丧失主权。建立联邦制国家所订立的条约就属这类情况。在上面的例子中，关于国家甲在国际法中的地位问题，我们可以说两国签订的协定是国际的，但仅仅是由于此协定是一个双边国际协定，而不是由于它的结构。因而结论是：国家为了成为国际公法的主体必须在特定的领土内拥有主权，这就需要它们满足最小权力的限制。但是，国家必须在与其他国家对应的横向层面上拥有权力，而不是在与国际公法相对应的纵向层面上拥有权力。

6.4 主权的发展进程

要理解主权的概念、定位及其与反垄断政策国际化的关系，首先需要从主权的概念框架和主权在现代政治实践中的具体表现两方面来考察。上文的讨论已经涉及了这些基本问题，并概括地解释了在近几个世纪中主权作为将政治力量和相应的领土范围结合在一起的特殊形式是如何演化的。

国家的主要作用

主权理论意味着在特定领土边界内行使最高权力。是谁行使这个权力可能并不十分明确，但通常的观点认为是主权国家。在此基础上，民族、国家和国家权力被认为共同组成了“民族国家（nation - state)”。在一国的边界内，国家拥有至高无上的权力，并且不承认其他更高的权力当局。国界以外是其他主权国家。国家由特定的领土、偏好、文化、利益和政治等因素共同构成。与领土相关的是领土内居住的人口，包括运营的企业和承认自己是国家成员的其他人。

主权的演变

您可能理所当然地得出这样的结论：无论是用来解释世界是怎样的，还是用来解释世界是如何变迁和将要如何发展的，主权都是存在局限的。我们有必要对进行中的全球化进程进行考察。世界正在同时经历着权力的逐渐集中和逐渐分散两个发展过程，这虽然看似自相矛盾，但确是事实。

其他参与者的作用

还有一点看似矛盾：虽然国家的活动范围正在逐渐扩大，但是它们的作用却越来越被集中到一个核心目标上，即为本国企业在国际市场上的竞争创造有利的环境。这样的目标就使得国家绝不是唯一的主角。国际组织（如经济合作与发展组织（OECD））和地区组织（如欧盟）在研究和制定反垄断法律与政策以及其他法律与政策等方面都起到了越来越复杂、越来越重要的作用。

在这种环境下，对主权的探讨可能忽略了一些原本密切相关的问题。比如，人们在多大程度上期望或相信国家能够使技术变革满足社会和国家的需要；在技术发展一部分来源于国内、一部分源于国外的情况下，国家能够在多大程度上保有主权；国家能够在多大程度上设定自己的日程；根据国家的独立性水平，这些又在多大程度上是可信的。

如今的世界正经历着持续不断的飞速转变，主要表现在政府、企业、联合体和其他类似的利益团体上。新的挑战也随之产生，例如如何规制各方关系，是否应该把国家当作主要的行为主体等。这些问题的答案并不显而易见，但有一点是清楚的，那就是有关主权的观点要求必须对经济和技术变革的重要性加以重视。但是变革的影响远远超过了这些因素。

国际舞台上的企业势力

本节并不着重研究主权国家与企业之间的关系，因为这一问题将在以后的章节中全面研究。[①] 本节仅仅研究二者关系中与本章内容有关的部分。[②]

国家和企业是完全对立的。国家的目标是保护公共利益，以至于在很长一段时间内，国家都被看作是在构建社会时进行公共参与和控制的唯一工具。相反地，企业则是为了追求自身利益而存在的。20世纪的发展历程说明了跨国公司（MNEs）的发展与政府对经济活动的管制（包括对境外跨国公司的管制）是相一致的。[③]

这些年来，政治经济学的理论和实践在下面这个问题上没有太大的分歧，那就是如果一个公司被认为限制了个体自由（例如存在剥削消费者的行为），国家可以对其进行干涉以防止这种情况的发生。换句话说，随着国家集团的发展和扩张，国家的主权力量也在发展和扩张，并将继续管制这些国家集团。有的学者以此来声称国家和市场之间存在着冲突。一些学者曾经认为，附属于国家的应该是领土、忠诚、排他性和合法使用强制手段的垄断权，而与市场相关的是功能联合、概念关系以及逐渐增加的与消费者之间的相互依赖关系。[④] 根据此观点，当今指导人类关系的不同方式和不同方式之间的紧张关系对现代历史进程发挥着重要影响，并且成为政治经济研究的一项关键问题（R. Gilpin，1987）。

然而，随着企业经济活动的逐渐国际化，关系的表述也在改变。有人认为，在过去30年里，主权正前所未有地从国家转移到跨国公司。主权并没有成为国际或超国家的聚集政治特性的蓄水池，而是退化成为隐形的聚集政治上不可抗拒的企业势力的系统（L. Eden 和 E. Potter，1993）。这种发展似乎已经使企业进入国际运作阶段从而躲避或绕开国家法律的控制。随着全球化进程的加速，这些企业可以

---

① See ch. 9.

② A useful discussion of these issues, especially with regard to the previous and contemporary positions, can be found in Muchlinski, *Multinational*, ch. 1.

③ For an account on the definition of the term 'MNEs' see Muchlinski, *Multinational*, pp. 12 – 15. See also the work of other scholars, who have argued that the fact that the activities of MNEs can be regulated and the fact that this may place them in a weak position promotes rather than excludes adopting a co – operative approach when examining the relationship between countries and MNEs. See J. Stopford and S. Strange, *Rival States*, *Rival Firms* (Cambridge University Press, Cambridge, 1991).

④ 参见 J. Jackon 关于市场以及市场与国家关系的有趣观点。值得特别注意的是，"市场可以是非常有利可图的，即使无利可图时也会引起需求反应，如果这也没有，那么麻烦就大了"。See J. Jackson, *The Jurisprudence of GATT and the WTO* (Cambridge University Press, Cambridge, 2000), p. 6.

轻松地在短时间内从国外雇用到新的员工和管理人员。一些评论家的观点很有说服力：当一个企业把工厂建在马来西亚，把 IT 项目的开发放在印度，而行政人员则来自世界各地，那么称其为美国企业还是德国企业已经完全没有意义了（R. Weintraub，1999）。这种情况可能意味着企业会选择在反垄断法管辖较为松散的地区经营。因此，企业将可以避开那些反垄断法管辖较为严格的地区。

国际政治经济学试图解释国际政治和经济的关系，以及它们是如何影响全球的生产、交换和分配的。国际政治经济学认为国家是全球系统的主要行为人和国际政治秩序的组织者。国家被认为是市场的替代物，而市场反过来被看成是经济关系的组织者。正如前面的讨论中提到的，针对“国家”和“市场”的这种对立关系应作特别强调。

然而，对国家和市场的概念还是存在一些错误认识。因为市场是一种结构，不是行为人，所以我们不应该把它与国家相对应。更适合与国家相对应的应该是跨国公司，它是非国家形式的主宰国内市场和国际市场的主要行为人。

国家对企业势力的控制使国家可以利用企业势力达到许多目的和实现国家利益，特别是扩大本国反垄断法的管辖权，使它超越领土的限制。正如下一章将要说明的，美国行使了域外管辖权（R. Vernon，1971，1981）。

6.5 结论

本章讨论了主权的概念、如今的政治分析是如何解释主权的、主权与反垄断政策国际化的关系，以及主权与国际化进程之间的相互影响。

关于主权问题的探讨是很有意义的。世界上许多争议问题的产生、仲裁和解决都涉及主权。虽然大量的文献都对主权进行了研究，其中包括主权与国际公法的关系以及主权国家与国家联合体之间的关系，但是，与主权的重要性相比，主权的基础性和有效性都没有得到足够的重视。主权还可以用来解释当今世界各国是如何行使权力的以及变革是如何产生的等问题，主权的这些作用十分突出并需要得到及时的关注。本章的目的就是挖掘这些问题并试图寻找答案。

包括建立一个国际反垄断体系在内的各种反垄断政策国际化的途径都不能阻止一个国家自身的反垄断体系与之并存。但是，国际反垄断体系为了达到共同的目标似乎会推翻原有的主权架构。如果国家在主权方面仍然存在担心，那么这些担心可以通过建立一个附属原则来解决。国家可以在这一原则下继续行使特定权力，这些权力由国家自身行使的效果优于由体系内的自治机构行使的效果。①

① See, for example, Article 5 EC which contains the principle of subsidiarity under EC law. Some discussion on the issue can be found in ch. 5. See further J. Trachtman, 'L' Etat, c' est nous: Sovereignty, Economic Integration and Subsidiarity' (1992) 33 *Harvard International Law Journal* 459, 460.

第 7 章

法律域外适用

本章考察反垄断政策的域外适用以及过去数年来由此引发的诸多难题。前文讨论中已经不止一次提及若干国家的反垄断法目前已经增加了域外适用条款。基于此，也就不难理解为什么说反垄断法的域外适用问题对于反垄断政策国际化进程至关重要了。本章内容安排是：第 1 节从国际公法视角考察管辖权问题。第 2 节讨论与法律域外适用相关的若干基本问题。本节要说明的是，法律域外适用方面的难题不仅仅表现为国家冲突，而且还表现为难以找到令人满意的界定方法。第 3 节探讨欧盟和美国在该领域取得的进展。第 4 节考察依赖法律域外适用的国家从其他国家得到的回应。第 5 节是针对法律域外适用问题的反思，主要考察司法部门在实施反垄断政策的域外适用中扮演的角色等问题。第 6 节考察并提出若干关于如何避免或减少法律域外适用引发的冲突的建议。第 7 节是本章的总结。

7.1 管辖权问题

传统国际法原则

上述讨论中可以看到，主权的一个基本特征是，一个国家拥有在其领土范围内针对所有人制定具有约束力的法律的权力和实施管辖的权力。[①] 该基本特征源自国际公法的一个重要原则，即属地原则（principle of territoriality）。[②] 基于这一原则，一国能够在其领土范围内颁布和实施法律。如果一个国家寻求对其边界以外的行为实施管辖，就可能侵犯其他国家的主权。侵犯他国主权的行为违反了国际公法的原则。不过，随着国际公法的发展，不可避免地出现该原则的例外情况。因此，国际公法中已经引入若干例外，允许一国拥有超越其边界的权力。[③] 其中，第一种例外为国籍管辖原则（nationality principle），该原则允许一国对居住境外的本国国民拥有管辖权。[④] 第二种例外为保护性管辖原则（protective principle of jurisdiction），允许一国对发生在境外危害到该国政治独立和领土完整等国家安全的行为实施管辖。第三种例外为被动的属人管辖原则（passive personality principle），即

① 一国颁布和实施法律的权力主要依赖两个条件。第一个条件是事项管辖权（subject－matter jurisdiction），亦称立法管辖（legislative or prescriptive jurisdiction.）。依据该管辖权，一国有权颁布法律，是指该国"有权通过其立法、执法和司法机构制定一般的或特别的规则"。第二个条件是执行管辖（enforcement jurisdiction），即一国执行其法律的能力，是一国权力机关通过具体措施使上述一般的或特别的规则发挥效力的能力，这些措施甚至包括威胁等。See Opinion of Advocate General Darmon in Case 114/85, *A. Ahlström Osukeyhtiö* v. *Commission*（*Wooapulp*）［1988］ECR 5139；［1988］4 CMLR 901, p. 923.

② See P. Brown, 'The Codification of International Law'（1935）29 *American Journal of International Law* 25；I. Brownlie, *Principles of Public International Low*（Oxford University Press, Oxford, 1998）；R. Jennings and A. Watts（eds.）, *Oppenheim's International Law*（Longman, London, 1996）, vol. I, pp. 456－88；F. Mann, 'The Doctrine of Jurisdiction in International Law'（1964）111 *Recueil des Cours* 9；M. Akehurst 'Jurisdiction in International Law'（1972－3）46 *British Yearbook of International Law* 145；D. Rosenthal and W. Knighton, *National Laws and International Commerce: the Problem of Extraterritoriality*（Routledge, London, 1982）；A. Lowe, *Extraterritorial Jurisdiction: an Annotated Collection of Legal Materials*（Grotius, Cambridge, 1983）；C. Olmstead, *Extraterritorial Application of the Laws and Responses Thereto*（Oxford University Press, Oxford, 1984）；B. Hawk, *United States, Common Market and International Antitrust*（Prentice-Hall Law and Business, New York, 1993）.

③ See P. Muchlinski, *Multinational Enterprises and the Law*（Blackwell, Oxford, 1995）, pp. 124－6 for a discussion on these exceptions, apart from the passive personality principle, in relation to the regulation of multinational enterprises.

④ Under customary international law, a country is able to enforce its laws against its nationals, even when these laws have some effects beyond national borders. *See France v. Turkey*（'S. S. Lotus'）（1927）PCIJ 9, 19；*Denmark* v. *Germany*（North Sea Continental Shelf）（1968）ICJ 3, 44－5.

当发生在境外的行为危害到身居国外的国民时，该国可以主张管辖权。第四种例外为客观属地原则（objective territoriality principle），即当发生在一国边界以外的行为在本国领土范围内终止的情形。①

然而，在上述属地原则及其他例外情况之外，一国如果对其领土之外发生的事件寻求实施管辖，特别是涉及外国人的场合，其合法性将受到质疑。在这种情况下，如果其他国家也同样寻求实施管辖，就会发生国家冲突。不过，一般说来，如果一国并不尝试对发生在其他国家领土以内的行为行使管辖权，而只是主张对身居其他国家领土以内的人的管辖权，一般不会引发国家冲突或者违反国际公法原则。但是，如果一国设法行使管辖权，则国家冲突和违反国际公法的行为将不可避免。②

在经济法领域的适用性

上述国际公法原则最初是针对实物转移行为制订的（例如，A国的某个人把毒药从A国寄送至B国，后来被B国的某个人吃掉而致死），而不是针对经济行为制订的（例如企业之间签订的协议）。上述国际公法原则在经济法领域是否适用的问题在相当一段时间里成为一个难题。上述国际公法原则似乎不足以适用于经济行为，因为这些原则本身一直与实物转移行为相关联。因此，人们无法肯定一国是否应该对发生在其边界之外、但在其领土之内产生经济效果的行为主张管辖权。

"效果"原则

为了解决这一难题，人们开始把发生在一国领土范围内、但在另一国终止的具有危害性效果的行为与实物转移行为等同看待，不过这种观念转移只是在某些国家的法学界得到承认，而未得到国际公法的认可（D. Gerber，1983）。迫于解决经济问题的现实需要，一些国家扩展了管辖权概念。结果是，这些国家频繁地应用"效果"原则，使"效果"原则成为反垄断政策的域外适用原则的基础。

美国是率先启用"效果"原则的国家之一（D. Stroock、L.

① 国际法学界律师常常例举一个人寄送毒药从一另到另一国的情况加以说明。

② See Rosenthal and Knighton, *National*.

Stroock 和 S. Lavan, 1994),[1] 但是美国曾一度认为反垄断法不适用于发生在美国以外的行为。[2] 在美国诉 Sisal Sales Corporation 案中,联邦最高法院裁定反垄断法对发生在美国边境以内和边境以外的行为均享有管辖权。[3] 20 年后在著名的美国诉美国铝业公司(Alcoa)案中,勒尼德·汉德(Learned Hand)大法官提出了这样的观点:美国可以对美国领土以外在外国公司之间签订的卡特尔协议主张管辖权,在该卡特尔协议中美国企业不是其中的成员。勒尼德·汉德大法官的观点是:

> 一个公认的原则是任何国家,即使针对的是非本国的臣民,也有权对那些发生在其边境以外、但在本国边境以内产生损害本国利益的行为施加处罚,而这些处罚措施一般也会得到其他国家的认可。[4]

汉德大法官的观点是,此类卡特尔协议的发生地在国内或国外并没有分别,这是因为卡特尔组织成员即使是外国人,本国仍然会惩罚对经济产生损害效果的行为。[5]

述评

一国能否以效果原则为由主张域外管辖权呢?在此有必要对这一问题加以分析。若干因素可能成为主张域外管辖权的依据。属地原则显然不足以在经济关系方面保护一国的合法利益(D. Turner, 1985)。在反垄断政策领域主张事项管辖权的国家旨在保护其国内市场竞争秩序,而且依据意思自治原则属于正当的权利要求。在国家间相互依赖性日益增强、国际贸易在增加国民福利中的地位日显重要的背景下,效果原则的合理性极易令人接受。在经济法领域适用国际法的属地原则,例如在反垄断政策方面,就可能允许强大的企业规避一切国内管制(D. Gerber, 2000)。[6] 不难想象,如果严格适用属地原

---

① 域外适用原则的来源问题可以从考察若干美国反垄断法中得到解释。参见 1890 年《谢尔曼法》(Sherman Act)、1914 年《克莱顿法》(Clayton Act)、1914 年《联邦贸易委员会法》(Federal Trade Commission Act)、1936 年《罗宾逊—帕特曼法》(Robinson-Patman Act)、1976 年《哈特—斯科特—罗迪诺反垄断改进法》(Hart-Scott-Rodino Antitrust Improvement Act)和 1994 年《威尔逊关税法》(Wilson Tariff Act)。

② See *American Banana Co.* v. *United Fruits Co.* 213 US 347 (1909) in which the Supreme Court held that the Sherman Act did not apply to activities outside the USA.

③ 274 US 268(1927)。

④ 148 F 2d 416 (2nd Cir. ,1945),444.

⑤ 148 F 2d 416(2nd Cir. ,1945),443.

⑥ See ch. 1.

则，则各国就会成为一些企业用以逃避反垄断法规的避风港。消费者利益和企业的竞争环境因此就会遭受损害；某些企业也会因为违法行为发生在“域外”而不受监督地从事任何损害经济利益的行为（T. Dunfee 和 A. Friedman，1984）。

根据国际公法原则，一国主张管辖权需要满足其领土与在域外发生的行为之间存在足够紧密或合理的联系这一条件（F. Mann，1964）。如果不能满足最低限度联系的要求，该国就不能主张管辖权。因为在反垄断法领域，只有当存在直接的、实质性的和可以预见的反竞争效果时，才可能主张管辖权，所以说效果原则满足合理的联系这一要求。因为国际法领域不存在关于直接的、实质性的和可以预见的效果的界定标准，所以各国不可避免地适用各自的关于最低限度合理联系的标准。此外，虽然对外国企业的诉讼引发了国家之间关于法律域外适用的冲突——特别是在美国的案例中——许多案件也涉及国内企业。

基于上述考虑，效果原则可以被认为是“在某些情况下”针对发生在国外、但对国内市场产生负面影响的行为主张域外管辖权的一个合法理由。这里应强调在某些情况下主张域外管辖权。例如，如果主张域外管辖权的国家未能考虑其他主权国家的合法权益，那么我们就没有理由不质疑效果原则的合法性。各国尊重其他主权国家的合法权益的最有效途径，就是坚持国际公法原则。因此，虽然效果原则构成主张域外管辖权的合法基础，但该项权力主张并非绝对无限制；也就是说，须满足国际法规定的某些条件。这些条件必须在提出权力主张时得到满足（R. Alfred，1992）。要想减少或消除国家之间因为法律域外适用而引发的冲突，就更应尊重上述原则。

7.2 若干基本问题

概念界定问题

是否可以找到关于“法律域外适用”这一概念的界定方法呢？考虑到这一问题在相关文献中鲜有讨论，就更应该对法律域外适用概念进行界定。法律域外适用概念缺乏界定方法的原因源于很难找到令人满意和广为接受的界定方法这一事实。或许最好的界定方法只能是这样：一国的反垄断法适用于某一具体涉及“国外因素”的案件；但是何为“国外因素”是个难以界定的概念，特别是在经济法领域。基于此，有观点建议，与其刻意找到一种界定方法，不如关注辨识反垄断法域外适用的各种情况。因此，所有能够辨识的情况均是反垄断法域外适用的实例。例如，一国在境外全部或部分履行的行为、全部或部分签署的合同等。但“境外”一词也是个难以界定的概念。例如，何时才算境外的行为呢？或者说，怎样确定属于他国领土以内的情况呢？

在探讨反垄断政策的域外适用问题时，至少存在三种情况：一是B国的司法和反垄断机构在B国领土范围内适用A国的反垄断法；二是A国的司法和反垄断机构在B国适用A国的反垄断法；三是A国的司法和反垄断机构在本国适用本国的反垄断法，但出于某种原因对B国的企业产生影响。

这里我们探讨的情形是一国的国内反垄断法在哪里适用于外国企业在境外发生的行为和活动。这里需要特别强调的是，一国控制本国企业活动的能力不同于在相同情况下对外国企业活动的控制。前一种情况是符合国际公法原则的合法行为，而后一种情况似乎并未得到国际公法原则同等程度的认可，于是就产生了我们这里讨论的管辖权问题。管辖权冲突已成为国际公法领域最重要和十分棘手的问题之一（A. Lowe，1985）。

法律域外适用与反垄断政策国际化

在反垄断法的域外适用问题和反垄断政策国际化问题之间存在着

紧密的联系。虽然不能断言，但有理由说国内反垄断法的域外适用减少了一国通过“双边”或“多边”途径寻求反垄断政策国际化的激励。如果一国能够依赖本国反垄断法独立地控制该国境外的活动，则该国就不会特别积极地寻求在国际层面与其他国家合作，除非这样做能够为该国带来更多利益（D. Gerber，2000）。① 此外，频繁的诉诸域外适用原则会增加国家冲突，特别是考虑到正在有越来越多的国家建立反垄断体系。② 因此，一国反垄断法的域外适用未必能得到其他国家的接受。通常，我们见到的情况恰恰相反。过去的反垄断法实践表明，许多国家均不赞同反垄断政策的域外适用。③ 如果一国出于保护国家主权动机寻求本国反垄断法的域外适用，则其他国家视之为干涉内政和侵犯领土完整行为并提出抗议，而这些国家的抗议也并非是不可接受的。④ 一国一贯主张反垄断法的域外适用的结果将是反垄断法的帝国主义，即强大的国家把自己的标准强加给其他国家。⑤

我们考察反垄断法域外适用问题的目的是为接下来讨论司法部门在反垄断政策国际化及最终探讨的国际反垄断体系方面的作用作铺垫。⑥ 因此，不能忽视司法部门在国际层面促进反垄断政策、标准走向协调一致的作用。不过目前的情况是，各国反垄断机构寻求国内反垄断法的域外适用，而且有些国家的司法机构承认其他国家的域外管辖权主张，这些行为违背了国际公法原则。⑦ 反垄断法的域外适用问题无论从理论上还是从实践上考虑，都是个超越国内层面而更需要从国际层面入手解决的问题。因此可以说，在反垄断法的域外适用问题与反垄断政策国际化问题之间存在着紧密的联系。不过我们这里得出的初步结论是，继续坚持域外适用原则的做法实际上是与探讨切实可

---

① 回顾美国20世纪30年代和50年代反垄断法的实践，我们就能够看到这种现象。在本书第9章中，我们看到美国虽然表示赞同合作方式，但在当时对那些积极寻求反垄断政策国际化的国家施加很大压力。

② See ch. 1.

③ 参见本章后面的内容，“其他国家对法律域外适用的回应”。

④ Holmes 法官在美国香蕉案（*American Banana*）的裁决中写道（第356页）：判断某一行为合法与否的依据应该完全视行为发生地国家的法律，否则主张管辖权的行为显失公正，并构成对他国主权的干涉，其他国家“当然有权反对”。

⑤ 有观点认为，美国反垄断法的域外适用在其他国家看来是在强迫世界其他国家尊重美国的法律，以此实现谋求美国利益和推广美国经济模式的目的。See D. Rishikesh, ‘Extraterritoriality Versus Sovereignty in International Antitrust Jurisdiction’ (1991) 14 *World Competition* 33, 36.

⑥ 本部分内容也是第4章关于法院的作用内容的补充。

⑦ This view was even correct fifty years ago. See G. Haight, ‘International Law and Extraterritorial Application of the Antitrust Laws’ (1954) 63 *Yale Law Journal* 639, 640.

行的反垄断政策国际化道路背道而驰的。

政治维度

从外国的情况和超越国界的事件角度探讨反垄断法的域外适用问题不免会让人觉得反垄断法的域外适用问题引发的冲突无非是一场关于管辖权和国际法问题的无休止的“舌战”。尽管如此，我们仍有理由相信，反垄断法的域外适用问题是个处在法律与政治交界处的问题；反垄断法的域外适用问题引发的冲突涉及重要的政治议题（H. Maier，1982），例如该由谁制定和实施企业行为的规则问题。[①] 换言之，反垄断法的域外适用问题既是个政治问题，也是个法律问题（D. Rishikesh，1991；J. Bridge，1984）。[②] 所以，有必要考察反垄断法域外适用问题中法律和政治的界限。

7.3 美国和欧盟的法律进展

美国

美国铝业公司案的启示

美国铝业公司（Alcoa）案引发了美国与其他国家之间的冲突（K. Brewster，1958；W. Fugate，1958；N. Katzenbach，1956；D. Rosenthal，1980；F. Mann，1984；J. Sandage，1985）。鉴于围绕美国铝业公司案引发的争议以及外国政府提出的抗议，美国法院在后来应用效果原则上不得不小心措辞。[③] 为此，一些美国法院开始援引司

---

① See ch. 3.

② Several writers have argued—quite incompletely—that the problem of extraterritoriality is one of legal conflict. See generally. Rishikesh, ‘Extraterritoriality’. Against this, some writers have argued that disputes arising as a result of extraterritoriality are not simply about legal theory; they are equally disputes about the policy objectives the law should serve. See J. Bridge, ‘The Law and Politics of United States Foreign Plicy Export Controls’ (1984) 4 *Legal Studies* 2; Lowe, ‘Problems’, 724.

③ 在 Timberlane 案中，美国上诉法院（Court of Appeal）认为，Alcoa 案所表述的效果原则本身“并不完整”，因为该原则并未把其他国家的利益考虑在内；该效果原则亦未能全面考虑涉案主体和本国关系的本质”。See *Timberlane Lumber Co.* v. *Bank of America National Trust and Savings Association*, 549, F 2d 597 (9th Cir. 1976), 611-12.

法礼让原则,[①] 该原则似乎始于20世纪50年代的一位重要学者的著作，在书中他主张“合理管辖原则”，要求在本国和外国利益之间大致取得平衡（K. Brewster，1958）。在Timberlane I案中，联邦第九巡回上诉法院认为在权衡利益方面必须考虑的因素包括：

与外国法律或政策之间的冲突程度；涉案各方的国籍或公民身份以及涉案企业所处的位置或者主要营业地；任何一国能够通过执法活动取得预期效果的能力；是否存在明显的损害或影响美国商业活动的动机；该效果的可预见性；被指控的违法行为在美国与在国外相比较的相对严重程度。[②]

因此，美国法院采用了一种狭义适用效果原则的方法,[③] 尽量缩小效果原则的适用范围；在反垄断法的域外适用方面，不仅要求满足在美国国内产生了直接的和实质性的效果这一条件，而且还要求在主张管辖权时权衡美国利益各方的关系，同时也要考虑可能对此权力主张提出异议的任何其他国家的利益（E. Fox，1986）。[④]

FTAIA的规定

1982年，美国国会通过了《国外贸易反垄断促进法案》（FTAIA），旨在简化美国反垄断法的域外适用程序。[⑤] 为此，FTAIA确立了一条统一标准：只有当某一行为对美国国内市场或出口贸易产生“直接的、实质性的和可以合理预见的效果”时才允许主张管辖

① “礼让”一词表示这样一条一般原则，即一国在实施其法律过程中考虑其他国家的重要利益，以期其他国家给予本国同样的待遇。美国最高法院对“礼让”原则的界定方法是：“一国允许在其领土范围内认可另一国家做出的立法、行政或司法行为，同时履行国际法责任和符合便利原则，并遵守符合本国公民权益原则。”See *Hilton* v. *Guyot*, 159, US 113, 163-4 (1865). See also *Laker Airways Ltd.* v. *Sabena, Belgian World Airlines*, 731, F 2d 909, at 937, (D.C. Cir. 1984). 本案中，法院认为“礼让原则的核心内容是在可能的条件下，国内法院承认外国法院的裁决，因为承认外国法院裁决有益于国际合作和鼓励对等待遇，因此有利于提升可预见性和稳定性”。See H. Yntema, ‘The Comity Doctrine’ (1966) 65 *Michigan Law Review* 1.

② 549 F 2d 614.

③ In spite of this narrowing of the scope of the doctrine, however, other countries still held the view that the doctrine offended against common principles of public international law. See generally A. Neale and D. Goyder, *The Antitrust Laws of the United States of America: a Study of Competition Enforced by Law* (Cambridge University Press, Cambridge, 1980).

④ It is arguable, however, whether US courts fully endorsed the idea of reasonableness expressed in the *Timberlane* factors. Compare *Mannington Mills, Inc.* v. *Congoleum Corp.*, 595 F 2d 1287 (3rd Cir. 1979) (adopting similar factors) with *Laker Airways Ltd.* v. *Sabena, Belgian World Airlines*, 731 F 2d 909 (D.C. Cir. 1984) (questioning the effectiveness of the factors).

⑤ 该法修订了《谢尔曼法》和《联邦贸易委员会法》关于出口贸易和纯粹外国行为的规定，但对关于进口贸易的内容未作修订。

权。FTAIA似乎对于在Timberlane案中形成的“合理管辖原则”持中性立场。从FTAIA的立法过程看，该法律的中立立场是显而易见的事实。在该法案最后获得通过之前，立法部门的陈述中指出该法案既不是要阻止，也不是意在鼓励司法机构进一步承认任何一项交易活动的国际性特征。FTAIA还规定，如果法院认为案件符合事项管辖权要求，FTAIA不干涉法院是否考虑交易的国际性特征而适用礼让原则或不适用礼让原则的能力。①

尽管如此，美国1988年通过的《对外关系法第三次重述》采纳了类似“合理管辖原则”的方法（D. Murphy，1986）。该法认为源自司法礼让原则的权衡各方利益的方法符合国际公法原则。②

执法机构的反垄断准则

美国反垄断机构在域外适用原则方面并未表现出一贯性特征。大约在20年前，美国司法部的出版物中称，法律域外适用的目的在于保护美国出口和投资机会免受来自私人部门的限制，以及使每一家美国企业在出口商品、服务和资本方面不因为一家较强大的企业或不十分守法的企业施加的限制而不能参与市场竞争或者被排挤出外国市场。③ 几年后，司法部似乎放弃了原来的目标，而将消费者福利目标引入国际层面的反垄断法。关于合理管辖原则，司法部在1988年的反垄断执法准则中表述的观点是：在针对那些损害美国消费者利益和损害美国出口利益的出口限制提起诉讼方面，合理管辖原则属于“起诉自由裁量权”范畴，而非法律条文。

虽然FTAIA将依据《谢尔曼法》的管辖权扩展至那些对美国出口或出口贸易产生直接的、实质性的和可以合理预见的效果之行为，但司法部关注的则是那些可能通过减少产量或提高价格损害美国消费者利益之行为。④

进入20世纪90年代初，司法部抛弃了上述做法。司法部的解释

① See H. R. Rep. No. 97-686(1982), 10.

② See in particular sections 402, 403 and 415 of the Restatement. For a good discussion of these provisions see Alford, ‘Application’, 23-7.

③ See Antitrust Guidelines for International Operations, US Department of Justice, Antitrust Division 1988, p.5.

④ *Ibid.*, footnote 159. See M. Lao, ‘Jurisdictional Reach of the US Antitrust Laws: Yokosuka and Yokota, and “Footnote 159” Scenarios’ (1994) 46 *Rutgers Law Review* 821.

是美国国会制订反垄断法的用意并非局限于直接损害消费者利益的案件，而认为当进口商和出口商对美国经济同等重要时，司法部不能仅仅关注美国贸易中 50% 的市场竞争状况。这一新政策后来被写入 1995 年由司法部和联邦贸易委员会共同颁布的《涉外案件反垄断法执行准则》（Antitrust Enforcement Guidelines for International Operations）。该准则规定，在适当的场合，反垄断机构可以在下述两种情况下，对发生在任何地点的限制美国出口的限制竞争行为行使管辖权：第一，该行为对来自美国的出口商品或服务产生直接的、实质性的和可以合理预见的效果；第二，美国法院能够对该行为或企业行使管辖权。① 在执行这一新政策的过程中，司法部和联邦贸易委员会同意根据 OECD 的建议和其他各双边协议，考虑其他国家的合法利益。② 该准则进一步解释道，司法部在自由裁量权方面，除了考虑是否与外国法律存在冲突，还要考虑礼让问题。③ 司法部强调，法院不应对反垄断机构在处理礼让问题上的适当性做出评判。④ 虽然存在争议，但上述观点显然表明，美国仍然决心处理来自国外的损害其出口的行为，只是在处理方法上适当考虑外国对该政策可能做出的反应。

哈特福德火灾保险公司诉加利福尼亚案⑤

1998 年，若干家美国和英国保险公司被控因签署协议改变某些保险范围条款而且拒绝提供某些类型的保险险种服务而违反了 1890 年《谢尔曼法》。英国的保险公司回应说，美国法院不应对其管辖区之外的合法行为主张管辖权，即使该行为在美国产生了影响。

联邦地区法院

在法院判决中，联邦地区法院认为其可以依据 1890 年《谢尔曼

---

① *Guidelines* 1995, note 73.

② *Ibid*. By way of extension, note 74 of the Guidelines mentions a number of factors which the authorities would take into account when considering the legitimate interests of other countries. These factors have been derived partly from previous international guidelines and partly from the 1991 Co-operation Agreement between the USA and the EC.

③ The Guidelines provide, at p. 20, that as part of a traditional comity evaluation, the Department of Justice would consider whether one country encourages a certain course of conduct, leaves firms free to choose among different strategies or prohibits some of those strategies. In addition, the Department of Justice would take into account the effect of its enforcement activities on related enforcement activities of a foreign antitrust authority.

④ Guidelines, pp. 21-22.

⑤ Case of *Hartford Fire Insurance Co.* v. *California* 113 S. Ct. 2891(1993).

法》对英国企业的行为主张管辖权，理由是这些企业决定拒绝为美国的某些险种提供再保险或转移保险服务，这直接影响到美国初级保险市场上保险服务的供给状况。① 在处理国际礼让问题上，联邦地方法院援引 Timberlane Ⅱ案②的裁决，认为在主张域外管辖权时应首先考虑国际礼让原则。

联邦上诉法院

联邦第九巡回上诉法院虽然同意联邦地区法院关于对美国产生影响的认定，但考虑到国际礼让原则推翻了联邦地区法院的判决。③

联邦最高法院

联邦最高法院在该问题上存在分歧。法院以 5 比 4 的多数裁定 1890 年《谢尔曼法》确实适用于外国人意图或实际已经在美国产生实质性影响的行为。④ 关于国际礼让原则问题，联邦最高法院认为在该问题上无须做出认定，而且不管怎样，“国际礼让原则在本案情形下不会阻碍管辖权的行使”，虽然主张域外管辖权通常都要遵循国际礼让原则。⑤

在联邦最高法院的裁决中值得一提的一个重要方面是关于英国企业和政府的观点，它们认为被控行为并未抵触英国法律和政策。联邦最高法院在回应该观点时认为，英国和美国法律之间并不存在实质性冲突，⑥ 联邦最高法院援引《对外关系法第三次重述》第 415 条的规定，认为如果企业依据两国的法律，能够做到同时遵守两国的法律，则并不存在“实质性冲突”。法院认定，因为本案不存在上述“实质性冲突”，美国法院也就无须考虑是否应遵循国际礼让原则，限制自己主张管辖权。

---

① *In re Insurance Antitrust Litigation*, 732 F. Supp. 464 (N. D. Cal. 1991), 484.

② 在 *Timberlane* Ⅱ案中，联邦第九巡回法院认为，法院在主张域外管辖权时需要考虑这样几个因素：(1) 涉案行为意图对美国对外贸易施加的影响或实际产生的影响；(2) 被控非法行为种类及危害程度；(3) 依据国际礼让原则和公正原则行使域外管辖权的适当性。*Timberlane Lumber Co.* v. *Bank of America National Trust and Savings Association*, 749 F 2d 1378 (9th Cir. 1984), 1382.

③ *In re Insurance Antitrust Litigation*, 938 F 2d 919, 932 (9th Cir. 1991), 934.

④ 509 US 764 (1993), 796, per Justice Souter.

⑤ 509 US 764 (1993), 798.

⑥ 509 US 764 (1993), 798-9.

述评

联邦最高法院的判决引发出若干问题。[①] 联邦最高法院的多数意见是，如果英国和美国法律之间存在“实质性冲突”，则意味着遵守美国法律的行为导致违反另一国家法律的行为，这是难以接受的。确实，在本案中，安东尼·斯格利亚（Antonin Scalia）大法官在提出少数法官意见时，把该多数意见描述为“过于牵强的推理”。[②] 可以预料，这种观点必然会引发美国反垄断法与其他国家合法利益之间的冲突。此外，可以认为该判决似乎偏离了《对外关系法第三次重述》的方向。洛温菲尔德（A. Lowerfeld）是《对外关系法第三次重述》（即联邦最高法院此次判决的准据法）的主要起草人，他曾有这样的表述：

在确定A国是否应针对与B国密切相关的行为主张管辖权时，一个重要问题——在我看来——是看B国是否显而易见地拥有与A国截然不同的价值体系和优先次序，并且适用A国法律的结果损害了B国的价值体系和优先次序。这里，如果出现可能损害B国利益的情况，我并不提议A国坚持主张管辖权。其他一些因素也同等重要，如A国利益的大与小，在A国出现的违法行为的严重程度、行为主体的意图等。虽然我希望各国不因上述因素产生管辖权之争，但是，管辖权之争并非仅是关于权力控制的问题，也是关于利益、价值和相互竞争的优先次序的问题。在一个各主权国家和平共处的世界里，所有上述因素都应在管辖权的理性分配问题上予以考虑（A. Lowerfeld，1995）。

---

① Many of these questions have been noted in the literature on the case. See V. Gupta, 'After *Hartford Fire*: Antitrust and Comity' (1996) 84 *Georgetown Law Journal* 2287; J. Trentor, 'Jurisdiction and the Extraterritorial Application of Antitrust Laws after *Hartford Fire*' (1995) 62 *University of Chicago Law Review* 1583; K. Dam, 'Extraterritoriality in an Age of Globalization: the *Hartford Fire Case*' (1993) *Supreme Court Review* 289; L. Kramer, 'Extraterritorial Application of American Law after the Insurance Antitrust Case: a Reply to Professors Lowenfeld and Trimble' (1995) 89 *American Journal of International Law* 750; P. Trimble, 'The Supreme Court and International Law: the Demise of Restatement Section 403' (1995) 89 *American Journal of International Law* 53; P. Roth, 'Jurisdiction, British Public Policy and the Supreme Court' (1994) 110 *Law Quarterly Review* 194; E. Fox, 'US Law and Global Competition and Trade-Jurisdiction and Comity' (1993) *Antitrust Report* 3; S. Calkins, 'The October 1992 Supreme Court Term and Antitrust: More Objectivity than Ever' (1994) 62 *Antitrust Law Journal* 327, 361-8; Hawk, *United States* (Supp. 1993), p. 148.

② At 820 of the judgment.

联邦最高法院强调“实质性冲突”，这似乎偏离了以前的做法——此前的法院判决特别强调考虑其他国家利益问题，[①] 而且已不像以前那样要求认真考察反垄断执法过程中主张管辖权的合理性。[②] 如果存在不合理的主张管辖权事由，美国法院则避免主张管辖权。这与《对外关系法第三次重述》的规定，特别是第403条的规定相符合。本案中，安东尼·斯格利亚大法官根据第403条的规定，同时兼顾本案事实及其他因素，裁定不应适用美国法律。根据安东尼·斯格利亚大法官的意见，相关行为主要发生地为英国，被告为主营业地在美国之外的英国企业。他认为，本案中找不出任何理由支持美国主张立法管辖权，而且依据现有实体法规定，如果找不出明文规定，也不能假定国会支持主张管辖权。[③]

联邦最高法院判决引出的难题也与主权国家强制性规定抗辩有关。[④] 根据该抗辩，如果另一国家法律明文规定限制行为人做出违反美国反垄断法的行为，否则即面临处罚，这种情况下可拒绝接受美国法院管辖。该抗辩的理论基础是主权国家享有对境内商务活动的管辖权。因此，如果一个国家强制要求企业遵守某项规定，则企业只能遵从，而没有选择余地。此时，企业行为自动地被视为国家行为。在美国，1890年《谢尔曼法》并未授权法院对外国政府行为行使管辖权。按照1890年《谢尔曼法》的规定，该法案仅禁止自然人和企业的限制竞争行为。在联邦最高法院的判决中，在被控行为满足外国法律强制抗辩问题上，似乎没有区分两方面因素：一是国际礼让情形下行使司法自由裁量权问题；二是能否找到外国主权强制抗辩的确凿证据。因此，如果英国企业能确定其被控行为属依据英国法律强制抗辩行为，它们就可依据外国主权强制抗辩免受反垄断起诉，而无须进行国际礼让原则问题的分析。本案中，联邦最高法院的多数意见没有明确

---

① See *Doe* v. *United States*, 487 US 201 (1988), 218; *Société Nationale Industrielle Aérospatiale* v. *United States District Court*, 482 US 522 (1987), 543-4.

② See *Asahi Metal Indus. Co.* v. *Superior Ct.*, 480 US 102, 115(1987).

③ At 819.

④ See *Interamerican Refining Corporation* v. *Texaco Maracaibo, Inc.*, 307 F. Suppl. (D. Del. 1970); *Mannington Mills Inc.* v. *Congoleum Corp.*, 696 F 2d 1287 (3rd Cir. 1979), 1293; *Timberlane Lumber Co.* v. *Bank of America National Trust and Savings Association*, 549 F 2d 597 (9th Cir. 1976); *United States.* v. *Watchmakers of Switzerland* 1963 Trade Cas. (CCH) 70,600 (SDNY 1962). See also J. Leidig, 'The Uncertain Status of the Defence of Foreign Sovereign Compulsion: Two Proposals for Change' (1991) 31 *Virginia Journal of International Law* 321.

回答国际礼让原则是否要求美国法院在缺少实质性分歧的条件下回避行使管辖权问题，以及如果确实缺少实质性分歧的条件，那么又在哪些情况下，回避行使管辖权的问题（J. Griffin，1999）。

考察哈特福德火灾保险公司案之后的案件，我们同样可以发现上述问题。哈特福德火灾保险公司案争议的焦点是礼让问题（A. Lowenfeld，1995）。其后的几个案件注意到哈特福德火灾保险公司案并未质疑管辖权方面合理推定原则的适当性，也未对 Timberlane I 案中的 7 个礼让因素提出质疑。[①] 在一些案件中法院认定本国法律与外国法律存在“实质性分歧”并据此做出判决，[②] 而在另一些案件中法院则拒绝依据国际礼让原则免予起诉。[③]

或许哈特福德火灾保险公司案引出的最大难题是该案使得美国法院在实施其反垄断法及国际礼让原则方面热衷于域外适用（J. Griffin，1993）。有观点认为，该案鼓励美国政府、各个州及私人部门的申诉者强烈依赖反垄断法的域外适用，其原因可透过对本案之后美国法院的几次裁决的分析呈现出来。一个很恰当的案例是美国诉日本纸业公司案。[④] 该案涉及一家日本企业日本纸业公司（Nippon Paper）被美国反垄断机构指控其在美国市场上存在价格合谋，违反了 1890 年《谢尔曼法》第 1 条的规定。联邦地区法院驳回了反垄断诉讼，认为刑事反垄断诉讼不能延伸至完全发生在境外的行为。本案上诉至联邦第一巡回上诉法院，联邦第一巡回上诉法院推翻了联邦地区法院的判决，认为美国政府可以根据日本纸业公司在美国操纵价格行为的事实起诉这家日本企业。法院认为不存在日本纸业公司可以依据礼让原则获得豁免待遇的充足理由。根据法院的判决，如果裁决有利于这家日本企业，则会导致鼓励其他企业利用非正当手段干扰美国市场，致使国际市场因为存在限制竞争行为而阻碍市场机制的正常运转。

很难估计日本纸业公司案的深远影响，特别是考虑到联邦最高法

---

① *Metro Indus. Inc.* v. *Sammi Corp.*, 82 F 3d 839 (9th Cir. 1996), 846, note 5.

② See *Filetech SARL* v. *France Telecom*, 978 F. Supp. 464 (SDNY 1997); *Trugman-Nash Inc.* v. *New Zealand Dairy Board*, 945 F. Supp. 733 (SDNY 1997), 736.

③ See, for example, *Caribbean Broad Sys.* v. *Cable and Wireless Plc*, 1998-2 Trade Cas (CCH) 72,209 (D.C. Cir. 1998).

④ 109 F 3d 1 (1st Cir. 1997), 8-9. For a commentary on the case see A. Gluck, ‘Preserving *Per Se*’ (1999) 108 *Yale Law Journal* 913.

院不允许被告企业上诉。不过我们可以肯定地讲，美国反垄断机构继哈特福德火灾保险公司案之后总体而言，特别是在日本纸业公司案中，继续奉行其反垄断法的域外适用，[①] 而礼让原则在反垄断案件中的作用似乎微乎其微（J. Griffin，1999）。

欧盟

木浆案

欧盟反垄断法的域外适用问题是由木浆案（Wood Pulp）引出来的，[②] 欧盟委员会在裁决中认为，欧盟反垄断法适用于发生在欧盟以外、但对欧盟市场产生影响的行为。[③] 不过，ECJ 拒绝在法律域外适用问题上直接表态（L. Brittan，1991）。[④] ECJ 认为，操纵价格的协议如果在欧盟范围内"履行"，则适用《欧盟条约》第 81 条第 1 款的规定。[⑤]

木浆案的启示

继木浆案之后，欧盟委员会似乎在其裁决中遵循履行地原则，有

---

① See *United States* v. *Cerestar Bioproducts BV*, 6 Trade Reg. Rep.（CCH）45,098(N. D. Cal. 1998)；*United States* v. *Heeremac*, 6 Trade Reg. Rep.（CCH）45,097（N. D. Ill. 22 Dec. 1997)（Case Nos. 4323-4)；*United States* v. *Hoffmann-La Roche*, 6 Trade Reg. Rep.（CCH）45,097, Case Nos. 4277-8（N. D. Cal. 1997).

② [1988] ECR 5193；[1988] 4 CMLR 474. The first occasion on which the Commission considered the question of effects was in 1964. In the case of *Grosfillex*, the Commission stated that the territorial scope of EC antitrust law is determined neither by the domicile of the firm nor by where the agreement is concluded or carried out. On the contrary, the sole and decisive criterion is whether an agreement affects competition within the Common Market or is designed to have this effect. *Grosfillex-Fillistorf* [1964] 3 CMLR 237. See also Commission 11th Report on Competition Policy 1981, referring to *Grosfillex*, where the Commission stated at p. 36 that it was one of the first antitrust authorities to have applied the internal effect theory to foreign firms. See also *Aniline Dyes Cartel* [1969] 8 CMLR D23, at D33.

③ At pp. 499-500. For a general discussion of these issues see M. Waelbroeck, 'Specific Extraterritorial Applications of Jurisdiction Resulting in Conflict: the European Community Approach' in Olmstead, *Extraterritorial*; L. Whatstein, 'Extraterritorial Application of EU Competition Law-Comments and Reflections'（1992) 26 *Israel Law Review* 195.

④ See L. Brittan, *Competition Policy and Merger Control in the Single European Market* (Grotius, Cambridge, 1991), pp. 7-9. The ECJ avoided this question earlier in the case of *Dyestuffs*, in which the ECJ declined to accept the suggestion of Advocate General Mayers to adopt the effects doctrine, and instead asserted jurisdiction on the basis of the principle of territoriality, relying on the 'economic entity' doctrine. Cases 48/69 etc. [1972] 3 ECR 619；[1972] CMLR 557. See F. Mann, 'The *Dyestuffs* Case in the Court of Justice of the European Communities' (1973) 22 *International and Comparative Law Quarterly* 35.

⑤ In contrast to what was said above about the position of the Commission, it has been argued that the ECJ remains dedicated to 'an objective territoriality principle', which requires that a foreign firm engage in a 'consummating act' within the EC in order to extend jurisdiction and to further the goal of single market integration when dealing with antitrust law cases. See Alford, 'Application,' 31-7；J. Griffin, 'EC and US Extraterritoriality: Activism and Cooperation' (1994) 17 *Fordham International Law Journal* 353, 378-9.

两个案例可以被用来说明这个问题。第一个案例是聚氯乙烯（PVC）案①，欧盟委员会根据履行地原则对一家被控参加价格卡特尔的挪威聚氯乙烯厂商主张管辖权。第二个案例是热塑性低密度聚乙烯（LdPE）案②，欧盟委员会同样运用履行地原则对若干热塑性低密度聚乙烯厂商的操纵价格和其他共谋行为提起诉讼。不过有趣的是，在被欧盟委员会起诉的企业中，西班牙企业 Rapsol 的情况很特殊，因为不同于奥地利、芬兰和挪威的企业，Rapsol 并未在欧盟范围内履行其协议，而仅仅在西班牙履行协议，当时西班牙尚未加入欧盟。欧盟委员会认为上述事实不能使 Rapsol 免受法律处罚。因此，根据欧盟委员会的意见，欧盟委员会有权主张管辖权，因为 Rapsol 参加卡特尔组织会对欧盟市场竞争产生影响。③ 因此可以说，欧盟委员会似乎正在偏离履行地原则，特别是在个案中，而走向效果原则。④

金科公司诉欧盟委员会案

1999 年，CFI 在反垄断法的域外适用问题上就依据《欧共体 4064/89 号条例》提起诉讼的一桩案件做出裁决，即金科公司（Gencor）诉欧盟委员会案。⑤ 本案涉及一家在南非设立的企业金科公司和另一家在英国注册的企业罗荷集团（Lonrho）建立一家合资企业的申请。当时，金科公司的主营业务是矿产资源和金属制品。该公司持有另一家南非企业羚羊铂业公司（Implats Platinum）46.5% 的股权。这导致铂系金属（PGM）市场上金科公司的市场份额加大。另一方面，罗荷集团在采矿、金属制品、农产品、酒店服务和一般贸易方面均有较多业务。罗荷集团控制羚羊铂业公司旗下在南非注册的两家公司东方铂业公司（Eastern Platinum Ltd.）和西方铂业公司（Western Platinum Ltd.）73% 的股权。这导致铂系金属市场上罗荷集团的市场份额加大。羚羊铂业公司其余 27% 的股权由金科公司控制。

---

① OJ 1990 No. L74/1; [1990] 4 CMLR 345.

② OJ 1989 No. L74/21; [1990] 4 CMLR 382.

③ OJ 1990 No. L74/1; [1990] 4 CMLR. 409-10.

④ Quite interestingly, former EC Commissioner for antitrust, K. van Miert, seems to have indicated on several occasions that in asserting jurisdiction in extraterritorial situations the Commission will make use of the 'effects' doctrine. See K. van Miert, 'Analysis and Guidelines on Competition Policy', address at the Royal Institute of International Affairs, London, 11 May 1993; 'Global Forces Affecting Competition Policy in a Post-Recessionary Environment' (1993) 17 *World Competition* 135.

⑤ Case T－ 102/96 [1999] ECR Ⅱ-753, [1999] 4 CMLR 971.

根据并购协议，金科公司和罗荷集团联合收购羚羊铂业公司。并购结束后，羚羊铂业公司的股权分割状况为：公众持有36%的股权，金科公司持有32%的股权，罗荷集团持有32%的股权。并购双方向南非竞争委员会（South Africa Competition Board）和欧盟委员会提出并购申请。南非竞争委员会核准了这项并购，欧盟委员会则驳回了并购申请，因为欧盟委员会认为该项并购将会扭曲欧洲共同市场的竞争条件。并购导致企业拥有市场主导地位，这会严重损害欧洲共同市场上的竞争。

本并购案引起各方面的极大关注。其原因很多，其中的一个原因是本案引发关于欧盟委员会是否拥有对本案的域外管辖权问题，以及本案中基于同样的事实，不同的反垄断机构做出了相互冲突的裁决。本案还导致南非政府层面的干预，其目的是说服欧盟委员会核准该项并购，不过实际参与政治干预的政治人物并未对欧盟委员会的裁决提出异议。

并购双方，特别是金科公司，并不认为欧盟委员会拥有对本案的管辖权，因此向CFI提出申诉，要求驳回欧盟委员会的裁决。在其起诉状中，金科公司提出的抗辩理由是欧盟委员会缺乏依据《欧共体4064/89号条例》对本案的管辖权，因为并购的履行地是在欧盟之外。该企业还进一步提出，即使《欧共体4064/89号条例》适用于本案，而且欧盟委员会拥有管辖权，但根据《欧盟条约》第241条的规定，欧盟委员会行使管辖权为违法行为，因此不能在本案中采纳欧盟委员会的裁决。

但是，尽管金科公司提出的观点十分具有说服力，但是CFI拒绝受理本案，因此驳回了对本案实施司法审查的申请。CFI认为，虽然本案中合同履行地为南非，《欧共体4064/89号条例》也同样适用。这是因为，《欧共体4064/89号条例》所依据的管辖权标准应与木桨案的裁决相一致。CFI强调，《欧共体4064/89号条例》第1条界定了“欧盟范围”的概念，欧盟委员会据此行使管辖权。《欧共体4064/89号条例》并未要求涉案企业必须是在欧盟注册成立的企业，也未要求并购协议下的生产设施必须处于欧盟范围内。基于此，CFI认为欧盟委员会对本案拥有管辖权，因为涉案企业的行为——虽然行为发生地在欧盟之外——导致建立和加强市场主导地位的结果，而且这一结果是扭曲了共同市场上的竞争，或者在相当程度上妨碍了共同市场上的竞争。CFI 还认为，依据国际公法原则，欧盟委员会可以依据《欧共体 4064/89 号条例》的规定行使对欧盟范围之外涉嫌垄断行为的管辖权，只要该行为在欧盟范围内产生了直接的效果（意指从中期来讲），并产生实质性和可以预见的效果。CFI 裁决第 90 段指出，欧盟委员会的裁决符合国际公法原则，原因是并购导致的市场集中，会在欧盟范围内产生直接的和可以预见的效果。CFI 在其裁决第 98 段中认为，如果一项交易或并购建立市场主导地位，并导致共同市场上的竞争受到实质性影响，欧盟委员会不能被阻止行使管辖权，这是因为在世界市场上，其他市场也受到本次并购或交易的影响。

通用电气并购霍尼韦尔案

2001 年 7 月 3 日，欧盟委员会裁定驳回美国企业通用电气（GE）和霍尼韦尔（Honeywell）之间的合并申请，认为本次并购中如果霍尼韦尔的市场领先地位与通用电气的财务优势联合在一起，以及形成飞机采购、融资、租赁和售后服务市场一体化运作，将导致若干市场上的主导地位。欧盟委员会认为该并购与共同市场的竞争规则不相容。①

不过，美国方面核准了该项并购，这使得本案受到前所未有的媒体报道和公众关注。不仅如此，欧盟委员会驳回并购申请这一事实招致美国方面对欧盟执法活动的严厉批评。特别是欧盟委员会被指责关注竞争者利益而非消费者利益，而欧盟始终否认这一指控。

从实体法方面考虑，本案引发了新一轮的关于大西洋两岸反垄断机构在决定核准或批复一项并购申请过程中所应用的审查标准问题的激烈争论。在美国，应用的审核标准见诸《1914 年克莱顿法》第 7 条，即“严重损害竞争检验法”（SLC test）。根据这一标准，一项并购如果导致“严重损害竞争”的后果，就将被禁止。在欧盟，所采用的并购审核标准则是并购是否建立或加强主导地位，致使共同市场或共同市场的大部分竞争受到严重影响。② 该标准通常被称为“主导地位检验法”（dominance test）。近些年来，欧盟委员会展开了一场

① 涉案双方对欧盟委员会的裁决提起上诉。本案引起媒体对欧盟委员会裁决的极大关注，也值得学术界人士关注案情进展。See Cases T-209/01 and 210/01(judgment pending)。

② See Article 2 of EC Regulation 4064/89.

是否应从“主导地位检验法”向“严重损害竞争检验法”转变的争论。[①] 该转变的意义在于大西洋两岸的反垄断执法活动将因此具有同一审核标准。似乎赞同和反对该标准之变革的观点同样具有说服力。欧盟反垄断局主席马里奥·蒙蒂（Mario Monti）在《2001 年并购审查报告》（Merger Review 2001）中对继并购审核绿皮书发布之后欧盟委员会所收到的赞同和反对意见做出如下总结：

在赞同变革的阵营中，其观点是“严重损害竞争”用词更适用于对并购案件的微观分析，而回避了如何确定“主导地位”的法律标准问题。该阵营中还有观点认为，当前的审核标准存在漏洞，特别是在存在“集体占优”的场合。有些观点认为扩大主导地位检验标准在并购案方面的应用范围的同时，也就扩大了《欧盟条约》第 82 条下“特殊”条款所适用的企业范围，因此限制了企业从事某些商业行为的能力。这一担忧特别表现在（但并非完全表现在）集体占优的场合。因此他们建议将并购审核方面的主导地位概念和《欧盟条约》第 82 条下的主导地位概念区分开来。在反对变革的阵营中，其观点是目前的“主导地位检验标准”是一种有效的并购控制政策工具。许多来自产业界的人士也反对变革，担心由此产生不确定性，至少在过渡期会出现这种情况。也有人担心严重损害竞争检验标准会赋予欧盟委员会过多的自由裁量权，并由此导致并购审核政策中政府部门的过多干预。绿皮书也认识到并购审查标准的变革有可能带来一些缺憾。特别是，绿皮书认识到该变革可能引发关于新标准如何进行解释的某种不确定性或不可预期性，至少在期初阶段存在这种担忧。此外，欧盟委员会和法院过去的司法实践已经形成大量关于主导地位检验标准的判例。变革的另一种担忧是许多成员国（以及许多待加入欧盟的国家）已经实施改革，使之与主导地位标准相符。[②]

欧盟委员会认识到上述赞同和反对意见同样具有说服性，因此欧盟委员会十分有必要对双方的观点展开认真分析。经过长期考察和多次论证，欧盟委员会最终决定维持当前的主导地位检验标准，但在用

---

① See the *Green Paper on the Review of Regulation* 4064/89 (2001), available at http://www.europa.eu.int/comm/competition/index_en.html.

② See 'Review of the EC Merger Regulation—Roadmap for the Reform Project', speech given at the Conference on Reform of European Merger Control, British Chamber of Commerce, Brussels, June 2002.

词方面做些修改。该修改内容反映在欧盟理事会议案第2条的一个段落中，用以替代现存并购条例，即《欧共体4064/89号条例》。该议案可从欧盟委员会官方网站下载。

除上述实体法方面的考虑，通用电气并购霍尼韦尔案在体现欧盟继续主张域外管辖权方面也十分重要。本案中，没有任何一家企业是在欧盟注册的，或者在欧盟范围内拥有生产设施。本案与之前的案件，包括金科公司诉欧盟委员会案，表现出欧盟委员会在主张域外管辖权方面的一贯性。基于这一原因以及其他方面考虑，本案具有特别重要的意义。更为重要的是，我们很难确切地说在通用电气并购霍尼韦尔案之后，特别是考虑到欧盟委员会在金科公司诉欧盟委员会案中的裁决以及CFI的判决中，欧盟委员会在管辖权问题上的理解能否与美国方面在管辖权问题上和效果原则方面取得意见一致。

述评

在欧盟范围内，虽然欧盟委员会已经表示出其愿意靠近美国标准的立场（R. Alford，1992；P. Roth（ed.），2001；K. Stockman，1985；K. Messen，1984；J. Bellis，1979），① 但是ECJ则显示出明显的反对美国效果原则的意图。ECJ与欧盟委员会之间的分歧表明效果原则在欧盟范围内的作用微乎其微。② 对ECJ的立场存在不同的解释。第一种解释是ECJ的首要目标是市场一体化。③ 第二种解释是ECJ认为美国式的解决方案对欧盟的情况不适用或效果不佳（B. Pearce，1994）。第三种解释是ECJ尚未有机会在其判例法中做出此方面的相关裁定。

在国际礼让问题上，欧盟似乎总体上尊重这一原则，特别是遵守OECD关于国际礼让原则的建议。④ 根据OECD的建议，成员国应遵

---

① See B. Pearce, 'The Comity Doctrine as a Barrier to Judicial Jurisdiction: a US—EU Comparison' (1994) 30 *Stanford Journal of International Law* 525, 576.

② See A. Himmelfarb, 'International Language of Convergence: Reviving Antitrust Dialogue between the United States and the European Union with a Uniform Understanding of "Extrateritoriality"' (1996) 17 *University of Pennsylvania Journal of International Economic Law* 909, 926-7.

③ See ch. 5.

④ See Revised Recommendations of the OECD Council Concerning Co-operation between Member Countries on Anticompetitive Practices Affecting International Trade, OECD Doc. No. C (95) 130(Final), 27 July 1995.

循国际法和礼让原则，相互谅解、积极合作、协调一致打击限制竞争行为。仅就欧盟委员会而言，欧盟委员会的立场十分明确，即欧盟法律适用过程中国际礼让原则不构成对管辖权的强制抗辩。首先，涉案企业不必因此违反国内法规；其次，不能对第三国的重要利益带来负面影响。在任何情况下，欧盟委员会只有在第三国利益的重要程度超过欧盟维护市场竞争秩序的基本利益的重要性这一条件下才能首先考虑礼让原则。① 同欧盟委员会的立场不同，ECJ 并未在国际礼让问题上做出足够多的解释。过去，ECJ 只是偶尔涉及国际礼让问题。例如，在 IBM 案中，IBM 认为欧盟委员会在提起诉讼和做出裁决之前应考虑国际礼让原则，ECJ 的回应是欧盟委员会不必这样做。② ECJ 在国际礼让问题上的回避态度还见诸木浆案。在裁决中，ECJ 仅用一个段落提及其在国际礼让原则上的立场，认为对欧盟委员会忽视国际礼让原则的质疑实质是否认欧盟对所涉案件的管辖权。这实际上表明 ECJ 对国际礼让原则的否认。③

美国方面则始终没有停止其扩大域外适用范围的做法。例如，1995 年《涉外案件反垄断法执行准则》中，美国反垄断机构继续运用效果原则主张域外管辖权，这与哈特福德火灾保险公司案及 FTAIA 规定的"直接的、实质性的和可以合理预见的效果"原则相一致。此外，有迹象表明美国执法机构愿意就跨国限制竞争行为问题与其他国家的反垄断机构合作。④ 尽管如此，1995 年《涉外案件反垄断法执行准则》中明确表示不排除美国反垄断机构单方面采取行动的可能性，特别是当外国当局未能就美国已经明令禁止的私人部门限制竞争

---

① See *Aluminum Imports from Eastern Europe* OJ 1985 No. L92/1, p. 14. In the case, the Commission seems to have implicitly recognised that in certain cases EC fundamental interest of ensuring undistorted competition has to give way to comity considerations.

L. Brittan stated that the Commission considers itself obliged to have regard to comity when exercising its jurisdiction in antitrust cases involving foreign elements. See Brittan, *Competition*, p. 16.

② Cases C-60/81 and 190/81 *IBM* v. *Commission* [1981] ECR 2639, 2655. It has been argued that as the ECJ has never rejected the effects doctrine, the Commission remains able to employ it, and might do so. See remarks by L. Brittan, quoted in W. Collins, 'The Coming of Age of EC Competition Policy' (1992) 17 *Yale Journal of International Law* 249. According to J. Griffin this even suggests that the ECJ considers international comity an issue within the Commission's discretion, at least in facts similar to *Wood Pulp*, i. e. the challenged conduct was not compelled by foreign law as the remedy does not require the firms to act in any way contrary to their national law. See Griffin, 'Activism', 358-9.

③ See *Woodpulp*, 5344.

④ See US Department of Justice, press release 'Justice Department Closes Investigation into the Way AC Nielsen Co. Contracts Its Services for Tracking Retail Sales', 3 December 1996.

行为采取行动，或者未能有效采取行动时。

大西洋两岸反垄断方面存在若干相似和相异之处，或许最显而易见的相异之处在于效果原则和履行地原则的分别。① 区分在欧盟之外发生而在欧盟范围内“履行”的限制竞争行为与此类行为之间的“效果”似乎在极少的案例中才有实际意义。一些学者主张，如果ECJ坚持运用属地原则主张管辖权，则欧盟应将部分反垄断案件排除在欧盟司法审查范围之外，即主张限制履行地原则的应用范围（R. Alford，1992）。不过，至于哪些反垄断案件纳入司法审查范围之内或哪些被排除在外尚不得而知。有观点主张，拒绝向欧盟企业供货或拒绝从欧盟企业采购的限制竞争行为应纳入“履行地原则”范围内，另有观点则主张这种做法会扩大ECJ的司法管辖权。另一个相关的重要问题是对于那些不能依据履行地原则主张管辖权的案件，欧盟委员会将如何处理。我们要关注的是欧盟委员会是否要坚持履行地原则，欧盟委员会是否将运用效果原则，以及欧盟委员会是否会依据欧盟与美国之间签署的双边协议遵循积极礼让原则。

哈特福德火灾保险公司案、金科公司诉欧盟委员会案以及通用电气并购霍尼韦尔案也具有重要意义。联邦最高法院在哈特福德火灾保险公司案中对美国反垄断法的域外适用范围给予了宽泛的解释。也有人认为，这样做的原因是联邦最高法院忽视了国际公法对美国司法管辖权的限制。此外，这使得美国的反垄断体系在域外管辖权问题上与世界其他国家的反垄断体系相比建立在不同的原则基础上，特别是不同于欧盟的反垄断体系。这显然会引发世界上主要反垄断体系之间的冲突。② 相比之下，通用电气并购霍尼韦尔案和金科公司诉欧盟委员会案似乎让欧盟在域外管辖权问题上的立场更贴近美国。

---

① It may be of interest to observe in this regard the view expressed by the US Department of Justice that the ‘implementation’ test adopted in the ECJ usually produces the same result as the US effects doctrine employed in the United States. See 1995 Antitrust Enforcement Guidelines for International Operations, 20,589-8.

Against this, it has been argued that this view cannot be accepted, since the ECJ has consciously rejected the effects doctrine. See P. Torremans, ‘Extraterritorial Application of EU and US Competition Law’ (1996) 21 *European Law Review* 280; W. van Gerven, ‘EC Jurisdiction in Antitrust Matters: the *Wood Pulp* Judgment’ (1989) *Fordham Corporate Law Institute* 451,466-7.

In practice, the ECJ's notion of ‘implementation’ will be sufficient to catch most agreements concluded outside the EC which seriously harm competition within it; however, there may be some cases which would not be caught under the ‘implementation’ doctrine, but would be under the ‘effects’ doctrine: for example, a refusal by non-EC firms to supply goods or services to EC firms.

② 参见本书后文就两大法律体系之间的冲突展开的讨论。

尽管如此，欧美双方在反垄断法的域外适用问题上相互接纳的态度并不一定能消除双方在域外适用问题上的种种分歧，当然，双方均扩展域外适用范围的做法也不是没有摩擦的。但如果我们综合考虑上述美国反垄断法的域外适用现状、CFI 对金科公司诉欧盟委员会案及欧盟委员会对通用电气并购霍尼韦尔案的裁决就会发现，最可取的消除分歧的途径是尽早而不是推迟建立一套国际化反垄断体系，尽管只局限在极其有限的范围内，例如在并购方面，却也不乏为一项值得考虑的方案。①

可以预见，欧美反垄断体系之间的差别将对双方关系产生冲击。例如，在欧美签署的反垄断双边合作协议中，虽然双方享有第 4 条和第 6 条赋予的同等礼让权利，但似乎由于双方在域外管辖问题上的分歧，双方的利益将会存在差别。

概括说来，似乎欧盟和美国之间并不能在礼让原则和域外适用问题上达成一致。此外，美国在域外适用问题上的立场并非表现为具有一贯性，存在两套不同的域外适用标准（V. Sharma，1995）。第一套标准是依据普通法的遵循国际礼让原则，根据特定事实行使管辖权的标准（R. Alford，1992）。第二套标准是《国外贸易反垄断促进法案》所规定的是否存在“直接的、实质性的和可以合理预见的效果”标准。该标准下，我们不能确定礼让原则是否总是居于优先考虑地位，足以替代“直接的、实质性的和可以合理预见的效果”这一检验标准（B. Hawk，1993）。该检验标准似乎仅仅强调在主张域外管辖权过程中要认定限制竞争行为与美国的市场竞争条件之间存在紧密的联系，以此作为主张域外管辖权的依据，而不考虑国际礼让问题。② 不同检验标准的存在可能导致美国反垄断法和政策方面的不一致和缺乏惯性（E. Rholl，1990）。在大西洋另一岸的欧盟，欧盟委

---

① See ch. 9.

② It has been argued that the nature and intensity of the US' interest in regulating extraterritorial conduct cannot alone determine the proper limits on extraterritorial jurisdiction. See 'Predictability and Comity: toward Common Principles of Extra-Territorial Jurisdiction' (1985) 98 *Harvard Law Review* 1310, 1320 (Notes section). See also Messen, 'Antitrust', 784-5, stating that this was exactly the view of the Ninth Circuit in *Timberlane Lumber Co.* v. *Bank of Ameirca*, 549 F 2d 597 (9th Cir. 1976), which established that although a country may have jurisdiction whenever a sufficient number of connecting factors are present, it should nevertheless refuse to exercise jurisdiction if the regulatory interests it is pursuing are outweighed by the interests of one or more foreign countries, who are likely to be seriously injured by the assertion of such jurisdiction.

员会似乎比ECJ更乐于接受美国在域外适用方面的立场。不过，ECJ到目前为止一直强调属地原则，并不情愿追随美国方面主张的“效果”原则以及礼让原则。欧盟与美国双方立场存在的上述分歧不仅表明在反垄断政策和国际公法之间的互动中注定存在困难，而且还显示出将欧美两个反垄断体系结合在一起必然存在巨大的挑战。但如果能将欧美两个反垄断体系结合在一起，这将对反垄断政策国际化产生重大影响。①

7.4 其他国家对法律域外适用的回应

美国一贯追逐反垄断法域外适用的做法似乎鼓励着其他国家也采取同样措施，在其各自的反垄断体系中引入“效果”原则。② 不过，美国的做法也引发许多其他国家的强烈反对（J. Sandage，1985）。随着时间的推移，已经有越来越多的国家对美国反垄断法的域外适用持反对态度（J. Griffin，1998；S. Chang，1993）。

英国一直强烈反对美国反垄断法的域外适用（V. Sharma，1995），并多次在不同场合表示，当其他国家向美国商品关闭市场，或者拒绝接受美国技术标准时，美国则以此为由主张管辖权，这实际上是美国在利用反垄断法作为美国企业打开国外市场的贸易政策工具。根据英国的观点，这种做法是令人难以接受的，是反垄断法的滥用。③ 在欧盟方面，欧盟委员会认为美国1995年《涉外案件反垄断法执行准则》中强调执法机构的单方面措施实际上不仅违反了遵守礼让原则的承诺，而且也背离了美国支持国际合作的承诺。基于以上原因，为了对上述法律域外适用现象不断扩展的状况做出回应，各国通过三种途径抵制上述局势的蔓延，即外交抗议途径、立法途径和判例法途径。

---

① See further ch. 9.

② An OECD Report on ‘Restrictive Business Practices of Multinational Enterprises’, produced in 1977, concluded at para. 120 that at that time thirteen systems of antitrust had embraced the ‘effects’ doctrine, although it included in this list the EC system as to which the position is uncertain.

③ Comments of the UK Government on the Antitrust Enforcement Guidelines for International Operations (1995) December 1994. See J. Griffin, ‘International Antitrust Guidelines Send Mixed Message of Robust Enforcement and Comity’ (1995) 19 *World Competition* 5.

外交抗议途径

外国政府对美国反垄断法的域外适用提出外交抗议一直表现为最直接的抵制途径。过去数年来，在华盛顿和其他不少于20国政府之间已经展开多次内容丰富的高层外交会话（G. Haight，1964；J. Davidow，1981；M. Weiner，1996），[①] 这些外交抗议的核心内容是美国反垄断法的域外适用损害了其他国家的利益。但是，我们尚无法确定上述外交抗议通过外交对话途径能否有效地帮助外国政府解决其与美国在国际反垄断问题上发生的冲突，特别是考虑到美国在礼让原则方面的立场不十分明朗。

立法途径

由于外交层面上的对话方式解决问题的方法收效甚微，[②] 各国有时通过强化国内法制体系的建设来抵制美国反垄断法的域外适用。[③] 一些国家引入一系列法规，以期对抗美国方面大肆主张管辖权行为。其中最为常见的立法途径是制定抵制性法规，[④] 制定这些法规的目的是，当外国执法机构发出调查函件时，阻止本国信息的披露、复制、核查或者文件的销毁。

英国制定了两部这类法规（M. Novicoff，1985）：第一部是《1964年船运合同和商务单据法》（Shipping Contracts and Commercial

---

① See Diplomatic Notes, reprinted in Lowe, *Extraterritorial*; G. Haight, 'Extracts from Some Published Material on Official Protests, Directives, Prohibitions, Comments, etc' in Report of the 51st International Law Association Conference 1964, pp. 565-92; J. Davidow,' 'Extraterritorial Antitrust and the Concept of Comity' (1981) 15 *Journal of World Trade Law* 500, 508; M. Weiner, 'Remedies in International Transactions: a Case for Flexibility' (1996) 65 *Antitrust Law Journal* 261.

② In some cases diplomatic efforts have been fruitful in the past. See J. Atwood, *Antitrust and American Business Abroad* (McGraw-Hill, New York, 1981), pp. 136-45; M. Sennett and A. Gavil, 'Antitrust Jurisdiction, Extraterritorial Conduct and Interest Balancing' (1985) 19 *International Lawyer*, 1185, 1213-14.

③ Case 48/69 *ICI Ltd.* v. *Commission* [1972] ECR 619; [1972] CMLR 557.

④ See the Ontario Business Records Protection Act 1947, enacted as a result of the discovery order in *In re Grand Jury Subpoena Duces Tecum*, 72 F. Supp. 1013 (SDNY 1947), the first of such legislation. See also P. Pettit and C. Styles, 'The International Response to the Extraterritorial Application of United States Antitrust Laws' (1982) 37 *Business Lawyer* 697, 707-14; A. Carroll, 'The Extraterritorial Enforcement of US Antitrust Laws and Retaliatory Legislation in the United Kingdom and Australia' (1984) 13 *Denver Journal of International Law and Policy* 377. For a good overview of these instruments see A. Lowe, 'Blocking Extraterritorial Jurisdiction: the British Protection of Trading Interests Act 1980' (1981) 75 *American Journal of International Law* 275; A. Hermann, *Conflicts of National Laws with International Business Activity: Issues of Extraterritoriality* (Howe Institute, London, 1982), pp. 56-68.

Documents Act)，其背景是美国对班轮协会发起反垄断调查；第二部是《1980 年贸易利益保护法》（Protection of Trading Interests Act），用来替代 1964 年的法规（A. Huntley，1981）。《1980 年贸易利益保护法》授权外交大臣在当外国法院出于管理和控制国际贸易目的要求提供商务单据或信息时，不予采取配合行动，以期抵制上述措施。法国制定的法律规定，为外国法院提供商务或技术文件为犯罪行为，但属国际条约或国际协定要求者除外。① 其他国家也制定有类似的法规（D. Rosenthal 和 W. Knighton，1982；J. Griffin，1982；M. Harvers，1983；M. Joelson，1983；D. Sabalot，1982），② 特别是那些国内企业涉及铀产品诉讼的国家。③

判例法途径

一些国家用来抵制美国反垄断法域外适用的第三种途径是运用判例法。在英国，国内法院最早的尝试是抵制 1952 年美国反垄断法的域外适用。在 British Nylon Spinners 诉 ICI 案中，英国上诉法院要求 ICI 不要配合美国法院做出的判决。美国法院要求 ICI 将部分专利权转让给杜邦公司（O. Khan - Freund，1955）。④ 上诉法院对早些时候莱恩（Ryan）法官在美国诉 ICI 案⑤中的判决置之不理；莱恩法官判决 ICI 处置其工业产权。英国上诉法院则认为这是主张域外管辖权的表现，英国法院不予承认。⑥ 英国法院的案卷主事官在谈及莱恩法官的裁决中认为美国法院勒令消除损害美国贸易的因素并未损害到外国管辖权的观点时，⑦ 这位案卷主事官做出了这样的评述：

如果这位博学的法官意在说明（至少在我看来他是这样的），对

① See Law No. 80-538 16 July 1980, J. O., p. 1799.

② For example, Australia, Canada, South Atrica and New Zealand. Some of these countries reinforced their legislation by amending them under the influence of the UK legislation. For example, Australia replaced its previous legislation with the Foreign Proceedings (Excess of Jurisdiction) Act No. 3 of 1984, and so did Canada and South Africa with the passing of the Foreign Extraterritorial Measures Act, S. C. 1984 c. 49 and the Protection of Business Amendment Act No. 71 of 1984 respectively.

③ *In re Uranium Antitrust Litigation*: *Westinghouse Elec. Corp.* v. *Rio Algom Ltd.*, 617 F 2d, 1248 (7th Cir. 1980).

④ *British Nylon Spinners Ltd.* v. *ICI* [1953] I Ch. 19. See O. Khan-Freund, 'English Contracts and American Antitrust Law: the *Nylon Patent* Case' (1955) 18 *Modern Law Review* 65.

⑤ *United States* v. *ICI*, 100 F. Supp. 504, at 592 (SDNY 1951).

⑥ *British Nylon*, at 24.

⑦ *United States* v. *ICI*, 105 F. Supp. 215 (SDNY 1951), 229.

另一主权国家发号施令或者勒令另一国家法院或国民（用他的话来讲）“消除损害美国贸易的因素”，并未构成对其他主权国家管辖权的侵犯，那么我一定要说的是，我不能同意这种说法。[①]

20 多年后，在 Rio Tinro zinc 诉 Wastinghouse Electric Corp 案中，[②]英国上院对美国域外适用反垄断法的做法表现出类似的抵制态度。Diplock 勋爵的观点是，美国政府以违反美国反垄断法为由，动用美国司法力量对发生在美国境外的英国企业行为发起调查，这构成了对英国主权的侵犯，是不可接受的。[③]

述评

笔者认为，美国以及任何其他寻求本国反垄断法域外适用的国家都应考虑外国的上述观点和利益。美国执法机构在决定根据本国反垄断法针对境外限制竞争行为采取行动时应该顾及自身行为可能对与其他国家之间的关系以及对促进与其他国家反垄断机构之间的合作产生的负面影响（G. Born，1985）。遗憾的是，过去数年来，美国方面并未表现出这种姿态。

一国在试图将本国经济法规和管理方法强加给境外其他主权国家时，应对自身行为加以约束，并充分尊重其他国家在处理内部贸易和国民利益方面的主权和独立性。虽说一国对本国境内违反本国法律的行为拥有绝对的管辖权，即使一国坚信本国法律和政策目标对其他主权国家来说也是最理想的法律和政策目标，该国也不能对外国企业行为主张绝对的管辖权。艾森豪威尔总统的就职演说中，在谈到美国是否应停止将本国反垄断法强加给其他国家的问题时，有过这样著名的表述：我们要尊重世界各国各自追求的目标及传统，美国永远不会利用自身强势威胁其他国家选择的政治和经济制度。

---

① *British Nylon*, 24.

② [1978] 1 All ER 434.

③ [1978] 1 All ER 639. For a good discussion of this case see G. Newman, ‘Potential Havens from American Jurisdiction and Discovery Laws in International Antitrust Enforcement’ (1981) 33 *University of Florida Law Review* 240. See also the similar view expresed in the same case by Lord Wilberforce, at page 448, that ‘it is axiomatic that in antitrust matters the policy of one state may be to defend what is the policy of another state to attack.’

7.5 反思

法律域外适用的侵略行为

一般说来，当A国寻求对B国国民的行为主张管辖权时，这不但构成对B国法律的侵犯，而且还违反了国际礼让原则。认真考察这种情势，就会发现这实质上是一种侵略行为（D. Wood，1992）。在反垄断政策领域，仅就美国而言，其行为已构成司法侵犯。[①] 这就背离了国家间长久已来业已形成的谅解，即如果不存在相反的立法目标，各国应遵守和履行国际公法原则。[②] 其中的一条国际公法原则是，一国国内法不能延伸至其疆域以外，除非是针对其国民的例外情况。各国应意识到其管辖权受到属地原则的限制。遗憾的是，美国法院出于无知或者因为对上述国际法原则藐视，竟然对外国企业的行为主张管辖权，而行使该管辖权的准据法为美国的法律。这为反垄断政策国际化带来了极大困难。

上述美国法院的案例即可说明这一点。从这些案例中可以看出法院在国际公法方面存在认识上的根本性错误，即认为可以根据本国法律起诉外国企业。如果一国真的可以对外国企业主张管辖权，其原因仅仅是外国企业行为在本国产生了“后果”，或者因为该国“禁止”此类行为，那么这种域外管辖权几乎可以无限扩展了。显然我们需要划定一个界限。因此，考察法院的职能应该是我们分析中合理的下一步骤。

法院的职能

美国法院在反垄断法域外适用问题上的处置方式引出关于司法部门在域外管辖权和国际礼让方面的职能问题。尚不能确定司法部门是

---

① See *Timken Roller Bearing Co.* v. *United States*, 341, US 593 (1951); *United States* v. *Minnesota Mining and Mfg. Co.*, 92 F. Supp. 947 (D. Mass. 1950); *United States* v. *Imperial Chem. Indus. Ltd.*, 100 F. Supp. 504(SDNY 1951); *Holophane Co.* v. *United States*, 352, US 903 (1956); *United States* v. *Watchmakers of Switz. Info. Ctr.*, *Inc.*, 1963 Trade Cas. (CCH) 70,600 (SDNY 1962), order modified, 1965 Trade Cas. (CCH) 71,352 (SDNY 1965).

② See *The Schooner Channing Betsy*, 2 Cranch 64, 118(US 1804).

否应该担当这一领域的决策机构（J. Stanford，1978）。在法律与政治交汇的领域，法官能否正确评估其做出的裁决对对外关系的影响是值得怀疑的（D. Blair，M. Joelson in J. Griffin，1979）。[①] 此外，如果国家立法机构没有发出试图跨国界管制有关活动的信号，[②] 法院的干涉行为的正当性就会受到质疑（A. Lowe，1985）。[③]

美国法院似乎在其反垄断分析中并未保持完全客观的态度，而是倾向于保护本国利益而非他国利益（H. Maier. 1983；D. Bowett，1982）。虽说很难期望国内法院在本国利益与他国利益之间实现绝对平衡，但是观察美国法院的司法实践，利益权衡问题并非仅限于法律层面，还涉及其他领域（L. Jaffe，1961），包括国际礼让原则层面。基于此，利益权衡问题在某些情况下带有更多的政治色彩，而非单纯的司法实践。有些观察家认为，法院在这一领域权衡利益既非适当又不可行，这是因为在政治敏感的政治和外交问题上，取得利益平衡一直以来被认为是“司法禁区”（J. Sandage，1985）。即使没有利益驱动下的偏袒行为，总是存在的“家乡本位”的风险也会致使美国法院与其他国家的法院拥有不同的视角（M. Akehurst，1972 – 3）。这就必然导致法院地法（Lex fori）适用的问题（M. Ehrenzweig，1960）。

即使法院有能力行使这一职责，但似乎需要通过政府间磋商和谈

① See D. Blair, ‘The Canadian Experience’ and M. Joelson, ‘The Department of Justice’s Antitrust Guide for International Operations’ in J. Griffin (ed.), *Perspectives on the Extraterritorial Application of US Antitrust and Other Laws* (ABA, Section of International Law, New York, 1979). Interestingly, some US courts have shed some doubt on the competence of the courts to handle issues of this nature. See *In re Uranium Antitrust Litigation*, 480 F. Supp. 1138 (N. D. Ill. 1979), at 1148.

② It has been argued that if the US Congress has not expressed its views on the matter, US counrts in dealing with the extraterritorial scope of US antitrust law should proceed on the presumption that Congress did not intend to violate principles of international law. See generally Trentor, ‘Jurisdiction’.

The case of *Baker* v. *Carr*, 369 US 186 (1962), 198-200 seems to establish that a court should refrain from dealing with an action based on a federal statute unless the prohibition constituting the subject-matter of the action has been declared unlawful by Congress. See E. Craig, ‘Extraterritorial Application of the Sherman Act: the Search for a Jurisdictional Standard’ (1983) 7 *Suffolk Transnational Law Journal* 295.

③ Lowe, ‘Problems’, 731. It is interesting to observe the attitude of the US Court of Appeals for the Seventh Circuit in the *Uranium* case, where the court described the foreign countries, despite the encouragement of the US Department of Justice to them to submit their agruments to the US courts, as ‘surrogates’ for absent defendants, adding that ‘shockingly to us, the governments of the defaulters have subserviently presented for them their case against the exercise of jurisdiction’. *In re Uranium Antitrust Litigation*, 1256 (note 116).

判的方式才能解决问题。[①] 很难想象国际公法适用于国际反垄断问题，因为后者实际上是国家间政策冲突的表现。政策方面的冲突问题更适合的解决手段，应该是磋商和谈判。如果一国法院援引本国反垄断法做出有利于本国的裁决，那么这不仅不算是法制，反而是在司法机制掩饰下的经济霸权主义的表现。[②]

美国法院行使域外管辖权还在一般意义上引起法律和政策的不确定性，对企业来说尤为如此。有迹象表明，过去法院的做法极易令人混淆和相互矛盾（J. McNeill，1998；J. Shenefield，1983；J. Ongman，1977）。目前，美国境外的外国企业很难预测自己的行为是否会违反美国反垄断法。[③] 美国法院的裁决，特别是哈特福德火灾保险公司案中联邦最高法院多数票的意见，增大了这一不确定性。[④]

也有人反对上述意见，认为在法律域外适用和礼让问题上，应该有司法部门介入（S. Burr，1994）。特别值得一提的是，有观点认为分析礼让因素对法院而言是正当行使权力，而且外国考量因素的有无这一事实本身并不能导致法院管辖权的丧失。还有观点称，不应认为对外关系的案件就一定不在司法管辖范围之内。[⑤]

述评

基于以上分析，似乎可以认为法律域外适用问题并非完全地或者说并非基本上属于法律问题。该问题涉及一国与另一国之间的关系，

---

① Former Australian Attorney General P. Durack once argued that law courts should not decide on the justification of law and policy in extraterritoriality conflict, stating that in this kind of conflict an important matter is the question of the impact of the conflict upon foreign relations which is not justiciable, as it falls within the realm of diplomatic negotiations. See P. Durack, 'Extraterritorial Application of US Antitrust Law and US Foreign Policy', address before the ABA Section of International Law, 12 August 1981, Library of Congress, File 1055; J. Snyder, 'International Competition: towards a Normative Theory of United States Antitrust Law and Policy' (1985) 3 *Boston University International Law Journal* 257.

② Support for this point can be found in the case of *Laker Airways* v. *Sabena*, 731 F 2d 909 (D.C. Cir. 1984).

③ In *Laker Airways*, Laker Airways rejected the jurisdictional rule of reason because it considered US courts ill-equipped to determine whether the vital national interests of the USA or those of other nations should predominate, arguing, at pp. 949-50, that balancing 'generally incorporate[s] purely political factors which the court is neither qualified to evaluate comparatively nor capable of properly balancing'. See also the view expressed by some commentators that there are serious doubts that courts are an appropriate forum for evaluating conflicting national and foreign interests on a case-by-case basis. See Turner, 'Application', 233.

④ 此外，三倍赔偿的救济措施增加了遭受美国反垄断诉讼的危险性，因此增大了外国企业面临的风险。参见下文关于"放弃三倍损害赔偿"的讨论。

⑤ See *Baker* v. *Carr*, 369 US 186, 211, at 211-12(1962).

从这个意义上讲，属于国家层次的问题。经常有这样一种情形，即一个国家希望某个卡特尔组织或其他行为长期存在（D. Rosenthal，1980）；或者允许某些国有企业或其他类型大企业免受处罚，不必披露某些信息（D. Papakrivopoulos，1999）；或者当外国反垄断机构域外适用反垄断法时，可免受特定种类的反垄断救济措施约束（J. Shenefield，1983）。国家利益的介入注定要引发各种问题。一个国家决定对另一国家的法律域外适用提出抗议，当然对解决问题于事无补。一些国家如果认为其他国家有称霸之嫌，即使是偶然出现的情况，也会表示坚决反对。这种态度确实存在，而且是处理国家间的关系方面不容忽视的事实。因此，如果问题处理不当，就可能引发严重的国际经济关系冲突。

7.6 法律域外适用及冲突的处理

我们不能指望通过司法途径或其他途径制定一些管辖权规则或礼让规则，借以解决法律的域外适用问题。问题的复杂性远远不止于此。似乎应通过反垄断机构之间增加双边的和多边形式的谈判途径才能解决矛盾（T. Anderson，1992）。各国之间及其反垄断机构之间应紧密合作，如果各国继续这样交换法院裁决书和制定抵制性法规，形势只能愈加恶化。这一问题引起的敌对情绪和摩擦对国家间的关系和反垄断政策国际化进程都会带来负面影响。要解决这一问题，需要找到更有效、更适宜的解决方法。

似乎最理想的结果是，寻找一种域外管辖权的替代途径或者在对外关系方面危害不大的手段，借以避免国内反垄断法的域外适用。但如果找不到这样一种替代手段，就需要着手解决反垄断政策域外适用本身的冲突问题。①

法律域外适用的替代

多数情况下域外适用反垄断法的方法被用来应对境外限制竞争行为，以此促进国外市场开放（J. Farlow，1998）。在提议禁止反垄断法域外适用之前，应首先考虑更有效的替代方案。一种替代方案是运用贸易政策应对境外限制竞争行为引起的市场准入问题。② 贸易政策优于反垄断政策的原因是，当问题涉及多个主权国家时，不能根据国内反垄断法寻求救济措施，特别是从国外搜集信息和调查取证方面都有很大困难。还有一个问题是，并非所有国家的反垄断机构都会出于保护其他国家及其他国家企业动机采取有效行动。

如果用贸易政策代替反垄断政策，当境外限制竞争行为加大市场进入壁垒时，适宜的应对措施是采用相应的贸易政策工具而非反垄断政策工具。其中的一种贸易政策工具是，由国内贸易机构对国外市场进行实证分析，并出具市场准入评价报告。美国反垄断界的人士提出类似建议，主张这种调查方法有助于确认如下情形的存在：市场庞大但没有进口或者进口很少，两个大的市场上没有从一国到另一国的出口，市场之间存在持续的和明显的价格差异。③

上述建议虽有诱人之处，但在许多方面均存在问题。除引起反垄断与贸易政策职能方面的混淆外，④ 通过贸易政策实现反垄断政策目标似乎并不适当。撇开贸易政策部门在反垄断政策方面缺乏经验不

---

① The ture on solutions suggested by scholars is abundant. See Rosenthal and Knighton, *National*; Shenefield, 'Thoughts'; Davidow, 'Extraterritorial'; R. Feinberg, 'Economic Coercion and Economic Sanctions: the Expansion of United States' Extraterritorial Jurisdiction' (1981) 30 *American University Law Review* 323; M. Grippando, 'Declining to Exercise Extraterritorial Jurisdiction on Grounds of International Comity: an Illegitimate Extension of the Judicial Abstention Doctrine' (1983) 23 *Virginia Journal of International Law* 395; B. Grossfeld and P. Rogers, 'A Shared Values Approach to Jurisdictional Conflicts in International Economic Law' (1983) 32 *International and Comparative Law Quarterly* 931; B. Hawk, 'International Antitrust' Policy and the 1982 Acts: the Continuing Need for Reassessment' (1982) 51 *Fordham Law Review* 201; J. Mirabito and W. Friedler, 'The Commission on the International Application of the US Antitrust Laws: Pulling in the Reins' (1982) 6 *Suffolk Transnational Law Journal* 1.

② 参见第8章有关反垄断与贸易政策问题，其中包含有关私人限制竞争行为引起的市场准入问题的讨论。

③ See Report of the International Competition Policy Advisory Committee to the US Attorney General and the Assistant Attorney General for Antitrust (ICPAC) (2000), p. 249. 我们注意到一些企业也曾有过类似提议。柯达公司曾于1999年建议由一家独立机构出具调查报告，以此认定外国市场上存在限制性商业行为并由此构成市场准入壁垒。进一步地，反垄断机构可以在其执法活动中以此为基础。更多内容请登录 http://www.kodak.com。

④ See ch. 8.

谈，这样做的结果只能使反垄断政策变得愈加复杂，并导致其产生不确定性。此外，虽然邀请贸易政策专家和反垄断政策专家联手解决国际反垄断政策问题具有可取之处，① 但在贸易政策中包含反垄断政策则是不适当的。根据美国竞争政策顾问委员会（ICPAC）2000年的一份报告，针对美国境外企业应用贸易政策措施的做法是不可取的。ICPAC的这份报告认为，这种做法存在美国国内企业与国外企业双重标准的风险，从而导致不利于国外企业的结果。报告还警告说，采用双重标准会导致其他国家采取同样的报复措施，对此美国企业坚决反对（ICPAC，2000）。②

减少或避免法律域外适用冲突

除上述避免法律域外适用的提议外，另外一种解决法律域外适用冲突的建议是鼓励国家间紧密合作，从而尽可能地减少（最好是避免）因为法律域外适用产生的冲突。下面的内容是对若干建议展开的讨论。

考虑其他国家反垄断机构处置限制竞争行为的能力

一国在寻求域外适用其本国反垄断法之前，应首先允许其他国家的反垄断机构在应对限制竞争行为方面有所作为（D. Valentine，1998）。该国反垄断机构应考察对方国家能否更有效地处理反垄断案件。从前文的讨论中可以清楚地看到，最近美国所持的立场体现了上面的建议内容，只是并不十分彻底（C. Lytle，1997）。1995年《涉外案件反垄断法执行准则》明确规定，美国执法机构“可以”通过适当的外交渠道与相关国外机构磋商，以期消除在美国的反竞争效果，而不是执行其国内反垄断法。③

域外管辖权的极端例外情况

另一种选择是只有当境外发生的限制竞争行为与本国商业活动和

---

① See ch. 10.

② See ICPAC (2000), p. 251. See, however, the *MCIWorldcom/Sprint* case for a good example of real co-operation between the USA and the EC, with the USA leaving EC matters to the European Commission to handle, discussed in ch. 5.

③ See *Guidelines*, p. 21.

竞争条件之间存在显而易见的因果联系，而且其他国家的反垄断机构未能采取措施处理该问题时，才可以考虑法律域外适用。[①] 因此，反垄断法的域外适用在这里仅局限于与其他国家反垄断机构合作的努力失败的情形。同先前讨论的美国方面的立场相比较，即域外限制竞争行为对美国市场产生了“直接的、实质性的和可以预见的效果”，而不管其他国家的反垄断机构是否采取措施处罚上述限制竞争行为，该建议应该说是一种改进。美国法院为了表示对其他国家利益的尊重，引入了若干措施用以实现该目的。例如，其中有政府行为原则、礼让原则、主权豁免和外国主权强制性规定抗辩等。[②] 如前文所述，美国法院对此增加了司法管辖的合理推定裁定方法。

不过，上述建议存在局限性。即使是域外管辖权的主张类属上述极端例外的情形，也很难确定其他国家能否认同上述建议。此外，外国主权强制性规定抗辩存在多方面问题。某一国家试图让另一国家通过强制性法规规制经济行为，似乎既不寻常又不适当，特别是如果前者主张减少对市场的干预，则这样做即构成对后者自主选择社会经济体系和处置国内事务的干预。

除上述弊端之外，主权豁免抗辩和主权国家强制性规定抗辩似乎适用于政治的而非法律的场合。因此，两种抗辩基本上类属带有政治色彩的自由裁量权工具。美国法院似乎在权衡各种政治因素时享有自

---

① See *United States* v. *Watchmaking of Switzerland Information Centre*, *Inc.* 133 F. Supp. 40(SDNY 1955).

② For a good discussion of these instruments see J. Griffin, ‘United States Antitrust Law and Transnational Transactions: an Introduction’ (1987) 21 *International Lawyer* 307, 327-33; P. Areeda and L. Kaplow, *Antitrust Analysis*:*Problems Text*, *Cases*(Little, Brown, Boston, 1988).

Under the Act of state doctrine, US courts would refrain from questioning the legality of acts adopted by other countries within their jurisdiction. This is because a sovereign country is bound to respect the independence of every other sovereign country and the courts in one country will not sit in judgment on the acts of a government of another country done within its own territory. See *Underhill* v. *Hernandez*, 168 US 250(1897). See also D. Gill, ‘Two Cheers for *Timberlane*’ (1980) 10 *Swiss Review of International Competition Law* 7.

Under the sovereign immunity defence, a country should not be made a defendant in US courts with regard to its political activities, as opposed to commercial activities. See the *Schooner Exch.* v. *M'Faddon*, 11 US (7 Cranch) 116 (1812). See also H. Pittney, ‘Sovereign Compulsion and International Antitrust: Conflicting Laws and Separating Powers’ (1987) 25 *Columbia Journal of Transnational Law* 403. In the USA, Congress enacted the Foreign Sovereign Immunities Act 1976, which gives US courts exclusive responsibility to decide when a foreign sovereign is entitled to immunity in US courts. Note that recently US Congress narrowed the immunity in 1976 by establishing that immunity does not extend to the commercial activity of foreign governments. See the Foreign Sovereign Immunities Act 1998.

For comments on the sovereign compulsion defence and comity see pp. 174-5 above. *Guidelines* (1995), note 167.

由裁量权。让问题变得更为复杂的情况是，美国司法部坚持认为美国法院不能根据礼让原则驳回美国反垄断机构提起的诉讼。根据美国司法部反垄断局的意见，如果司法部已经决定提起反垄断诉讼，即相当于已经裁定美国利益高于其他国家利益，而且被控行为对于美国市场的损害超过任何反垄断诉讼引起的对对外关系造成的损害程度。① 因此，上述建议虽然表面看来是一种较理想的减少域外管辖权冲突的方法，但在实际操作中，该"法律冲突"建议似乎无法实现其避免或减少上述冲突的目标。

尊重国际公法原则

美国法院如果能够更多地尊重国际公法原则，就能够使其更加客观地解决法律域外适用冲突，而不至于优先考虑本国和本国企业的利益，以及损害其他国家及其企业的利益。对国际公法的尊重需要美国法院更加认真地权衡利益关系（E. Eric，1983）。在权衡利益关系方面，法院应超越本国法律和政策目标的限制，考虑其他国家的利益。② 这样，侵犯其他国家主权的行为可望有所减少，而且能够更加尊重国际公法原则，例如确保一国不干涉其他国家内部事务的原则。③

放弃三倍损害赔偿

首先我们注意到的是，三倍损害赔偿的救济方法一直是美国反垄断法中特有的制度。在一些国家，受损害方只有当该国法律明令禁止某种行为时，才可以起诉该行为方。美国反垄断体系下的三倍损害赔偿救济方法已经导致美国与其他国家之间出现紧张关系（ABA，1999）。若干国家提出的观点是，不该让其本国企业受到美国法院的三倍损害赔偿处罚，特别是在涉案行为并未违反其本国反垄断法的情形下。

---

① Guidelines (1995), note 167.

② See the proposal suggested by some writers for the courts to substitute juridical factors of *forum non conveniens* for political decision-making in resolving extraterritorial antitrust case. See Sandage, 'Forum,' 1707-14.

③ See the *Uranium* case and *U. S.* v. *General Electric Co.*, 170 F. Supp. 596 (SDNY 1959).

虽然存在上述抗议，美国方面依然认为三倍损害赔偿在应对国内和国外限制竞争行为方面不失为一种切实有效的手段，并因此强调无意放弃三倍损害赔偿救济措施。ICPAC 在对美国上述措施的解释中认为，美国反垄断法并不区分美国和外国被诉企业。此外，虽然消除三倍损害赔偿救济措施有利于减少与其他国家的法律之间的冲突，但这样做还会鼓励其他国家一贯坚持反对美国反垄断法域外适用的立场。ICPAC 认为，这样一来，外国被诉企业就会受到优于本国企业的待遇，从而引发被诉行为损害进口贸易抑或损害出口贸易的问题。在 ICPAC 看来，从过去的判例判断，很难区分上述两种情形。多数判例中既有损害进口贸易的抗辩理由，也有损害出口贸易的抗辩理由。因此，ICPAC 得出的结论是，虽然增加与外国执法机构和企业的合作存在潜在益处，但仍然不足以改变现有三倍损害赔偿措施。①

尽管 ICPAC 的说辞十分令人信服，但是通过私人诉讼解决由境外限制竞争行为导致的市场准入问题仍然存在许多问题。例如，尽管美国的反垄断机构已经开始在反垄断法的域外适用方面考虑礼让原则，但私人部门企业并无此责任。

目前学术界提出的一个问题是，放弃三倍损害赔偿救济措施是否是正确的选择。一些观察家给出肯定的回答（Rosenthal 和 Knighton，1982）。② 他们认为，取消三倍赔偿救济方法具有积极意义。其原因之一是，虽然主张三倍损害赔偿的诉讼似乎以反垄断政策的公共利益为目标，但实际上代表的是个人利益而非公共利益。此类诉讼与公诉案件形成鲜明对比，因为公诉案件是以公共利益为目标的。因此，私人诉讼方在提起诉讼时没有责任权衡一系列公共利益目标。可以想象，私人诉讼中可能出现故意扩大本国与其他国家反垄断政策差异的现象，其目的是获得有利的法院裁决。为此，取消三倍损害赔偿有利于减少法律域外适用冲突。但是，强迫各国废除三倍损害赔偿这一救

---

① See ICPAC, pp. 247-248. 其他赞同保留三倍损害赔偿措施的理由是，三倍损害赔偿诉讼占美国反垄断诉讼的95%，而且根据判例确定的规则，申请损害赔偿须满足遭受反垄断损害这一条件。因此，例如某家企业被视为存在亏损，但实际上并未发生亏损。拥有市场主导地位的企业与该企业合并，后来导致另一家企业因为此项并购遭受损失，则该企业不能因为遭受损失主张损害赔偿，原因是该损失并非因为限制竞争行为本身遭受的反垄断损害。

② See Rosenthal and Knighton, *National*, p. 88. However, other writers are not particularly optimistic about abandoning private treble damages. See J. Davidow, 'Treble Damage Actions and US Foreign Relations: Taming the "Rouge Elephant"' (1985) *Fordham Corporate Law Institute* 37.

济措施存在很大困难，这是因为国际公法在各国选择何种经济、法律和政治秩序方面不具有约束力，而只能在国家间的反垄断冲突案件中加以干预。

寻求共同标准

在国际反垄断政策的当前发展阶段，有越来越多的国家正在针对共同面临的限制竞争行为制定各自的反垄断体系。各国司法部门应认识到不能单纯地依据本国反垄断法对境外企业的限制竞争行为主张管辖权。正如外国企业的限制竞争行为会对境内市场竞争产生影响一样，本国的司法裁决也同样会影响境外个人或企业。因此，美国的法院，包括联邦最高法院，偶尔会顾及涉案行为发生地国家可能的处置方式，法官也要考虑行为地国家关于域外管辖权的相关法律（J. Quinn，1998）。这里，笔者并非提议司法对等待遇或者尝试建立域外管辖权的最低标准，而是主张各国司法部门应建立一套共同遵守的国际标准，并推进在反垄断法域外适用问题上的协调一致。礼让原则即是这样一种国际标准。国际准则及合作对各国反垄断机构的执法活动产生积极影响，并有助于增强反垄断机构裁定程序的一致性，而且对反垄断机构的自由裁量权形成约束。①

对上述建议扩展来看，我们还可以鼓励各国努力建立一套关于域外适用效果的多边标准。另一种替代途径是国家间的双边协议，以此确保对等待遇和尊重国际礼让原则。毋庸置疑，反垄断法的域外适用存在诸多弊端。因此，近年来我们看到，在反垄断政策领域，国家间出现了双边的、区域的乃至全球范围的合作机制。②

7.7 结论

或许在反垄断法域外适用问题上，主要的反对意见是19世纪沿袭下来的做法已不再适应或者不能及时应对21世纪变化了的条件和进展。其他方面的反对意见还涉及以何种方法或途径减少因为反垄断法的域外适用而引发的冲突问题。

---

① See ch. 4.
② WTO Annual Report 1997, pp. 31-2.

在前文的讨论中，我们清楚地看到，无节制地域外适用本国法律是导致国家间反垄断政策方面紧张关系的主要原因。尽管如此，某些情况下法律的域外适用仍被认为是主张管辖权的合法基础，因为传统的属地原则不足以解决经济问题。基于此，一国不应无节制地主张域外管辖权，而无视其他国家法律、经济和政治利益。

不管怎样，无论域外适用本国法律是否受到约束，似乎都会招致其他国家各种形式的反对意见。为解决因各国反对而导致的冲突，本章考察了各种避免或减少上述冲突的途径。一种理想的状态是建立有效的国际反垄断体系。但是，这不仅要求消除法律域外适用冲突，而且要求完全杜绝法律域外适用行为。一种“次优”选择是司法部门和国内反垄断机构采取某种行动，以期在各国反垄断法和反垄断政策方面促成协调与合作。

最后，本章讨论的内容显示，有相当多的法律域外适用现象涉及一国国内企业限制竞争行为导致另一国企业在本国市场上的准入问题。这一问题常常成为近年来反垄断政策争议的焦点。这一部分内容将在接下来的章节里讨论。

第 8 章

反垄断政策与贸易政策

本章讨论了因国内私有企业的限制竞争行为导致外国企业在本国市场的市场准入问题，特别考察了反垄断政策和贸易政策在上述问题中所扮演的角色，以及导致反垄断政策和贸易政策在解决上述问题中受到制约的因素。本章我们考察反垄断政策与贸易政策之间的关系，正如我们将看到的，这两种政策对市场进入障碍可以施加重要的影响力（特别是在混合型进入壁垒情形下）。不过，本章的目的并非孤立地分析两种政策的详细内容，而是关注反垄断政策与贸易政策在日益一体化和自由化的全球经济背景下的互动。在分析过程中，本章评价两种政策之间的互动联系，以及探讨一种政策应该从另一种政策中吸取怎样的经验教训。

本章结构安排：第 1 节概览；第 2 节阐述影响外国企业进入国内市场的不同的准入问题；第 3 节考察反垄断政策和贸易政策的不同视角；第 4 节探讨根据现有反垄断政策和贸易政策，可以通过怎样的途径解决私有企业限制竞争行为造成的市场准入问题，以及上述途径在长期和短期解决市场准入问题上的局限性；第6节回顾过去10年里该领域的重要进展；第7节探讨分析的意义；第8节结语。

8.1 概览

国际社会多年来主要关注的问题是消除国家层面的贸易和投资壁垒（C. Fedderson，1998）。[①] 上述努力多表现为国与国之间签署的协议，例如20世纪50年代以来作为贸易自由化工具的关贸总协定(GATT)，其他还包括在各国积极努力下建立起来的世界贸易组织(WTO)。虽然这些努力对贸易的增长做出了极大的贡献，但如果能够完全消除私有企业限制竞争行为所造成的贸易壁垒，则可以预期贸易会有更进一步的增长。[②] 诚然，自1960年以来，GATT就认识到私有企业的限制竞争行为可能阻碍世界贸易和各国经济的增长，并且可能挫败关税减让和消除数量性贸易限制措施带来的利益，从而危及GATT的宗旨和目标（S. Waller，2000；E. Fox，2000；WTO Annual Report，1997—1998）。[③] 人们日益将关注重点转向消除私有企业的限制竞争行为，特别是考虑到政府层面的贸易壁垒已经不再像以前那样重要了。

已经有越来越多的人士认识到私有企业的限制竞争行为也可以影响到国与国之间的贸易和投资活动，这就在反垄断政策国际化方面提出了一些有待解决的重要问题（H. Applebaum，1989；C. Ehlermann，1994）。不过在着手讨论这些问题之前，有必要阐明为什么贸易限制问题，特别是私有企业的限制竞争行为所导致的壁垒，是一个值得关注的问题。

从诸多方面考虑，都需要关注私有企业的贸易限制问题，其中最

---

① 区域性经济组织内部也有类似的努力，例如EC、NAFTA和APEC，允许各成员国通过签署协议的方式加入，以利于向贸易自由化目标迈进。

② See statement of J. Klein at the Hearings on Antitrust Enforcement Oversight, before the US House of Rep. Comm. on the Judiciary, 105th Cong., 1st Session, 5 November 1997, http://www.law.house.gov. Also, D. Wood, 'The Internationalization of Antitrust Laws', address at the DePaul Law Rview Symposium, 3 February 1995.

③ 值得一提的是，国际商会(International Chamber of Commerce)并不认为私有企业的限制竞争行为会对全球经济带来危害，而是认为这是企业实施国际化经营战略的结果。See the ICC Joint Working Party on Competition and International Trade's replies to questions posed by the WTO Working Group, 6 October 1998, p.2, http://www.iccwbo.org.

引人注目的方面之一是外国企业在国内市场上的准入问题。首先，需要明确两个概念。一个概念是“市场进入障碍”（hindrance），指任何阻碍企业进入特定市场的因素。但是，在实际操作中有时很难将贸易壁垒与非贸易壁垒划清界限。另一个概念是“市场准入”（market access）（H. Hauser，1991）。[①] 在本书的讨论中，“市场准入”指企业为了销售产品和提供服务进入某一特定市场的条件。从某种意义上来说，该定义与WTO的定义是相似的。根据WTO的界定方法，“市场准入”描述的是商品或服务在另一市场上与本地生产的产品相竞争的程度。在WTO框架内，“市场准入”概念是指某商品能够以非歧视条件进入另一国市场的全部政策环境。需要注意的是，笔者此处给出的定义并非意在涵盖各种现实情况，而是为说明问题给出的一种解释。

导致市场进入障碍的因素可以是企业行为、政府行为，也可以是两者兼而有之的混合型市场进入障碍。[②] 如果市场进入障碍的因素属于前者，则应寻求反垄断政策的解决途径。但如果市场进入障碍属于后一种类型，则应寻求贸易政策及其相关工具的解决途径。但是，如果导致市场进入障碍的因素属于第三种类型，问题的解决途径就不是很明晰了。此时，可能存在反垄断政策和贸易政策均发生作用的情况。运用上述市场进入障碍的分类法，有时很难在私有企业和政府之间划清责任和界限。有些时候导致市场进入障碍的诱因可能既有来自企业方面的，也有来自政府方面的，因为进入限制的性质可能属于混合型的市场进入障碍。

---

① 在反垄断政策领域与之相应的概念是“进入壁垒”(barriers to entry)。不同的学者对“进入壁垒”有不同的界定方法。芝加哥学派的学者对排除性竞争行为(exclusionary practice)做出了十分狭义的解释。例如，Bork认为进入壁垒可以是增加市场进入难度的任何行为(R. Bork，1978)。Bain有更为详细的阐述，Bain的思想使更多人关注进入壁垒问题。他列举的进入壁垒包括规模经济、初始投资和产品差异化程度，主张几乎任何造成市场进入障碍的因素均应视为进入壁垒(J. Bain，1956)。

② 过去曾有关于来自私有企业的或者混合型进入壁垒的申诉。例如，参见美国电子协会(American Electronics Association)关于日本电子市场进入限制的申诉(1996年提交给美国贸易代表处(USTR))以及欧洲和美国汽车零部件厂商关于印度尼西亚和朝鲜市场存在同样进入限制的申诉。详见网站：http://www.ustr.gov。

8.2 限制竞争行为类型

私有企业限制竞争行为

横向协议

横向协议是一种在市场同一水平上的经营者之间达成的协议。国内企业之间的横向协议，例如国内企业之间协议拒绝从外国企业购买产品或拒绝销售从外国企业进口的产品，或者协议拒绝向外国企业提供产品、服务或其他必要的原材料，就可能阻碍外国企业进入国内市场。例如，市场上具有一定支配力量的A国X、Y、Z三家企业决定停止进口B国某商品，协议导致B国经营该产品的企业无法进入A国市场。

纵向协议

纵向协议是一种处在经济活动不同阶段企业之间达成的协议，例如在供货商与销售商之间形成的协议，可能导致外国企业无法建立销售网络，进而阻止外国企业进入国内市场。一般说来，排他性销售协议或排他性采购协议就属于这种情形。此类协议可能在相当程度上增大外国企业的市场进入障碍。

滥用市场主导地位

如果国内处于主导地位的厂商滥用市场主导地位，就可能阻止外国企业进入国内市场。滥用主导地位行为的表现形式可以是拒绝供货或拒绝交易、滥用知识产权（S. Anderman，1998）、掠夺性定价以及针对不同类客户有选择地折价等，其目的均在于将外国企业排除在国内市场之外。

并购

企业之间的并购可能在并购所在国以外产生限制竞争效果。通过兼并方式发展国内龙头企业的行为可能危害境外市场以及阻止潜在的外国竞争者对国内市场的渗透（D. Baker和W. Miller，1996）。

政府行为

政府行为可能在若干方面直接地或间接地阻止外国企业进入国内

市场（S. Waller，2000）。以下列举两种情形说明政府行为如何阻止外国企业进入国内市场。

反垄断法豁免

各国可能直接免除对国内企业的反垄断处罚。这一问题多年来一直备受关注（R. Inman 和 D. Rubinfeld，1997），不过这里的讨论仅涉及反垄断豁免对市场准入的影响，因为境内企业享受的豁免待遇可能影响到境外，特别是对境外欲进入该国国内市场的企业产生影响。反垄断豁免导致的市场准入问题已经引起世界各国的极大关注，因为各国均不愿意单方面缩小国内反垄断豁免的适用范围和频次。从经济合作和发展组织（OECD）《1998 年抵制核心卡特尔的建议》（Recommendations on Hard-Core Cartels）中可以看出，各国均不愿放弃现行反垄断法豁免和除外责任的做法。尽管《1998 年抵制核心卡特尔的建议》中显示各成员国在打击核心卡特尔行动中愿意合作，但此建议并未尝试在各国之间就反垄断法豁免问题达成具有约束性的规则。[①] 结果是，大量反垄断法豁免导致全球相当规模的经济活动避开反垄断法的管辖（E. Fox，1998）。[②] 1996 年在 OECD 资助下由 Hawk 实施的一份研究发现，[③] 在 11 个国家的若干产业部门中存在大量反垄断法豁免规定，这些产业部门包括农业、能源和公用设施、邮政服务、运输、交通、金融服务及出版传媒等。这份研究报告出版至今已有 6 年之久，我们没有见到各国立场有重大转变。

国内反垄断法的战略性应用

一国可能通过间接而又战略性地适用国内反垄断法的途径实现培育“龙头企业”的目标，从而牺牲外国企业的利益。一国可能通过战略性措施保护国内企业的限制竞争行为，这样对本国企业利多弊少。在国内反垄断法的战术性应用方面，一国可通过不同的措施，如“政府行为”原则（“State Action” Doctrine），使国内企业限制竞争行为免受处罚。

① See the OECD website at http://www.oecd.org.
② 参见前文第 7 章关于“减少或避免法律域外适用冲突”的讨论。
③ 参见下文内容。

混合型限制竞争行为

如前文所述，市场准入限制可以表现为混合型进入壁垒。例如，一国政府的行为有利于私有企业的限制竞争行为，① 下面将举例加以说明。

限制外国直接投资

外国企业进入国内市场的途径之一是直接投资。如果一国政府授权国内企业行会组织，例如决定是否准予单个企业经营权，就意味着该行业协会可能利用此权利排除来自外国企业的竞争。

标准化

行业中制定标准化的组织，特别是在高科技领域，例如通信业和信息技术产业，可能会给予国内企业很大的优势。在全球性市场上，制定标准化的组织在国与国之间的贸易活动方面正扮演着越来越重要的角色。企业和消费者都希望使用能够在国外也能正常使用的技术标准。由于国内制定标准的组织的决策使然，某项与其他技术不兼容的外国标准，可能会使那些技术的发展偏向国内选用的标准。结果，外国企业因为没有能力影响国内标准制定组织的决策而无法进入国内市场。

反垄断机构执法不力

国内反垄断机构执法不力也会助长私有企业的限制竞争行为。执法力度不足可能向企业发出政府已经默许其限制竞争行为的讯息。一国的决策者甚至可能积极地鼓励企业分割市场，希望以此稳定国内经济，保护幼稚产业（M. Dabbah，2000）。

述评

在混合型市场进入障碍的情形下，私有企业的限制竞争行为因得

---

① 考察日本客车工业的历史，就会发现屡有混合型进入壁垒的指控。参见 J. Rill 和 C. Chambers，1997。

混合型进入壁垒的新近案例见诸一桩依据美国《1974 年贸易法》(修正案)第 301 条内容的诉讼案，案情涉及墨西哥政府核准下的一项拒绝交易协议。1998 年，美国谷物精加工业者协会向美国贸易代表申诉，缘由是墨西哥政府支持墨西哥糖制品商协会与墨西哥主要软饮料瓶装公司之间签署的一份协议。向美国贸易代表提交的申诉中，墨西哥方面协议双方同意限定购买高果糖浆(HFCS)的数量。See USTR Press Release 99-44，14 May 1999，available at http://www.ustr.gov. Section 301 is discussed at pp. 225-7 below.

到政府的支持，可能导致市场准入问题。由于市场准入问题的成因既有私有企业的参与，又有政府机构的参与，所以很难单独通过反垄断政策或者单独通过贸易政策得到妥善解决，这就混淆了政府和企业责任的界限。① 基于此，我们可以预计国与国之间以及政府与企业之间势必会发生经济的和政治的冲突和紧张局势。在混合型进入壁垒情形下，如果根据反垄断法和贸易政策对政府的参与加以分析，就会发现其实质为法律问题。但有趣的是，两类政策下的法律视角存在差别。根据反垄断政策，政府的参与表示，本来应受到处罚或禁止的私有企业限制竞争行为可能免予反垄断处罚。② 结果是，企业的限制竞争或反竞争行为因为得到政府授权而免受反垄断法处罚，例如该国政府制定了通过规制代替竞争的政策，由政府机构监督该企业的行为。③ 而根据贸易政策，政府的参与意味着增加了出现混合型市场进入障碍的几率。④ 虽然在混合型市场进入障碍情形下政府的积极参与会受到贸易政策，例如 WTO 规则的制约，但对于那些政府参与程度不太明显的情形，例如政府核准或宽容私有企业的行为，就很难确切地说能否得到遏制。⑤

过去 10 年左右的时间里，混合型市场进入障碍案例在反垄断和贸易政策争议中的比例不断上升。虽然尚不存在关于此类争议的经济或统计分析的实证研究，但人们似乎越来越认识到而且有足够证据表明，源自私有企业限制竞争行为对贸易和投资的影响几乎达到了与源自政府行为的影响同样严重的程度。⑥ 同样地，越来越多的人认识到

---

① 当前的贸易政策工具的效果如何尚未在混合型进入壁垒方面得到检验。例如，WTO 技术贸易壁垒协议(TBT)禁止通过制定标准制造市场进入障碍。不过，迄今为止 WTO 争端解决小组尚未依据 TBT 协议裁决争端。参见第 10 章。

② See generally American Bar Association Antitrust Section, Antitrust Law Developments 1049(1997), http://www.abanet.org. A good example is provided in the light of various doctrines such as the foreign sovereign compulsion doctrine, and the foreign sovereign immunity doctrine and the Act of state doctrine.

③ See *Parker* v. *Brown*, 317 US 341 (1943) and *Southern Motor Carriers Rate Conference* v. *US* 471 US 48(1985).

④ 例如，美国方面认为 Kodak/Fuji 案中日本政府在幕后主使企业制造市场进入障碍。参见下文关于"反垄断机构之间的双边合作"的讨论。

⑤ 参见下文中讨论的内容，例如美国国会利用《1974 年贸易法》第 301 条之"宽免"(toleration)的概念，使政府的作用变得更为隐蔽。参见下文本章"贸易政策工具"内容中关于"国内贸易法"的讨论。

⑥ 这里，我们注意到在当前的反垄断政策和贸易政策实践中，当市场上居主导地位的企业拥有其他企业，特别是外国企业的"瓶颈"性专有技术或服务时，尤其是在互联网领域，执法机构往往更关注私有企业限制竞争行为。

私有企业的限制竞争行为可能受到政府行为、政策和制度的庇护。[①]上述政策的实践过程中始终存在的一个问题是：混合型市场进入障碍情形下的市场准入问题是否以及在何种程度上由政府行为而非私有企业的限制竞争行为所致。

此外，有必要澄清"市场准入"的概念在反垄断政策和贸易政策中的地位。虽然贸易政策显而易见的目标是消除人为的市场准入障碍，特别是在1945年以来始终如此，但我们很难确切地说各国在确定反垄断政策目标时关注的是市场准入问题。为了辨别两类政策在"市场准入"概念方面的不同视角，有必要考察反垄断政策与贸易政策的一般差异。

8.3 反垄断政策与贸易政策视角

反垄断政策与贸易政策拥有不同的视角（H. Applebaum，1998）。[②] 第一，两类政策拟解决的经济扭曲属不同类型而且来源也不同。反垄断政策主要关注私有企业行为，[③] 是在国家层次上确定下来的，而且重点在于保护市场运行秩序（R. Hudec，1999）。而贸易政策则是在国际层面上决定的，重点关注政府行为，旨在消除政府试图阻止外国企业进入国内市场的歧视性行为。[④] 第二，反垄断政策要比贸易政策拥有更深厚的法律基础。一些学者认为其原因是贸易政策更多地通过政治程序而非法律程序运作（C. Doern，1992）。不过也可以认为反垄断政策与贸易政策的政治化只是类型的不同，而非程度上的差异（C. Doern 和 S. Wilks，1996）。第三，贸易政策必须建立在贸易增长中利害关系各方之间政治协调一致的基础上，因此其更加

① 美国来自多个行业的企业曾不断提出关于日本企业阻止外国企业进入的申诉。见http://www.ustr.gov。国际贸易谈判中混合型市场准入限制是个备受关注的议题。服务贸易总协定(GATS)第8条和第9条专门针对成员国主导地位企业及"瓶颈"服务和其他服务提供企业的限制贸易的行为制定规范。

② Applebaum有关反垄断政策与贸易政策的一般性对比(H. Applebaum,1998)。此外,参见国际商会竞争与国际贸易联合工作组1998年12月发布的题为"全球范围内的竞争与贸易:国际企业的视角"的报告。网址:http://www.iccwbo.org。

③ 不过需要注意的是,《罗马条约》(Treaty of Rome)中反垄断政策部分中有关于政府援助的规则。例如EC条约第86条,根据本条之规定欧盟委员会得以监督与政府关联的企业限制竞争行为。

④ 同上。

关注“生产者利益”[1]。同贸易政策相比，反垄断政策倾向于关注消费者利益。[2] 第四，并非全部反垄断政策问题都是贸易政策所关心的问题。例如，贸易政策中一般不关注跨国并购审查中的程序法和实体法问题。此外，国际卡特尔对单个国家和全球经济来讲似乎构成严重问题，并招致反垄断政策方面的激烈争议，但在贸易政策方面，国际卡特尔还未直接地被纳入讨论的议题。第五，在反垄断政策与贸易政策出现交叉时，依据不同类别的政策会得出不同的结论。从反垄断政策角度考察限制竞争的行为意味着须从效率和消费者福利以及本书第3章提及的其他目标予以考虑；而从贸易政策角度考察时，则主要关注该限制竞争行为是否对国与国之间的贸易和投资活动产生负面冲击，以及是否因阻止外国企业进入国内市场而导致市场准入问题。值得一提的是，从贸易政策角度看，限制竞争的行为即使有助于增进效率及国内市场主体的福利，还可能招致谴责。[3]

8.4　不同的政策工具

本节内容考察反垄断政策和贸易政策中可采用哪些政策工具来应对私有企业的限制竞争行为。

反垄断政策工具

法律的域外适用

如果一国未能有效地解决国内企业试图阻止外国企业进入国内市场的限制竞争行为，外国企业的本国政府就希望通过域外适用本国反垄断法以期进入该“国内”市场。[4]

尽管如此，本国政府域外适用反垄断法的努力可能会因为若干因

① G. Feketekuty, “Reflections on the Interaction between Trade Policy and Competition Policy: a Contribution to the Development of a Conceptual Framework” (OECD, Paris, 1993).

② *Ibid.*, p. 15. See also J. Finger (ed.), *Antidumping: How It Works and Who Gets Hurt?* (University of Michigan Press, Michigan, 1993); T. Boddez and M. Trebilcock, *Unfinished Business: Reforming Trade Remedy Laws in North America* (C. D. Howe Institute, Toronto, 1993).

③ See WTO Annual Report 1997, p. 56.

④ The use of extraterritoriality to open foreign markets is referred to in the USA as ‘outbound’ extraterritoriality. See *United States* v. *Pilkington plc*, 59 Fed. Reg. 30604 (1994), in which the US Department of Justice challenged restrictions imposed by Pilkington in the UK that prevented US firms from exporting to the UK. See further ch. 7.

素遭致挫败；本书前面几章内容就此已有过讨论，从中我们看到域外适用本国反垄断法的途径未必足以有效地解决境外反垄断问题，更何况依赖域外适用的做法有可能加大国与国之间的矛盾和产生反垄断法执行方面的不同意见，进而导致反垄断政策和贸易政策之间的严重冲突（D. Papatrivopoulos，1992）。下面用一个假设的例子来说明这一点。

假如A、B两国均建立了一套有效的反垄断法体系。假定A国X企业的限制竞争行为在A国既不破坏市场竞争条件，又没有构成对其他企业的损害，但是B国Y企业因此却无法进入A国市场。当然，A国反垄断机构关注的主要问题是保护A国市场上的竞争条件，甚至是竞争者。因为X企业的行为并未对市场及其他企业造成损害，所以A国可能选择不起诉X企业——即使X企业已经损害Y企业的利益。但是，B国的反垄断机构因为担忧A国反垄断机构的不作为行为，可能域外适用本国反垄断法，来为Y企业打开市场。同一案件中不同国家的反垄断机构却就同一法律事实得出不同的结论，这就可能导致A、B两国之间的冲突并引起不确定性。

反垄断机构的双边合作

与反垄断法的域外适用途径相比较，不同国家的反垄断机构之间在执法过程中的合作可以成为另一种可行的替代选择。通过反垄断法的域外适用解决私有企业限制竞争行为的途径存在诸多问题。[①] 更重要的是，反垄断机构之间的合作有助于消除国与国之间反垄断实践中的冲突，而且有利于解决反垄断案件调查过程中难以获取信息和证据的问题。[②] 合作的益处还在于使企业免受不同国家反垄断机构的重复执法以及相互冲突的裁决之苦。[③] 如果是因为私有企业的限制竞争行为引起了市场准入问题，反垄断机构之间的合作就有助于解决开放市场和促进全球经济贸易与投资的增长。本章中，我们重点讨论三类反垄断机构之间的双边合作。

积极礼让原则的双边协议

签订含有积极礼让原则的双边协议有助于反垄断机构之间的合

---

① See ch. 7.
② WTO Annual Report 1997, p.31.
③ See ch. 9.

作。1999年OECD发布的一份研究报告显示，在国与国之间的反垄断执法活动中应用积极礼让原则存在6大益处。这些益处包括：提高针对非法行为的救济措施的效率，提高调查效率，减少交换保密信息和其他信息的麻烦，避免域外管辖权冲突，防止损害请求国的利益，以及保护其他受保护国的合法利益。根据积极礼让原则，协议的一方（称为请求方）可要求另一方（称为受请求方）解决后者影响前者利益的境内违反竞争法的行为问题。此类协议的一个例证是EC与美国于1991年9月23日签署的含有积极礼让原则的协议。该协议内容于1998年经由另一份协议得到扩展。本书第5章对上述两份协议内容均有讨论。①

积极礼让原则不仅因其被写入反垄断机构之间的正式协议而变得日益重要，而且其重要性还体现在该原则在反垄断案件中得到了应用。② 不过，业内十分关注的问题是，签订含有积极礼让条款的协议，可望在多大程度上促使各国反垄断机构自然地考虑其执法活动对其他国家利益的影响。在积极礼让原则的应用范围问题上，一种较合理的做法是不应过于狭义地解释礼让概念，否则只能在"纯粹冲突"情形（即一家企业不可能在不违反其他国家法律的前提下又能遵守本国法律的情形）下才适用礼让原则。

积极礼让原则的实际运用

有时可以看到另一种合作机制，即所谓积极礼让原则的实际运用。当各国反垄断机构之间不存在正式含有积极礼让条款的协议时，在反垄断机构之间仍有可能遵照积极礼让原则寻求合作。美国在柯达—富士胶卷案（Kodak/Fuji）中正是这样做的。③

本案中，柯达公司指控日本执法机构和富士胶卷公司的行为致使其无法进入日本胶卷和相纸市场。在受理柯达公司的指控方面，美国

---

① 参见前文第5章"欧盟反垄断法在单一市场之外的重要性"内容中关于"双边视角：欧盟/美国关系"的讨论。

② 例如，加拿大与EC反垄断机构之间签订了《执法活动中对等通告和越境请求的合作性执法协议》。根据该协议，每一方均得考虑对方利益。除须认真遵守传统礼让原则之外，协议还规定对执行过程中的相关信息的保密义务。详见网址：http://www.europa.eu.int/comm/dg04/intern/multilateral。另一例证见诸美国与以色列之间签署的一份协议。该协议规定有执法合作和协作、执法行动通告和保密等内容。详见《美国—以色列竞争法领域合作协议》（US-Israel Agreement Regarding the Application of Their Competition Laws）。

③ Japan-Measures Affecting Consumer Photographic Film and Paper, WT/DS44/R (98-0886), 31 March 1998, http://www.wto.org/wto/ddf/ep/public.htm.

贸易代表处（USTR）向WTO提出申诉，认为日本执法机构和富士公司的行为构成不合理的进入壁垒。[①] 美国贸易代表处还将柯达公司的申诉转送日本的联邦贸易委员会（JFTC）。在送交日本方面的函件中，美国贸易代表处表示希望与JFTC在WTO专家组协调下展开对话，就限制性商业行为进行磋商。美国贸易代表处还表示，美国方面希望与日本商谈行业内存在的大量限制竞争行为的事实，并要求日本方面采取适当行动。[②] 美国贸易代表处向JFTC表示，美国方面愿意提供一切必要信息，以利于协助日本方面展开调查。美国司法部也表示愿意为JFTC展开相关市场的限制竞争行为的分析提供援助。

JFTC受理了美国方面的申诉，但裁定富士公司的行为并未违反反垄断法。JFTC认为任何企业都允许进入市场，市场和销售环节对境内外企业都是敞开的。美国方面的政府和企业对上述裁定并不满意。有些人对美国和日本在反垄断法领域的合作前景表示担心，特别是当时美国与欧盟之间已经在此方面取得进展，并签有合作协议。[③] 人们的这种担忧并不局限于本案的最后结局，还涉及其他一些因素，例如美国对日本打击限制竞争行为的决心，以及对反垄断执法的承诺缺乏信心。日本反垄断法体系中依靠行政指令及非正式的决策程序，这也是令人担忧的一个原因。相比之下，美国方面坚持透明和程序公正原则，因此美国方面质疑日本反垄断法的效率（G. Saxonhouse 和 K. Yamamura，1986）。

1999年，日本和美国签署反垄断法领域的执法合作协议。协议内容包括执法通告和积极礼让的规定。依据该协议，一方应通知另一方其执法活动，并就协议下规定的事项进行磋商。不过，协议并未规

---

① See press release, 'US Launches Broad WTO Case under GATT, GATS against Japan on Film' June 1996, http://www.wto.org/wto/ddf/ep/public.htm; Office of the USTR, 'Section 304 Determination: Barriers to Access to the Japanese Market for Consumer Photographic Film and Paper' 1996, http: www.ustr.gov. A WTO panel decided this case adversely to the US complaints. See. J. Ramseyer, 'The Costs of the Consensual Myth: Antitrust Enforcement and Institutional Barriers to Litigation in Japan' (1985) 94 *Yale Law Journal* 604; J. Trachtman, 'International Regulatory Competition, Externalization, and Jurisdiction' (1993) 34 *Harvard Journal of International Law* 47, 54-5; H. First, 'Selling Antitrust in Japan' (1993) 7 *Antitrust* 34; W. Fugate, 'Antitrust Aspects of US-Japanese Trade' (1983) 15 *Case Western Reserve Journal of International Law* 505, 524.

② Office of the USTR, press release, 'Acting US Trade Representative Charlene Barshefsky Announces Action on Film', 13 June 1996.

③ See, for example, remarks by some members of the US Senate: 'Senate Sub-Committee Focuses on International Enforcement, Positive Comity', 6 May 1999. See http://www.senate.gov/-dewine.

定严格实施日本反垄断法，而是要求协议双方均根据现有法规实施协议中的规定，这就意味着协议的执行存在着不确定性。①

积极礼让原则外的其他协议

含有积极礼让条款的协议并非反垄断机构之间签署的唯一类型的协议，还存在其他类协议，例如通过交换非秘密信息旨在加强执法合作的协议。这种合作有利于加强全球范围反垄断法的实施。此外，反垄断合作还有益于促进国际贸易和投资的流动，加快市场的开放。

一般说来，上述协议规定协议一方应在其执法活动有可能影响其他国家重大利益时，考虑其他国家利益并通告对方。这就是通常所说的“消极礼让”。此外，此类协议还通常规定协议双方的反垄断机构的相关官员之间每年举行磋商，商讨互相提供援助的条件；并可能进一步规定，在适当条件下，协议双方在执法活动中合作。

已经有若干反垄断机构之间订立此类协议。早在 1976 年，美国与德国签署协议②。1982 年，美国与澳大利亚签署协议。③ 1984 年，美国又与加拿大签署协议。④ 值得注意的是，上述协议的内容因为 1986 年 OECD 发布的一份建议而得以增强。⑤ 该建议的最近一次修订是在 1995 年。⑥

述评

上述类型的合作当然有助于增强全球反垄断政策的一致性。这种一致性以及各国国内反垄断机构之间持续的磋商合作必然有利于各国

---

① See Agreement Concerning US-Japan Co-operation on Anti-Competitive Activities, 7 October 1999.

② Agreement between the US and Germany Relating to Mutual Co-operation Regarding Restrictive Business Practices, 23 June 1976.

③ Agreement between the US and Australia Relating to Co-operation on Antitrust Matters, 23 April 1997. This agreement was reinforced in 1999 by a mutual enforcement assistance agreement.

④ Memorandum of Understanding between Canada and the US as to Notification, Consultation and Co-operation with Respect to the Application of National Antitrust Laws. This Memorandum of Understanding was superseded in 1995 by the Agreement between the US and Canada Regarding the Application of Their Competition and Deceptive Marketing Practices Laws, 23 April, 1997.

⑤ Recommendation of the Council for Co-operation between Member Countries in Areas of Potential Conflict between Competition and Trade Policies, OECD Doc. C(86) 65(Final), 23 October 1986. The 1986 OECD Recommendation revised earlier versions issued on 5 October 1967 [C(678) 53 (Final)], 3 July 1983 [C(73) 99(Final)], 25 September 1979 [C(79) 154 (Final)] and 21 May 1986 [C(86)44(Final)].

⑥ Revised Recommendation of the Council Concerning Co-operation between Member Countries on Anti-Competitive Practices Affecting International Trade, OECD Doc. C(95) 130 (Final), 27-8 July 1995.

国内反垄断法的实体规则及程序规则趋向一致和融合,[①] 进而提高反垄断政策的效率和促进各国之间的公平竞争。毋庸置疑，上述合作的益处有利于市场的开放和贸易与投资的增长。

不过，上述合作存在某些局限性，主要表现在有关交换保密信息的除外规定。反垄断机构之间若没有涉案企业的同意，将无法交换保密信息。[②] 在笔者看来，这一合作方面的缺憾致使反垄断机构很难真正地解决跨国限制竞争行为问题（D. Rosenthal，1998）。[③] 1994 年，美国国会通过了《国际反垄断执行协助法》（International Antitrust Enforcement Assistance Act），允许美国反垄断机构与外国反垄断机构之间在特定条件下，获取和交换保密条款项下的信息和证据。该法案还规定，美国反垄断机构可以启动司法程序，代表外国政府从国民那里获取保密信息，前提条件是外国政府同意保障机密信息的安全性，并采取措施保证对等待遇。1999 年，美国与澳大利亚签署基于该法案的协议。不过，有学者认为此类协议虽然有助于扫除信息保密的障碍，却仍不能解决全部问题。其原因是此类协议并非解决冲突的工具。虽然签订这类协议的结果有助于反垄断机构之间的紧密联系，甚至从各国国内反垄断法规的层面看，各国国内反垄断法之间本来存在内容大相径庭的现象（例如有关纵向竞争限制的规定），但上述协议仍具有局限性，反垄断机构之间在执法活动中仍然需要努力，以期在所依据的基本原则问题上取得一致意见。如果缺少一套共同遵守的、意见一致基础上的反垄断规则，并在此基础上建立一套解决争端的机制或程序，贸易摩擦就在所难免。很难想象在反垄断政策国际化的进程中，仅仅依赖若干相互之间内容各异的双边协议，就可以实现公平竞争的目标。此外，此类合作的范围还受到各国反垄断法内容和执法程序差异方面的限制。例如，回顾前文第 5 章讨论的内容，明显可以看出 EC 反垄断法目标绝非仅仅在于增加消费者福利和提高企业效

---

① See ch. 3.

② See WTO Annual Report 1997, p. 32.

③ D. Rosenthal, 'Equipping the Multilateral Trading System with a Style and Principles to Increase Market Access' (1998) 6 *George Mason Law Review* 543, 568. Other, albeit more limited, agreements have been concluded by the USA with other states, including Canada. The latter, for example, has been confined to criminal investigations, including criminal antitrust law cases. See A. Bingaman, 'US Antitrust Policies in World Trade', address before the World Trade Center Chicago Seminar on GATT after Uruguay, Chicago, Illinois, 16 May 1994, avaible at http://www.usdoj.gov/atr/public/speeches/94-05-16.txt.

率，还意在实现单一市场的一体化目标。而在美国，后者目标还未得到认可，也不是美国反垄断法目标中必需的。上述不同之处注定要导致两个机构之间政策工具方面,[①] 特别是在纵向竞争限制、市场主导地位滥用以及企业并购方面形成差异。[②]

上述合作的另一方面的缺陷，还表现在反垄断机构之间的合作方面，以及建立积极礼让原则基础上的规则框架的长期性和巨大投入。目前来讲，含有积极礼让条款的协议数目寥寥无几。因此，如果找不到便于在全球经济背景下更加现实地解决反垄断问题的方法，例如通过多边途径,[③] 各国反垄断机构之间就应考虑建立一种上述双边协议的联合机制，特别应包含那些未能有效实施国内反垄断法的国家。效仿欧盟—美国模式，充分利用各国反垄断机构通过签订相似协议业已取得的成果，在目前来讲是应采取的下一个步骤。

贸易政策工具

WTO 框架规则

WTO 的规则并非旨在调整私有企业限制竞争行为。这些规则是对政府行为进行规制，而非针对私有企业行为。目前，并不存在直接解决私有企业限制竞争行为的国际规则。不过，尚不能完全排除将 WTO 规则扩展至私有企业的可能性。[④] 这里，若干 WTO 规则和运行机制值得探讨，其中包括每个 WTO 总括性协议项下有关磋商和合作的内容、WTO 框架下有关非歧视和透明度的基本规则、WTO 规则中业已存在的关于要求各国政府在打击或规制私有企业限制竞争行为方面需遵守的最低标准（例如在基础电信领域）、有关针对企业行为救济措施的规定，例如在反倾销领域以及在 WTO 争端解决机制方面；此外，随着乌拉圭回合谈判的结束，乌拉圭回合以后多边贸易体制中

---

① See chs. 4. and 9.

② See for example, how the EC antitrust rules in relation to vertical restraints have been reformed, with the enactment of Regulation 2790/99 EC. See R. Whish, 'Regulation 2790/99: the Commission's "New Style" Block Exemption for Vertical Agreements' (2000) 37 *Common Market Law Review* 887. Also, with regard to market dominance, Article 82 EC jurisprudence is admittedly far more substantial than section 2 Sherman Act 1890 case law.

③ See chs. 9 and 10.

④ The issues here regarding the role of the WTO in antitrust policy are highly controversial. See D. Papakrivopoulos, 'Role'; Report of the WTO Working Group on the Interaction between Trade and Competition Policy to the General Council, 8 December 1998, WT/WGTCP/2, http://www.wto.org; Waller, 'Can US Antitrust Laws?', 211.

有关解决反垄断政策问题的领域正在不断扩展。[①]

WTO在这方面做出贡献的一种方式是通过WTO多边体系要求各成员国建立和实施解决私有企业限制竞争行为的法律体系。可以说目前WTO体系下已经存在实施该方案的基础。例如，根据《技术贸易壁垒协议》，成员国须采取切实可行的措施，以确保其国内民间制定标准的机构遵守《技术贸易壁垒协议》中关于最惠国待遇原则、国民待遇原则和其他基本原则。《技术贸易壁垒协议》还规定，在某些义务方面，成员国须建立和实施积极的政策措施，用以辅佐其非中央政府部门遵守《技术贸易壁垒协议》的规定。WTO体系下成员国可以通过多种方式解决私有企业的限制竞争行为问题。[②] 其中的一种方式是WTO要求成员国采纳一些基本原则，例如《服务贸易总协定》(GATS)[③] 中规定的诸原则。加入该协议的成员国必须遵守这些原则。另一种方式是经由WTO制定详细的实体法规则，例如《与贸易有关的知识产权协议》(TRIPS)[④]。第三种方式是要求成员国在国内法体系中建立和实施某种程序，通过国内法体系保护企业利益。[⑤]

国内贸易法

另一种解决外国市场上私有企业限制市场准入行为问题的途径是诉诸各国的贸易法规。但是同前一种解决途径相比，该途径未必保证优于前一种选择。这是因为尚不存在哪一国家的国内贸易法规直接地规制上述行为。不过，至少从理论上讲，可通过国内贸易法间接地调整上述行为，下面举例说明。

个案研究：美国《1974年贸易法》301条款

在美国，依据《1974年贸易法》(修订案) 第301条的规定，私有企业限制市场准入的行为可被视为“不合理的外国行为”(unreasonable foreign practice)。[⑥] “301条款”拟解决外国政府的行为或政策中存在“不公平”、“不公正”、“不合理”和“阻碍或限制了

---

① WTO Annual Report 1997, at p. 32. See also the outcome of the WTO 4th Ministerial Conference held in Doha in November 2001, discussed at pp. 245-6 below.

② Marrakesh Agreement Establishing the WTO, Annex 1A, at Arts. 3.1, 3.5 and 8.1, 15 April 1994.

③ Ibid., Annex 1B, Article IX.

④ Ibild., Annex 1C.

⑤ See ch. 9.

⑥ 该法案仅在有限范围内适用于政府对私有企业限制竞争行为持宽容态度的情形。见A. Smith,1994。

美国贸易”的情形，其中包括那些违背国际准则和原则的行为或政策，例如最惠国待遇原则。一贯地宽容私有企业限制竞争行为的政策和执法活动也属于上述“不合理”的情形，因此也在301条款的适用范围之内。① 根据该条款内容，当美国企业在外国市场遇到准入障碍，且其原因是该国有一家或多家企业“一贯地”（systematic）从事限制竞争行为，致使美国贸易遭受阻碍或准入限制，则该国被视为宽容此类行为，因为该国未能实施其国内反垄断法。

不过在实际操作中，301条款的有效性出于三方面原因受到限制。第一，《1974年贸易法》，特别是该法案第301条款并未界定“宽容”、“限制竞争”、“一贯地”等概念。② 第二，负责实施该法案的美国贸易代表处在决定是否提起诉讼方面享有完全的自由裁量权。回顾本书第4章讨论的内容，反垄断机构行使自由裁量权可导致反垄断政策的国际化难题。因此这一点不容忽视。第三，301条款下的程序不涉及庭审、司法裁决和救济措施等程序。确实，法案条文中提及起诉、调查、听证和贸易“报复”（retaliation），但在实际操作中这些元素都在301条款程序中消失了。因此，更为确切的说法是，美国贸易代表处以301条款为工具，用以展开旨在消除外国政府的不公平贸易惯例的谈判。甚至在报复措施方面，301条款下的程序大多数的结果是通过谈判解决争端，而非采用贸易报复手段。其中有两个原因支持这一观点。第一，诉诸贸易报复手段似乎损害美国提出申诉的产业界利益，很少的例外情况是，所涉及产品的贸易存在双向市场准入问题。在这些例外情形下，报复性贸易限制措施只能使美国提出申诉的企业受益。除此之外，美国产业界从贸易报复手段中得不到任何利益。在多数情况下，申诉者所关心的外国不公平做法不会因为采取报复措施得以解决，而且申诉者又得不到任何益处。第二，如果外国限制竞争行为类属上述“不合理”情形，则美国贸易代表处如果采取报复措施，则有违反WTO规则的风险，因为其他国家可能将争端提交WTO争端解决机制裁决。这种情形下美国多半会被迫停止报复

---

① See subsection 1(d)(3).

② 1988年,《1974年贸易法》修订后第301条款规定的“不合理”惯例或行为也适用于政府行为,条件是政府一贯地宽容外国企业的妨碍竞争、限制市场准入的行为。见H. Applebaum,1989。

措施。

述评

我们无法确定美国是否会选择回避报复手段。例如，1992 年至 2000 年期间，克林顿政府的政策中，即使存在招致其他 WTO 成员国的强烈反对的风险，美国也可能选择采取贸易报复措施。不过既然克林顿政府目前已不掌握政权，美国是否会延续这一政策，也是个不得而知的问题。例如，在前文提到的柯达—富士胶卷案的争端中，美国贸易代表处最终决定回避 301 条款解决问题的途径，而将政府不公平做法的争端提交 WTO 多边机制，并在解决私有企业限制竞争行为方面转向积极礼让原则。基于此，我们不禁要问美国未来是否会援引 301 条款来解决市场准入问题争端。尽管如此，我们将关注当前共和党总统乔治·W. 布什执政下有关 301 条款的政策，以及美国贸易政策和反垄断政策的发展动向。布什政府自执政两年多来，实际上并未采取何种一贯的、一致性的或理性的贸易政策，不过布什政府已经显示出愿意在反垄断政策领域与主要贸易伙伴，例如 EC，展开双边和多边层次上的合作。[①]

8.5 市场准入原则

首先须明确一点，虽然上述现实意义上的反垄断政策和贸易政策途径，特别是积极礼让原则，有可能在长期内用作有效地解决私有企业限制市场准入行为问题的手段，但我们不能不看到，每一种政策工具均存在某些缺陷。例如，法律域外适用似乎在解决某些问题的同时，又引发了更多其他的问题。反垄断机构之间建立的合作机制缺乏足以构筑全球反垄断政策框架的基础。另一方面，贸易政策途径非常显而易见和主要的局限，在于贸易政策并非直接地调整私有企业限制竞争的行为。为了能有效地突破上述局限性，就需要从反垄断政策途径入手，建立一套国际化机制或手段，这就是我们探讨的反垄断政策国际化问题（E. Fox，1997）。这里我们注意到，一些国家因为国内企业遇到在外国市场的准入困难，并且为了应对企业要求解决源自政

① 参见前文内容中关于“反垄断机构之间的双边合作”的讨论以及后文第 9 章关于国际竞争网络(ICN)的讨论。

府或私有企业的进入壁垒和混合型进入壁垒这一呼声，而主张反垄断政策国际化。

国内反垄断使用途径

多数国家的国内反垄断机构，特别是美国的反垄断机构不接受的一种观点，就是在实施国内反垄断法过程中应考虑对其他国家经济和外国企业带来的负面影响。例如，从前一章的讨论中我们已经看到，美国新近在反垄断法领域关于配置效率和消费者福利的问题方面，重在从市场效率贡献度的角度等看待外国企业和本国企业的作用。① 基于此，似乎没有理由考虑国内企业的行为对外国企业是否产生负面影响。② 这就意味着，如果国内企业的限制竞争行为能够更多地使国内消费者受益和增进市场效率，该企业行为就会受到鼓励。这也意味该政策无视广泛意义上的全球福利，包括在国内市场遭遇准入障碍的外国企业的福利损失。③ 此外，虽然国内反垄断政策至多能在建立自由的多边贸易体系方面做出贡献，却无助于一国出口的增长（S. Waller，2000）。

在市场竞争日益白热化和全球化的今天，通过国内反垄断机构的途径在若干国家似乎都不受欢迎或不能令人满意（D. Baker，1974）。例如，OECD 和 WTO 对国内反垄断政策途径表示某种保留意见。1995 年 OECD 的一份文件中有这样的表述：

> 正如贸易政策应在促进消费者利益方面做出更多回应，竞争政策中也应该引入更多国际因素并且顾及边境以外生产者兼消费者的利益。④

WTO 也有类似的表述，认为：

> 即使单纯从配置效率方面考虑，因为国内反垄断政策中仅考虑国内效率和福利问题，而忽视对境外生产者和消费者带来的负面影响，所以各国竞争法的实施，有时不能顾及贸易伙伴的利益⑤。

---

① See *Northern Pacific Railway* v. *United States*, 356 US 1,4(1958).

② See 'The EC Communication to the WTO Working Group on the Interaction between Trade and Competition Policy', 24 November 1997, http://www.wto.org.

③ WTO Annual Report 1997, p. 31.

④ *New Dimensions of Market Access in Globalizing World Economy* (OECD, Paris, 1995), p. 254.

⑤ WTO Annual Report 1997, p. 75.

显然，重要的国际组织的上述观点有助于把各国国内反垄断机构关注的重点由国内转移到关注全球福利和效率问题，以此加速反垄断政策国际化。但是，在可以预见的未来，难以确定这种观点能否得到各国及其国内反垄断机构，特别是美国及美国反垄断机构的支持。再有，有些重要的组织已经表示出这方面的疑虑。例如，国际商会（ICC）曾表示，不会在近期支持将反垄断政策纳入多边贸易谈判议题。ICC认为，国际社会在反垄断政策和贸易政策诸多复杂问题方面尚未取得足够的共识，将上述议题纳入WTO多边谈判的时机尚不成熟。①

反垄断政策的市场准入原则

笔者认为，通过建立普遍的反垄断政策市场准入原则，可以有效地解决私有企业限制竞争行为引起的市场准入问题。该原则与贸易政策中的市场准入原则相对应。该普遍市场准入原则禁止一切形式的阻止外国企业进入国内市场的限制竞争行为，包括源自私有企业和源自政府机构的限制竞争行为。对私有企业与政府机构的限制竞争行为不加区分可避开是否存在混合型进入壁垒的难题。建议该原则首先在WTO多边框架下实施，以此获得更多成员国的支持而形成共识。② 随着在WTO多边框架下引入普遍的市场准入原则，各成员国有责任在其国内法体系中采用该原则。各国应建立有效的执行机制和引入调查措施、实施细则和公正程序，在非歧视原则基础上为其他国家提供充分的法律救济，以及依据国内法体系规定受理企业申诉。WTO将负责监督各国是否采纳和实施该普遍市场准入原则。③

普遍市场准入原则的确立

限制竞争行为的范围

在反垄断政策领域中，建立普遍的市场准入原则是一个渐进的过

---

① See ‘ICC Opposes Inclusion of Antitrust in Next Round of Trade Negotiations’, June 1999, http://www.iccwbo.org. See also p. 263 below.

② 不过值得注意的一点是，在目前的贸易政策方面WTO多边体制已经形成较为完善的框架。因此，本章的讨论中应考虑贸易政策与反垄断政策之间的差别。

③ See Communication of the European Commission, submitted by L. Brittan and K. van Miert, COM (96) 296 Final, p. 11.

程，不能指望一夜间建立涵盖包括卡特尔、纵向限制、滥用主导地位和并购等在内的一切限制竞争行为的普遍原则。应该采取的做法是，首先建立包含某些类型的限制竞争行为的原则，然后随着普遍原则的逐步完善和形成共识，可将这些原则扩展至其他类型的限制竞争行为。例如，最初阶段似乎应该包含核心卡特尔和并购行为，而不是纵向限制和滥用主导地位的行为。国际社会在首先解决卡特尔问题方面已形成共识。[①] 此外，并购审查似乎是一个亟待解决和备受关注的问题。另一方面，纵向限制问题则存在诸多困难（E. Fox，1997；P. Marsden，1998）。因为现实情况是，在如何处理纵向限制的问题上，即使一国反垄断法体系内部，也存在不一致性和不明确性，更不用说在国际层面上形成共识了。因此，在纵向限制问题上比较可行的建议是，首先在一国反垄断法体系内澄清和确定一个规制原则，之后才有可能考虑该领域的国际化问题。基于此，一些国家主张通过 WTO 确立的市场准入原则调整纵向限制等行为。例如，欧盟委员会一直明确地主张制定一套纵向限制规则。根据该纵向限制规则，即使纵向限制并未违反或背离国内反垄断法，但如果引起市场准入问题，则也应对其制止。不过，特别是在 WTO 多边体系下，欧盟的主张一直遭到美国的反对。[②] 再有，滥用主导地位行为似乎并未引发亟待解决的激烈冲突，原因是世界市场上居主导地位的企业并不多见。[③]

新功能主义理论

运用新功能主义理论，可以在反垄断政策领域建立一套上述的市场准入原则。

新功能主义的内涵

新功能主义是一种政治理论，内容是说在一个国际背景下，一个权力独立的机构如何形成以及之后又怎样实现进一步的统合。[④] 新功能主义理论可以解释为什么具有独立身份、动机和目标的单个利益主

---

① 参见在美国提议下 OECD 发布的《关于核心卡特尔的报告》，http://www.oecd.org/daf/clp/。又见前注第9页中 EC 的观点，认为应首先关注卡特尔，特别是出口卡特尔。OECD 的建议中提议成员国利用国内反垄断法有效地打击核心卡特尔。不过，OECD 建议允许成员国依据自身法律准予任何形式的例外和授权。尽管如此，OECD 建议中还规定成员国任何背离普遍原则的政策都应该是透明的并要定期接受评议，以确保这种政策的必要性和适当性。

② See ch. 9.

③ 见下文。

④ 该术语源自 E. Haas（1970）。

体能够融合并建立一个新的体系。虽然新功能主义理论曾被应用于其他领域（E. Haas，1964），但尚未在反垄断政策领域得到应用。新功能主义理论一般用来解释主权国家为什么以及通过怎样的方式决定让渡主权，以及各国何以自愿地彼此会集或混合，以及如何在失去某些主权特征的同时获取解决相互关系冲突的新方法，包括彼此间可能产生的任何冲突。特别值得注意的是，新功能主义理论描述一种过程，通过该过程，若干彼此背景迥异的国家政治主体愿意变更其隶属关系、预期目标和政治活动，并转移至一个新的中心。在这里，超越国家的权威机构对先前存在的完全独立主权国家享有管辖权（E. Haas，1961）。

这里，笔者运用新功能主义理论解释反垄断政策国际化的若干特征。笔者认为，该理论在反垄断政策国际化进程中有助于形成共识，特别是在有关反垄断政策与贸易政策关系方面形成共识。前文中我们看到，贸易政策具有国际属性和关联关系，而反垄断政策似乎更多地表现为具有国内属性；反垄断政策的法律基础源于属于国内的关联关系（E. Fox，1997）。新功能主义理论有助于解释如何产生从贸易政策到反垄断政策的扩溢效应（spill-over），进而促进反垄断政策国际化。

新功能主义理论与市场准入

新功能主义理论似乎正在得到越来越多的支持。例如，有些学者主张在当前的市场条件下——这些学者以全球化为例说明——任何有关全球化利与弊的争议都应从产业分析角度出发。但持上述观点的学者们并未显示出他们意识到该理论的作用。如前文所述，新功能主义理论的重要内容是从一个领域到另一个领域的扩溢效应概念。[①] 在反垄断政策国际化方面，这种扩溢效应该如何起作用呢？在建立反垄断政策领域中的市场准入原则方面，扩溢效应可望在两个层面上发生作用。第一，将会产生从贸易政策（该领域中已经建立有效的市场准入原则）到反垄断政策的扩溢效应。最初阶段的途径是在私有企业限制竞争行为方面采纳一般的市场准入原则。第二，一旦产生了上述的扩溢效应，上述一般的市场准入原则就应扩展到某些类型的限制竞

① See R. Kanbur's recent papers, available at http://www.people.cornell.edu/pages/sk145/papers.htm.

争行为，例如卡特尔和并购等，进而逐步扩展到其他类型的限制竞争行为，例如纵向协议和滥用主导地位等。

协调多种利益主体及其观点

除有助于建立反垄断政策领域的市场准入原则之外，新功能主义理论还有助于说明反垄断政策国际化过程中不同主体的作用。必须认识到，反垄断政策国际化进程中并非主权国家充当唯一主体，在主权国家之上和之下的多个层面上均存在发生作用的因素。主权国家层面以下的主体包括单个企业、企业利益集团以及消费者等。主权国家层面以上的主体，包括现存区域性和超越国家的权威机构，例如欧盟（EC）、北美自由贸易协定（NAFTA）、澳大利亚—新西兰促进经济关系贸易协议（ANCESTRA）、OECD 以及 WTO 等。[①] 上述组织有助于促进经济一体化，有利于建立利益集团和加强各利益集团之间的联系。

在反垄断政策国际化的进程中，主权国家扮演着怎样的角色呢？依据新功能主义理论，主权国家的作用是做出“具有建设性的回应”（R. Harrison，1974）。主权国家的决策机构拥有最终的政治权力。主权国家可以接受、回避、忽视甚至破坏源自其上一层或下一层权力机构依据市场条件做出的决策。新功能主义理论在反垄断政策国际化进程中，在调整各种利益主体之间的关系和协调各种观点方面，都大有作为。该理论还有助于促使反垄断法的多种日标趋向协调一致。因此，应建议将新功能理论应用于反垄断政策国际化方面。

8.6 政策关系的重要进展

从国际层面、区域层面以及国家层面上看，在反垄断政策与贸易政策之间关系方面，已经取得了一些值得瞩目的进展。本节内容总结了这 10 年中在这方面所做出的努力。

---

① For a review of these frameworks see R. Harmsen and M. Leidy, ‘Regional Trading Arrangements’ in S. Khemani (ed.), *International Trade Policies: the Uruguay Round and beyond* (IMF, Washington D.C., 1994).

WTO 多边体制下的进展

1996 年，因为当时反垄断政策领域市场准入问题的严重性，WTO 框架内部成立了一个贸易与竞争政策互动工作组。[1] 该工作组的建立连同 1996 年 12 月设立的新加坡工作项目（Singapore Working Programme），反映出反垄断政策与贸易政策之间的紧密关系。上述努力旨在通过规制机制改革途径来促进市场开放，增加市场的可竞争性和竞争力，从而产生有利于国内和国外企业的效果。同时，WTO 内部关于反垄断政策的讨论也反映出这样一种长期共识，即源自私有企业的限制竞争行为可能损害通过谈判取得的贸易自由化成果，从而减损成员国应得的利益，而且可能对在消除源自政府机构的贸易与投资限制措施方面所取得的成果不利。

在过去的两年里，WTO 发布了若干关于反垄断政策与贸易政策关系的报告，其中最为重要的当属 1997 年的《WTO 年度报告》。这份报告中有关考察反垄断政策和贸易政策之间的关系，以及关于反垄断政策在多边贸易体制下的作用的讨论值得我们关注。

OECD 区域层面上的进展

在过去的 10 年中，OECD 曾发布若干份涉及反垄断政策与贸易政策之间关系的报告。[2] 这些报告涵盖若干关于两类政策之间关系的题目。其中备受关注的题目是反垄断政策与贸易政策之间的一致与冲突问题。其中的一些报告强调两类政策之间仍然存在差别，特别是在政策目标和方法方面。[3] 不过，这些报告未能描述出上述差异在多大程度上妨碍到其他政策的实施。

值得注意的是，虽然这些报告中都认识到两类政策之间存在的重大差别，却都得出了两类政策大致相容的结论。他们认为反垄断政策与贸易政策属于基本目标相同的互补政策：自由贸易与自由竞争的目

---

① See document WT/MIN (96) Dec., para. 20, http://www.wto.org.

② 这些年来，OECD 从事过多个重要的研究项目，例如，1984 年限制性商业惯例专家组发布的《竞争与贸易政策报告：二者之间的互动》。这份报告考察了如何建立一种改进的反垄断政策与贸易政策之间冲突的国际框架。网址：http://www.oecd.org。

③ See *Consistencies and Inconsistencies between Trade and Competition Policies* (OECD, Paris, 1999).

标是互为支撑的。[①] 仅就市场准入问题而言，其中的一些报告——特别是那份代表贸易委员会（Trade Committee）和竞争法（Competition Law）与政策委员会（Policy Committee）观点的 Hawk 报告，[②] 阐释了市场准入与国内竞争法的执行之间的关系。例如，在这方面，Hawk 报告主张，加强国内反垄断法的实施有助于减少或减轻源自私有企业限制竞争行为引发的市场准入问题的贸易争端。该报告还认为，这样做有助于减少反垄断法的域外适用。

过去两年来，OECD 特别关注的一个问题是寻求通过一种“理想的和互补的”途径来促进反垄断政策国际化，例如促进国内反垄断法的自愿融合，增进反垄断机构之间的双边合作，签署含有反垄断政策条款的区域性协定，建立多边反垄断政策规则，进而有助于签订多边反垄断政策协议。[③] 这些建议具有重要意义，因为这样做的益处之一，就是鼓励非成员国家、学术界和企业界代表参与寻求解决问题的途径。这些建议的重要性还体现在其本身具有跨学科性质。[④]

美国司法部反托拉斯局的进展

国际竞争政策顾问委员会（ICPAC）是于 1997 年由前任美国司法部长 J. 罗诺（J. Rono）和前任助理检查长（反垄断局局长）J. 克莱恩（J. Klein）建立起来的，其目的在于考察全球经济背景下出现反垄断政策方面的问题时，应采用怎样的政策工具和如何更新观念。ICPAC 的部分工作内容涉及反垄断政策与贸易政策之间的关系问题。1999 年 2 月 ICPAC 发表的一份报告中涵盖若干方面的问题。本章内容因篇幅有限，无法就此问题展开讨论。

仅就反垄断政策与贸易政策而言，ICPAC 对当前政策做出评价，得出的结论是，在全球经济条件下不存在具体适合的途径解决所有的反垄断政策问题，但又未提出具体的建议。有学者认为 ICPAC 的报告不能令人满意，而且需要提出一些建议。[⑤]

---

① See *Trade and Competition Policy for Tomorrow* (OECD, Paris, 1999).
② See *Antitrust and Market Access* (OECD, Paris, 1996).
③ See *International Options to Improve the Coherence between Trade and Competition Policies* (OECD, Paris, 2000).
④ See *Trade and Competition Policy: Exploring the Way Forward* (OECD, Paris, 1999).
⑤ 同前注。

美国律师协会（ABA）的进展

2000年1月，美国律师协会反垄断分部工作组与国际贸易分部工作组联合发表一份关于源自私有企业限制竞争行为的市场准入问题的研究报告。该报告呼吁各国在其管辖范围内采取行动，制止私有企业限制竞争、妨碍外国企业进入国内市场的严重扭曲市场竞争秩序的行为。工作组并未提议各国在反垄断法实体规则和程序细则方面达成共识，而是建议各国在政策方面遵照最惠国待遇原则，并且提供一个公正透明、准许外国企业就市场准入问题提出申诉并在限定期间内给予解决的法律环境。在争端解决机制问题上，当一国未能解决源自私有企业限制竞争行为的市场准入问题并引起对方国家不满时，美国律师协会并未表示其立场。此外，这份报告对WTO在反垄断政策领域的作用问题未加评论。

8.7　分析的意义

人为的市场进入壁垒势必引发贸易争端。当源自非政府机构的私有企业限制竞争行为引起市场准入问题，并构成依据反垄断法界定的违法行为时，就应适用反垄断法解决市场准入问题。但反垄断机构并非总是这样做。有些情况下一国政府可能选择不执行其反垄断法，不去制止私有企业限制竞争行为，市场准入问题就得不到解决，由此可能导致国与国之间的贸易争执。这时，市场准入问题因为具有混合型市场进入障碍属性而难以解决。

反垄断政策与贸易政策的可替代性

上述讨论显示，在当前情况下，通过反垄断政策和贸易政策解决市场准入问题的途径均不能解决混合型市场进入障碍，特别是不能禁止私有企业的限制竞争行为。不过，上面的讨论并未涉及用一种政策替代另一种政策的可行性问题。当然，如果贸易政策的实施真地能使反垄断政策失去其存在的必要性，就不必通过反垄断政策解决源自私有企业限制竞争行为引起的或与之相关的市场准入问题，那么也就没有必要再去考虑是否在反垄断政策领域引入一套普遍原则或者任何原则的问题。

贸易政策替代反垄断政策

不过，即使贸易政策途径真地可以替代反垄断政策，使后者失去其必要性，我们也不妨在讨论中对此持怀疑态度。① 这是因为虽然从自由贸易立场看，贸易政策途径大大地减少了反垄断政策存在的必要性，但这并不意味着反垄断法及政策就绝对地没有用武之地。自由贸易政策必须以得到市场上企业的自由进入为补充条件，包括潜在竞争者的自由进入，特别是在服务业以及产品竞争仅发生在国内市场情形下，更需要如此②。

上述观点与另一项研究所得出的结论不谋而合，该研究的内容是如何利用反垄断政策解决国际贸易领域源于私有企业限制竞争行为的市场准入问题。贸易与投资的自由化是推动经济全球化的一支重要力量。消除贸易与投资壁垒未必能保证市场的自由进入。1993 年 OECD 部长会议上提交的一份报告主张经济的全球化有利于提高生产、营销效率和降低价格、改进产品质量和增加产品品种，但前提条件是市场准入条件和竞争环境不受破坏并且有所改善。③ 随着企业在不断全球化的市场竞争环境中努力维持和改善自身竞争地位，企业可能在国内市场上从事某些排斥外国竞争的行为。虽然有时很难辨别企业行为属于促进竞争还是属于制造市场进入壁垒的妨碍竞争行为，但我们不应否认反垄断政策在解决外国企业遇到市场准入问题方面的重要作用④，因此，综上所述，全球经济需要反垄断政策，而且贸易政策的存在不能影响我们的结论。

反垄断政策替代贸易政策

问题的另一面是能否通过实施反垄断政策而免去实施贸易政策的必要性，特别是在混合型进入障碍情形下替代贸易政策的可能性。如果回答是肯定的，进一步需要回答的问题是，反垄断政策在自由贸易

---

① See ch. 7.

② B. Hoekman and P. Mavroidis, 1994, p. 3; W. Shughart, J. Silverman and R. Tollison in F. McChesney and W. Shughart (eds), 1995, p. 180; M. Trebilcock in C. Doern and S. Wilks, 1996, p. 270.

③ See Joint Progress Report on Trade and Competition Policies submitted by the Committee on Competition Law and Policy and the Trade. p. 2.

④ A. B. Zampetti and P. Sauve, *New Dimensions of Market Access: an Overview* (OECD, Paris, 1995), p. 19. See also WTO Annual Report 1997, p. 32.

环境下以及在全球经济背景下表现为怎样的形式？当然，虽然贸易政策工具可以用来消除源自政府机构的市场准入问题，但这些政策工具并非是用来解决源自私有企业限制竞争行为的市场准入问题的。① 从这个意义上讲，是国内反垄断政策制度的缺陷或实施不力，使限制竞争行为未能被禁止，并导致外国企业的市场准入问题，形成妨碍来自国外竞争的进入壁垒，并限制了国与国之间贸易和投资的流动。

对抗因为私有企业限制竞争行为而产生的国际贸易壁垒，反垄断政策可以是一种有效的手段，但是该政策手段作为一种贸易救济措施的有效性受到若干因素的制约。首先，尚不知晓反垄断政策与贸易政策在解决市场准入问题上存在相似和相异之处的本质。其次，尚不能确定在反垄断法领域是否存在广为接受的用以解决市场准入问题的准则。最后，各国有可能在反垄断法问题上就如何解决市场准入问题争执不休。各国似乎对于彼此反垄断机构解决争端的能力存在疑虑，这就可能触发国与国之间关于争端解决方式的争执（E. Fox，1995）。

上述限制因素主要涉及反垄断法的适用范围和目标问题。② 前文讨论中，我们注意到国内反垄断法的效率可能因为豁免条款受到限制。③ 反垄断法除外条款影响执法效率的一个具体例证是出口卡特尔。几乎全部贸易大国都有某种形式的免责规定（U. Immenga，1995）。

国内反垄断法的效力范围也因为反垄断法的执行方面的原因受到限制。这里，我们从三方面考察反垄断法执行的重要性。第一，外国企业在多大程度上享有通过私人诉讼寻求利用贸易伙伴国家国内反垄断法获得救济的权利。外国企业的利益能否得到保护存在两方面的制约因素。其一，贸易伙伴国家的反垄断法体系是否允许私有企业提起诉讼；其二，外国企业如果既非本地注册企业又不具有其他法律地位，是否拥有提起诉讼的资格。④ 第二，国内负责实施反垄断法的权力机构在多大程度上执行涉外案件。⑤ 国内反垄断政策保护外国贸易

---

① WTO 官方网站提供许多由各国提交给 WTO 贸易与竞争政策互动工作组的相关信息。网址：http://www.wto.org。

② See WTO Annual Report 1997，pp. 46-8.

③ 参见前文第 8 章关于“限制竞争行为类型”的讨论。

④ See ch. 9.

⑤ See ch. 4.

利益的程度可能因为国内反垄断规则得不到有效的执行而受到限制。这一问题非常难于解决，特别是考虑到反垄断政策的执行效率涉及国内反垄断机构的自由裁量权问题。第三，国内反垄断机构在多大程度上免受政治压力制约。这一问题的产生源于贸易政策的政治属性。国内反垄断法在解决贸易政策问题方面的有效性取决于国内反垄断机构是否独立。确保反垄断机构的独立性十分有利于保护外国企业利益，有利于鼓励和促使反垄断机构受理和解决市场上的限制竞争行为问题。①

关于反垄断法的目标，第 3 章已经作过详细讨论。继续前面的讨论，显然各国国内反垄断法之间存在不同的目标。在美国，反垄断法普遍认同的目标是保持经济效率和保护消费者福利。而在 EC，其他方面的目标，例如促进市场一体化等，也具有同等重要的地位。一般认为利用反垄断法充当贸易救济措施方面，经济效率目标和消费者福利目标优于公平和政治目标。这是因为前者目标是中性的，而后者目标可能被用来偏袒国内企业和损害外国企业及消费者利益。更广泛的政治目标有可能损害到反垄断法和反垄断政策在有效地对抗市场限制竞争行为方面职能的发挥。值得注意的是，WTO 协议中表述的多边贸易体制目标即为“提高生活水平”和“依据可持续发展的目标实现全世界资源的最优配置”，似乎促进全球经济效率的提高和增加福利即属于上述目标范畴。

两种政策的冲突与协调

然而需要注意的一点是，即使反垄断政策目标确定为保持经济效率和保护消费者福利，仍然不能确保反垄断政策和贸易政策在如何解决市场准入问题方面达成一致。纵向限制问题就是一个例证，但是，如果反垄断政策与贸易政策能够从共同视角看问题，上述分歧也不致形成大的问题（D. Marsden，1998）。不过，如果两类政策之间确实存在分歧，则该意见分歧也可以仅仅视为视角的不同，而非原则上的差异。反垄断政策与贸易政策正是因为原则上的差异，才导致传统上两类政策的不同职能和两类政策之间的冲突（M. Trebicock，1993）。

① 参见第 3 章关于“公共干预”的讨论。

反垄断政策与贸易政策在市场准入问题上具有相容性，这已为EC反垄断法的实践所证实。在EC，资本、劳动力的自由流动，反垄断政策和贸易政策在共同促进实现欧盟经济持续、和谐和稳定发展的目标方面一直被认为存在互补关系。[①] 两类政策的共同目标是实现资源的有效配置。贸易政策通过消除外国企业进入壁垒促进效率目标，而反垄断政策也通过阻止企业从事限制竞争的行为促进效率目标（M. Dabbah，2000）。不过，有时依据反垄断政策的分析方法，外国企业或本国竞争者不得进入某一市场，以防市场竞争条件遭到破坏。这时，两类政策的目标得到满足，效率目标得以实现（P. Marsden，1998）。

综上所述，全球范围内出现了因限制竞争和排除竞争行为而引起的市场准入问题，该问题的严重程度正在引起国际社会决策者的关注，特别是混合型市场进入障碍问题更是成为焦点。上述限制竞争行为使得反垄断政策与贸易政策之间产生了互动关系。贸易政策在国际层面上已经有了很大发展，特别是在WTO多边框架内。相比之下，反垄断政策仍然没有建立国际层面的规则。但是，本书通篇探讨在国际层面建立反垄断规则的问题，这是因为上述问题是各国反垄断机构均面临的核心问题。

这些年来，国际社会越来越多地关注反垄断政策与贸易政策之间的关系问题，其主要原因是世界经济的一体化和全球化发展。这显示出私有企业限制竞争的行为可能威胁到境外市场的竞争环境。此外，随着全球经济贸易与投资的增长，外国企业越来越关心国内反垄断法体系能否有效地解决国内企业限制竞争行为引起的市场准入问题。

目前看来，反垄断政策目标仍然局限于国内利益的考虑。在国际层面上既不存在可以强制实施的规则，又没有建立任何国际机构实施这样的规则。不过，WTO框架下的某些协议已经在有限范围内间接地解决了反垄断政策问题。[②] 在WTO框架之外存在一些双边的、区域性的和多边的机制和框架，并在寻求解决限制竞争行为问题方面建立了磋商和合作机制，其中有EC、NAFTA、ANCESTRA、UNCTAD、

① 参见EC条约第2、3、4条。又见第5章关于欧盟反垄断法的章节。
② See ch. 9.

世界银行、OECD以及新近的国际竞争网络（ICN）。① 例如，OECD发布一系列建议和指南用以解决私有企业的限制竞争行为问题。不过，我们将在下一章的讨论中看到，其中大多数的规则依靠成员国自愿遵守，因此不具有法律约束力。

市场准入的普遍原则

目前，尚不存在国际层面的反垄断规则。本章里，笔者提议建立一套市场准入原则，以期增进反垄断政策执行的效率。从贸易政策的视角看，这是一个可行的选择。一国在实施贸易自由化措施后，十分期望贸易自由化带来的福利和效率方面的利益不因私有企业限制竞争的行为而再一次失去。在多边贸易体制内部，成员国也同样希望不要因为自身限制竞争的行为而失去或损害因为做出贸易自由化承诺而换取的利益。反垄断法和反垄断政策中一般不制定具体的贸易政策目标，例如促进市场开放等。但是，在追求促进经济效率的提高和增进消费者福利目标方面，必须有效地实施反垄断法，这样才能解除企业建立的进入壁垒或制止其他形式的限制竞争行为，以解决国内和国外企业遭遇的市场准入问题。

此外，在反垄断政策领域采纳一套普遍的市场准入原则不仅有利于促进贸易和投资的流动，而且有助于反垄断政策执法活动的一致性，更好地补充贸易政策的不足，并在此基础上展开进一步的国际合作。从贸易政策角度来看，这是一个很好的选择：因为所有国家都会从利用反垄断法制止限制竞争行为和从消除市场准入障碍中受益。在全球市场上，消除贸易和投资障碍将极大地改善市场竞争条件。同时，如果没有一套有效的反垄断法规则框架，企业方面就会受到通过从事限制竞争行为阻止外国企业进入国内市场的激励。各国在适用国内反垄断法方面的管辖权冲突还会对全球贸易体系带来冲击。进一步地，如果反垄断机构通过反垄断法的域外适用打开外国市场，就会产生更为严重的冲突。② 此外，如果缺乏一套有效的反垄断法救济措施，就会导致一些国家单边采取贸易制裁措施，或者导致签订违反全球贸易体系下业已确立和共同遵守的双边协议。显然，这种情况下合

① 参见第9章关于这些组织的讨论。
② See ch. 7.

乎情理的选择，应该是通过国内反垄断法的实施，制止损害国内利益和其他国家利益的行为，并寻求与其他国家的合作。无论从反垄断政策角度还是从贸易政策角度看，加强反垄断政策方面的国际合作都是明智的选择。

WTO框架下的反垄断政策

反垄断机构之间主要的合作方式一直表现为签订双边协议。协议中写入若干重要条款，例如积极礼让原则，十分有助于通过反垄断机构之间的合作减少发生冲突的范围，以利于实现保护竞争的共同目标，其中包括涉及外国企业案件中保护外国企业的利益。不过，尽管这种合作方式存在诸多实际的和潜在的益处，国际社会还是逐渐认识到通过多边框架发挥作用的必要性。全球制定反垄断法的国家超过100个，而且还有30多个国家正在制定反垄断法，我们不可能指望单一管辖权下的某个反垄断机构与全世界所有的国家之间制定完全相同的反垄断法和进行各方面的合作。这样一种前景是不可能实现的。一国用于反垄断政策的行政支出有限，难以承担如此高的费用支出，更不用提这种双边基础上的合作效率和利益了。因此，寻求在多边框架下解决问题的时机已经成熟。

WTO可以作为开展上述合作的适合场所。① 与其他现存的建有实际的或潜在的反垄断议程的国际机构不同的是，WTO多边框架既包含发展中国家成员，又包含发达国家成员，并且已经能够实施具有法律约束力的规则，又能因为顾及发展中国家在反垄断法规则和执法程序方面的差异以及特殊关心的问题，而具有灵活性。② 如果能够利用WTO机制建立一套多边框架，就有可能在相当程度上建立一套反垄断政策领域的市场准入原则；这不仅可以补充贸易政策的不足，而且有助于全球经济目标的实现。WTO认为，在反垄断法或反垄断执法方面的任何立场，包括决定不制定反垄断法规，或者不执行现存法规，都是一种政策选择。③ 这就是说常常很难区分私有企业限制竞争

---

① 不过，我们注意到美国一般拒绝在WTO框架内寻求解决反垄断政策问题的途径。参见第9章。
② See chs. 9 and 10.
③ See WTO Annual Report 1997.

行为与公共部门政策，因为私有企业限制竞争行为的存在可能归因于政府的政策选择，即在本来可以干预的场合决定不加干预或不执行现存法规。

在2001年11月多哈举行的WTO第4次部长级会议期间，大会议程已经纳入了在WTO体系下建立反垄断政策多边框架的设想。该问题在会上引起成员国间富有建设性的争论。这次会议极为重要，因为所有签署多哈宣言的成员国第一次意识到，有必要在WTO体系下通过谈判建立关于反垄断政策和贸易政策的多边框架。其中一些成员曾一度质疑在WTO体系内将竞争政策纳入谈判议程的可能性，例如一些发展中国家。这次会议的重要性还体现在美国在通过多边途径，特别是通过WTO途径解决反垄断政策问题方面发生了态度上的根本转变。本书在第5章的讨论中已经提及华盛顿态度的转变问题。这一态度转变确实是个好消息，因为美国表现出对于WTO框架内的多边规则的接纳态度，而且美国支持多哈会议上形成的文本内容。

毋庸置疑，赞同将反垄断政策纳入WTO议程的任何成员都会认为多哈会议上取得的成果是一个具有建设性的、令人满意的和积极的进展。这是因为多年来在是否应该将反垄断政策纳入多边谈判的问题上始终存在争议。通过WTO多边谈判途径达成协议无疑将突显过去20年来在降低贸易壁垒和促进贸易自由化方面业已取得的成果。此方面的进展还有利于促进国内反垄断体系的建设，特别是有利于在发展中国家传播竞争文化，有助于有效地打击全球范围的限制竞争行为，增强不同国家反垄断机构之间的合作。总之，多哈会议具有重大的积极意义。至少在2003年第5次WTO部长级会议之前，多哈会议成果有利于澄清亟待解决的重要议题。除此之外，多哈会议的成果预示着不久的将来即有可能在WTO体系下开展关于建立反垄断政策多边框架的谈判。

8.8 结论

国内市场上私有企业限制竞争行为可能引起市场准入问题。市场准入问题的成因可以是纯粹的私有企业限制竞争行为，也可以是混合型市场进入障碍。在前一种情况下，反垄断政策工具是当然的选择。

但是，我们无法确定当前各国在怎样的程度上通过反垄断政策工具解决上述妨碍竞争的问题。在后一种混合型市场进入障碍情况下，因为既涉及反垄断政策，又涉及贸易政策，所以选择哪一种途径是很困难的。有学者主张在当前情况下，反垄断政策和贸易政策均不是解决上述市场竞争问题的最佳选择。因此，本章里，笔者建议建立一种替代方案，用以解决混合型市场进入障碍以及源自私有企业限制竞争行为问题。这里笔者的建议是反垄断政策国际化。讨论中，我们关注的一个问题是在反垄断政策领域建立一套市场准入原则。

虽然 WTO 规则并非用来调整私有企业的行为，笔者仍然提议在 WTO 体系内部建立一套市场准入原则。这里，我们不必追问 WTO 是否是解决私有企业的限制竞争行为问题的场所，而应提出一个关键问题，那就是：各国应在多大程度上愿意在反垄断政策领域建立一套全球性的框架原则，借以促进贸易自由化目标。有关这方面内容的争论留在下一章讨论。下一章，我们将采用比较的方法，大致回顾反垄断政策国际化的进程。

第9章

历史回顾与未来展望：比较分析

前面的章节已经分析讨论了与反垄断政策国际化相关的问题、概念和观点。这些都是反垄断政策国际化的中心内容，前文还讨论了它们之间的关系。纵观上述章节，讨论是分几个层次进行的，通常可以从过去、现在和将来几个角度展开。本章旨在将反垄断政策国际化的过去、现在以及将来可能的发展整合在一起。

本章结构如下：第 1 节回顾过去的发展。欲了解反垄断政策国际化未来的发展方向，很重要的一点是首先对过去的经验进行考察。第 2 节构筑了关于国际组织处理国际反垄断政策的制度框架。第 3 节试图将目前反垄断政策国际化发展情况和即将出现的新类型联系在一起。第 4 节是关于政治权力以及企业与国家的利益问题。第 5 节对不同的反垄断体系模式进行了说明。第 6 节考察了欧盟和美国在反垄断政策国际化上的冲突。第 7 节阐释了不同国家的反垄断法和反垄断政策的国际协调过程。第 8 节是一些实质性的问题。第 9 节是结论。

9.1 历史回顾

在20世纪的前25年，反竞争的活动引起人们的普遍反感，从国际联盟将其看成“世界贸易的敌人”就可以看出这一点。这对20世纪30年代早期的经济活动产生了重要影响。当时，许多国家采用卡特尔的形式来为后来的第二次世界大战作准备，最明显的是德国、意大利和日本①。《哈瓦那宪章》草案的诞生就是为了处理国际卡特尔和反竞争问题的。宪章草案旨在建立一个国际贸易组织（International Trade Organization）并设立条款处理限制性商业行为②。宪章草案对设想中的ITO成员国施加了一个义务，以防止企业采取“在国际贸易中抑制竞争、限制利用市场或促进垄断控制”的行为，这些限制性行为干扰了宪章中贸易自由化的目标③。宪章规定成员国可以就这些限制性行为向国际贸易组织提出申诉。根据宪章第48条，国际贸易组织有资格对存在限制性竞争行为的企业的所属国进行调查并要求其采取行动。但是，由于美国对反垄断政策国际化的反对，ITO事实上并没有真正成立，宪章也被认为是失败的（A. Lowenfeld, 1983）。这一结果可能很让人吃惊，尤其是考虑到美国当时对限制竞争行为的反对态度（T. Arnold, 1973；C. Edwards, 1967；I. Bruce和E. Clubb, 1991）。这一点可以从美国前总统福兰克林·罗斯福给前国务卿科德尔·赫尔的信中看出：

在过去的半个世纪中，美国已经形成了反对私人垄断的传统。《谢尔曼法》和《克莱顿法》如同美国宪法的法定诉讼程序条款一样已经成为人们的一种生活方式。这些法令通过保护消费者免受垄断的影响来保证竞争带来的收益。

这个政策与你在公共服务方面多年支持的国际贸易自由原则是密切配合的。贸易协议计划的目的是消除国际商业中贸易自由流动的障碍，反垄断法旨在消除国家间贸易以及国外商业贸易中存在的垄断

① 参见第2章中反垄断法历史视角的相关内容。

② See Havana Charter for an International *Trade Organization*, *UN Doc*. E/Conf. 2/78 1948. Printed in C. Wilcox, *A Charter for World Trade* (Macmillan, New York, 1949). See also. P. Muchlinski, *Multinational Enterprises and the Law* (Blackwell, Oxford, 1995), p.403.

③ Havana Charter, Article 46.

限制。

不幸的是，许多国家，尤其是欧洲国家，并没有这种反卡特尔的传统。相反，卡特尔还得到了一些政府的支持。德国尤其如此。而且，纳粹还把卡特尔作为达到其政治目的的政府工具。纳粹利用工业托拉斯法本公司（I. G. Farben）的历史犹如一部侦探小说。纳粹军队的失败紧接着必将是这些经济福利武器的消亡。但是消除了德国的政治活动，人们仍然需要卡特尔。限制了国外贸易货物流动的卡特尔将不得不受到抑制。在国际贸易中，这一目标的达成只有通过与美国的合作才能实现。

我希望你能对国际卡特尔的各个方面有所关注，因为我们即将迎来我们与其他国家几乎必然对此进行讨论的时刻。①

在对《哈瓦那宪章》进行了5年不成功的尝试之后，联合国经济与社会理事会（ECOSOC）建议应加入一个协定草案，即建立新的国际机构用于接受对限制性商业行为的申诉并对其进行调查。但是美国提出反对，因为美国认为各国政策的不同以及各国实际情况的巨大差异将导致国际组织的无效率（D. Wood，1992）。美国还反对草案中关于每个国家均享有一个投票权的条款，认为这将会给某些国家滥用这一权力的机会。

直到1958年，反垄断政策国际化的进程一直进展缓慢。1958年，GATT的一个专家组开始着手处理私有企业的限制竞争行为并建议应将这种私有企业的行为从争端解决范围中剔除。人们认为由于在这一政策上缺乏一致意见和经验使得为处理国际上的限制性商业行为而达成多边协议变得尤其困难和不现实。② 专家组进一步提出国际化的扩展需要国内反垄断法及其相关机构的有力支撑。GATT在接下来1961年的报告中建议争论各方应该就限制性商业行为的控制进行磋商。③

① 此段是本书作者在纽约富兰克林·罗斯福图书馆进行一项研究时得到的，取自277号文件。另见 Muchlinski，1995。

② GATT Resolution 5 November 1958 cited in D. Furnish, 'A Transnational Approach to Restrictive Business Practices' (1970) 4 *International Lawyer* 317, 328. See also M. Janow, 'Competition Policy and the WTO' in J. Bhagwati and M. Hirsh (eds.), *The Uruguay Round and beyond* (University of Michigan Press, Michigan, 1998).

③ GATT Resolution, BISD 28 (9th Supp., 1961).

9.2 制度框架

20世纪后半叶，全球反垄断体系中的机构发展迅速。但是，各方在反垄断法律政策以及已制定反垄断法的各国所采取的国际化形式等方面仍然存在明显分歧。直到现在，尽管各个机构都已建立了多种多样的咨询机制与程序（S. Waller，1997），但仍然没有达成具有约束力的国际协议（A. Fiebig，2000）。

尽管如此，反垄断政策国际化依然得到新的推动，并且使进一步推进国际化的力量也没有对此丧失信心（E. Fox，1998；J. Halverson，1991；E. Petersmann，1993）。目前各国在至关重要的法律和政策领域仍然存在分歧。为了认清这些分歧，我们必须采用灵活的方式为国际化的扩展而努力。因此，下面的讨论将首先针对现存国际组织的管辖能力。接下来的讨论将分析不同的利益群体在组织内制定反垄断政策时发挥的合适作用。

世界贸易组织（WTO）

前面章节已经提到WTO是一个特殊的国际组织和规则制定主体，它具有非常广泛的成员基础，包括144个发展中国家和发达国家。其优势是拥有专业的工作人员，还是各国对管理国家经济行为的约束规则进行谈判的中心（A. Fiebig，2000）。这一特点在乌拉圭回合多边贸易谈判后变得更加突出。乌拉圭回合谈判扩大了相互融合的领域并且改善了WTO内部的争端解决机制。

与GATT相似，WTO主要处理政府间的贸易扭曲行为。因此，WTO的规则中除了针对反倾销的，其他都不针对私有企业的行为。相反，WTO建立了一套全面的规则，要求成员国政府遵守基本非歧视原则和兑现市场开放的承诺。

在WTO之前，GATT的一些案例中已有国家声称其他国家支持或扶植企业对市场进入的限制性行为进行打击。GATT和WTO都不是解决这些争端的首选组织。另外，除了在前面一章提到的情况，国际贸易规则并没有要求政府对私有企业的行为负责。从这一点上来说，WTO并不具有一套多边规则，从而使政府对企业抑制市场竞争的行为负责。但是，WTO 并非不具备达到反垄断目标所需的能力。[1] 事实上，支撑 WTO 的基本非歧视原则，如国民待遇、最惠国（MFN）及透明度等，都支持在国家层面上进行公平的反垄断体系的运作。[2] 而且，由于国家努力想要实现贸易和投资流动，所以建立国内政策框架能够确保私有企业不会通过私人安排限制这种流动，这与支持国际贸易系统是同等重要的。也就是说，这两个政策框架是互补的（H. Applebaum，1988；E. Petersmann，1994）。事实上我们在前一章已经清楚地得出这一结论。另外，反垄断政策的概念在很多 WTO 协议中出现，例如：《基础电信协定》[3]、《服务贸易总协定》[4]、《与贸易有关的投资措施协议》[5]、《与贸易有关的知识产权协定》[6]，以及《会计规则协议》。

经济合作发展组织（OECD）

总则

OECD 已经在反垄断政策国际化的进程中发挥主导作用。[7] OECD 不但已经成为反垄断体系中各个国家进行协商的主体，而且还为许多计划在其国内法律系统中建立反垄断法律和政策的国家提供技术援助。[8] 尤其是 OECD 对许多希望改进本国反垄断判决机制的反垄断机构的法官和官员都有很大的帮助。

OECD 已经就更本质的问题提出了非约束性的建议，例如 1986

① See P. Nicoliades, ‘For a World Competition Authority’ (1996) 30 *Journal of World Trade Law* 131; M. Matsushita, ‘Reflections on Competition Policy/Law in the Framework of the WTO’ (1997) *Fordham Corporate Law Institute* 31; F. Weiss, ‘From World Trade Law to World Competition Law’ (2000) 23 *Fordham International Law Journal* 250; E. Petersmann, ‘Proposals for Negotiating International Competition Rules in the GATT-WTO World Trade and Legal System’ (1994) 49 *Aussenwirtschaft* 231; P. Marsden, ‘“Antitrust” at the WTO’ (1998) 13 *Antitrust* 28; H. Arai, ‘Global Competition Policy as a Basis for Borderless Market Economy’, 22 July 1999, address, available at http://www.miti.go.jp/topic-e/eWTO0997e.html.

② See ch. 10.

③ See Section 1.1 of the Fourth Protocol to the General Agreement on Trade in Services.

④ See Articles VIII, IX and IX: 2.

⑤ See Article 9.

⑥ See for example Article 41 of the TRIPS.

⑦ In 1976, the Guidelines for Multinational Enterprises as revised were adopted, which deal with a variety of antitrust policy issues. See also OECD Declaration on *International Investment and Multinational Enterpriese*, 21 June 1976.

⑧ For a fuller description of the OECD's activities in antitrust policy, see P. Lloyd and K. Vautier, *Promoting Competition in Global Markets: a Multi-National Approach* (Edward Elgar, Cheltenham, 1999), pp. 131-8.

年的一系列建议①、1995 年关于各国反垄断机构的国际合作的建议，以及最近 1998 年处理核心卡特尔（hard-core cartel）的建议②。

OECD 积极促进成员国的软协调。OECD 包括了大多数的发达国家，由此我们可以设想在反垄断政策方面更具实质性的协调将会促成反垄断政策的国际化。尽管 OECD 在这方面作了许多贡献，但是它在制度上仍然存在限制。这就限制了其在发展反垄断政策的国际方法上发挥更大的作用。而且，许多非成员国将 OECD 当成更多地为发达国家服务的组织。以上这些方面加之其他一些因素，如协商建立多边投资协议（MAI）的失败等，都使我们对 OECD 为实现反垄断政策国际化进行协商和达成国际协议的协调能力产生质疑。尽管还有这样或那样的局限性，但是 OECD 在有关反垄断和贸易政策的许多领域中仍然具有丰富的经验。OECD 的贡献是非常有价值的，其目前与世界银行等其他国际组织共同设计的集体反垄断计划更是具有相当重要的意义。

委员会

OECD 的一些委员会参与了反垄断政策的规划，值得一提的有两个。

竞争法律政策委员会

竞争法律政策委员会（CLP）由 OECD 的 29 个成员国的反垄断机构代表组成。③ CLP 的目标是促进各国反垄断机构达成一致意见，促进各方合作，④ 通过各国反垄断机构官员之间的会议的形式展开。其对相关国家反垄断法律的协调起到了关键的促进作用。通过发布常规报告和组织讨论，CLP 为 OECD 大家庭提供了将各方对反垄断政策的理解拉近的机会。

---

① Recommendation of the Council for Co-operation between Member Countries in Areas of Potential Conflict between Competition and Trade Policies [C(86)65(final)], printed in OECD, Competition Policy and International Trade (OECD Instruments of Co-operation, 1987), pp. 24-7. The Recommendation encouraged participating countries not to distort competition through abusing unfair trade laws, to take into account the effect of export/import restrictions on competition and trading partners when considering approval of such restrictions, ensure that their procedures are transparent and notify other countries of anti-competitive behaviour of their domestic firms.

② See http://www.oecd.org.

③ 1987 年之前为限制性商业行为专家委员会，由欧洲经济合作组织（OEEC）在 1953 年建立。

④ See http://www.oecd.org/daf/clp/COMMTE.htm.

贸易和竞争联合体

贸易和竞争联合体（JGTC）与CLP采取的是不同的策略。它特别注重增进成员国对反垄断和贸易政策的重叠部分的理解。为了这个目的，JGTC已经发布了若干报告，[①] 主要针对在现存的国内反垄断法律体系内，法律和管制的豁免以及法律与管制之间的关系。JGTC也组织由反垄断实施机构的官员和贸易政策制定者参加的会议，并努力促进与反垄断和贸易政策制定机构利益相关的框架的建立。

UNCTAD限制性商业行为惯例集合

1973年，联合国贸易和发展会议（United Nations Conference on Trade and Development，UNCTAD）在发展中国家的督促下开始就限制性商业行为的控制问题进行协商。[②] 8年之后，联合国大会采用了UNCTAD关于多边协定原则和限制性商业惯例控制规则的集合（Set of Multilaterally Agreed Principles and Rules for the Control of Restrictive Business Practices）（Muchlinski，1995）。它旨在通过保护发展中国家免受跨国公司限制性商业行为的侵害来确保其优惠待遇，还指出各国应该改进针对限制性商业行为的相关法律，并且应该与受到限制性商业行为不利影响的国家的管制机构开展磋商与合作。同时此惯例集合还要求跨国公司应尊重其所在国家针对限制性商业行为出台的法律。事实上，这一惯例集合是目前反垄断政策领域仅有的一项全面多边协议。尽管已经迈出了重要一步，但是它仍然是自主行为的结果，没有约束力，而且未被视为国际公法的来源。因此，UNCTAD目前必须发展成为处理反垄断政策问题的动态主体。

2000年9月，针对此惯例集合召开的第4次联合国会议通过了反垄断政策领域的一项决议。决议特别针对反垄断机构之间的合作问题，并强调双边协定的重要性。决议表明就小国家和发展中国家而言应尤其提高地区反垄断与多边反垄断的主动性。决议还希望UNCTAD秘书长尝试开创一个在此惯例集合基础上的反垄断法律和政策的合作协议范本。

---

① See pp. 236-6 above.

② 三个不同国家集团之间的协商：集团B是工业化国家，集团D原则上是社会主义国家，77国集团包括发展中和欠发达国家。

决议的通过说明目前时机更加成熟，已经超越了上两章提到的单个及特定的反垄断机构之间的双边合作的临界点，决议还说明在国际反垄断问题的讨论中吸收进更多的反垄断机构可以补充和强化双边及多边主动性。在本书的撰写期间，UNCTAD 正准备开展一项研究，主要考察反竞争行为对贫困和发展中国家带来的影响，以及这种影响如何遏制发展机遇与阻碍竞争力的提高。这一研究引起了包括欧盟委员会在内的一些重要反垄断机构的兴趣。该研究的目的旨在唤起人们对非公平及反竞争行为的消费者意识。此项研究希望为贫困国家及发展中国家开拓出更多的方法，使他们能够通过反垄断政策解决问题，并且使这些国家面对反竞争行为不再那么软弱。人们认为这一研究可能得出这样的结论：限制竞争行为将导致经济成本的增加、效率降低以及国家在全球经济中竞争力的下降。

国际竞争网络（ICN）

ICN 是成立于 2001 年 10 月的一个多边组织。[①] 该组织由一些反垄断机构共同建立，其中包括一些有重要影响的机构，如美国司法部、美国联邦贸易委员会，以及欧盟委员会等。确切地说，ICN 的建立归功于近 10 年来美国与欧盟在反垄断政策领域密切且积极的合作。ICN 是独立的，与现存的反垄断国际组织没有结构性联系。

面对全球经济的新挑战，ICN 展示了全世界反垄断机构富有想象力的回应。由此可以说，ICN 是一个非常特别的组织。ICN 是一种虚拟网络，它并没有设置其他国际组织都有的固定秘书处。ICN 拥有一个指导小组，其职责主要包括确立项目和制订工作计划，这些计划将由包括发达国家和发展中国家在内的 ICN 成员国一致通过方可生效。

ICN 的大门向所有国家和地区的反垄断机构敞开。到撰写本书之时，已有至少 60 个反垄断机构加入了该组织，并且这一数字将会在未来有所增加。这一组织刚刚成立不到一年，加之有如此多的反垄断机构第一次汇聚一起讨论和分享各自在国际反垄断方面遇到的困难和问题，因此成员国数量的增加是 ICN 不断发展的最明显的体现。以上两个因素都使 ICN 有能力遍及全球，尤其它还是面向项目的主体。

① See http://www.internationalcompetitionnetwork.org.

但是更主要的是，这些因素促进了 ICN 在发达国家和发展中国家的反垄断机构之间建立一个更加强有力的网络。

ICN 的目标及主要工作使其看起来很有发展前途。该组织宣称他们的活动会与其他组织的活动保持协调一致，这包括反垄断政策领域的国际组织，特别是 WTO、OECD 和 UNCTAD 等，以及私人领域的组织，如消费者组织、反垄断法律和学术的相关从业者组织等。

ICN 从成立之初就关注两个主要问题：多管辖权兼并控制和竞争政策的倡导。

多管辖权兼并控制

ICN 内部有 3 个小组负责兼并控制问题，包括：兼并的告知与程序、兼并案件评估框架，以及兼并调查的其他相关工具。这 3 个工作组发现大多数反垄断机构之间都存在实体法和程序法的协调。人们相信这将有助于促进跨国兼并的法律安全并提高其可预见性。

竞争政策的倡导

竞争政策的倡导的详细内容已经在第 3 章中有所论述。这一概念在这里就无需更进一步的解释了。竞争政策的倡导在 ICN 内由一个工作组进行处理。工作组的工作内容主要围绕如何处理由市场中的公共干预造成的竞争扭曲问题。其工作范围还将在今后扩展到其他一些重要领域。

其他问题

ICN 的权限不仅包括兼并控制和竞争政策的倡导，该组织还涉及打击国际核心卡特尔，并且特别关注反垄断机构揭露和惩罚卡特尔的行为。ICN 针对这一问题将要在 2003 年年底之前召开一次特别会议。

9.3 未来展望

目前各国反垄断机构面临的一个重要问题是反垄断政策国际化将如何发展，特别是在 WTO 的框架下如何发展。这一问题在 2001 年多哈第 4 届部长级会议后变得越发重要，并且 2003 年在墨西哥举行的第 5 届 WTO 部长级会议的准备工作已经展开。这样，就存在一个问题，即 WTO 各成员国的多边贸易协商短期内在多大程度上涉及反垄断政策。对反垄断政策持支持态度的成员国必须明确此协商中应涉及的内容。例如，争端解决过程的一系列规则是否应该包括在内，用于消除市场障碍的透明度和非歧视义务的框架是否应该包括在内，协商是否应该包括其他因素和方面。更重要的是，我们有必要确定 WTO 在反垄断政策上的长期作用。

在讨论其发展方向时，应充分考虑各个国家针对建立国际反垄断体系的不同观点以及对于 WTO 合适作用的多种看法。近年来，WTO 工作组已接受了来自许多国家的各类交流意见，其部分观点如下。

不同国家的观点

美国

WTO 作为商讨反垄断规则的组织是否合适，针对这一问题美国的看法前后并不一致。虽然美国积极支持 WTO 工作组的工作，但是它一直对 WTO 在协商反垄断规则中发挥的现实作用持保留态度。关于 WTO 涉及反垄断政策领域，美国就曾经提出过一些担忧。美国反垄断官员的主要观点是国际反垄断机构缺乏必要的信息，他们不了解有约束力的国际协定可以在多大程度上为反垄断政策和贸易政策带来效益，更不用说在这些问题上达成一致意见的困难程度了。美国反垄断官员认为 WTO 面临来自内部的挑战。首先是在纷繁复杂的证据面前 WTO 对判断那些受质疑的决议并没有经验，也不适合做这项工作。挑战还涉及 WTO 不可避免地“政治化”了国际反垄断的执行，这样既不会促进经济理性，也不会提高法律在反垄断决策制定上的中立性。[①] 美国针对国际反垄断政策问题主要关注如何在不同国家的反垄断机构之间建立双边协议。这种协议被认为是反垄断政策国际化的关键组成部分。美国认为各国应在分享经验、建立双边合作以及为那些正在或将要在本国法律体系内制定反垄断法律和政策的国家提供技术援助的基础之上，坚决而有效地执行反垄断法。尽管美国强调的是双边合作，但是正如前一章所提到的，最近美国为了支持 2001 年多哈会议也已参与到反垄断政策多边协议的讨论中，这是一个积极的信号。

---

① J. Klein, 'A Reality Check on Antitrust Rules in the WTO, a Practical Way Forward on International Antitrust', address before the OECD Conference on Trade and Competition, 30 June 1999, available at http://www.usdoj.gov.

欧盟

参考第5章的内容，我们发现欧盟相对更加支持反垄断政策国际化。欧盟委员会并非只强调不同反垄断机构订立的双边合作协议的重要性和有效性，双边协议只是国际反垄断政策的基础工具。因此，在过去大约10年的时间里，欧盟委员会开始主张并支持建立反垄断政策的多边协议。欧盟委员会建议首先就以下问题进行磋商：限制性商业行为，如何使执行方法适当且透明，以及通过交换非保密资料、通知（notification）和积极礼让（positive comity）等形式的合作。欧盟委员会认为各国反垄断法可以在未来实现更广泛和具实质性的协调。这就意味着应制定争端解决规则，尤其是与反垄断体系在国家层面上的发展相关的、违背一般原则和规定的行为。欧盟委员会认为争端解决机制还可能适用于在影响 WTO 其他成员国贸易和投资的案例中执行反垄断法失败的情况。①

虽然澳大利亚、加拿大和日本等许多国家与 WTO 交换意见，但这些国家支持欧盟的观点。例如，日本看上去支持发展国际反垄断规则，但是它同时也与许多亚太地区的发展中国家意见一致，即强调反垄断政策的多边协商必须包括反倾销问题。②

肯尼亚

肯尼亚向 WTO 提交了自己的观点，即一些发展中国家认为国际反垄断体系的建立是为发展中国家相对较强的企业“剪掉翅膀（clipping the wings）”，这样它们就不能与发达国家的大企业进行竞争了。③ 因此，肯尼亚建议任何反垄断政策的多边协议都应该包括针对跨国公司行为的条款。④ 肯尼亚还代表非洲国家强调，包括主动执行反垄断法律和政策在内的现存的国家层次的反垄断体系和反垄断法律与政策的机构设计并不适用于非洲。由此，肯尼亚建议 WTO 工作组继续其教育、开发和分析的工作，以此为发展中国家提供更多的技术

---

① See the proposals of the EC Group of Experts ‘Competition Policy in the New Trade Order. Strengthening International Co-operation and Rules’ COM(95)359, available at http://www.europa.eu.int. The proposals were discussed at pp. 130-1 above.

② See Communications from Japan, WT/GC/W/308 25 August 1999, available at http://www.wto.org.

③ See Communications from Kenya, WT/GC/W/233 5 July 1999, *ibid*.

④ Note however, that efforts toward reaching consensus between developed and developing countries for such a code failed previously at the UN. See Muchlinski, *Multinational*, P. 10.

援助。①

南非

南非建议着手开展全面的教育过程，以满足发展中国家在为WTO的新一轮磋商作准备时的巨大的分析需求。② 南非认为这一教育过程对WTO协商反垄断政策的多边规则是必不可少的。现实的情况是发展中国家在协商的筹备过程中并没有得到同等的机会，也就是说发展中国家并没有与发达国家站在同一起跑线上，也就不能期望他们表现出良好的水平。南非特别强调应该对多边反垄断规则的优缺点进行进一步的分析，并且明确表示最好能由UNCTAD和世界银行提供一些协助。根据南非的观点，这种技术协助不仅包括以往对反垄断法律的制定和执行等方面的传统援助，还应该包括对预期收益的严谨的评估并能为拥有国际反垄断规则的发展中国家提供一些启示。为了确保良好的效果，南非建议这次教育工程至少应该持续两年。资源提供方式应该更具实际意义，这样才能为发展中国家参加正式的反垄断政策多边协议谈判提供帮助。

韩国

在提交给WTO的意见中，韩国基本上支持在有效的争端解决机制基础上建立反垄断政策的多边框架。③ 韩国主张加强反垄断机构的国际合作。加强合作可以使反垄断法律和政策的实施效果更好。韩国建议在WTO内展开一次讨论，针对如何将积极礼让引入多边框架从而对跨境反竞争行为施加更大的限制。关于国际兼并的问题，虽然韩国认为在以下一些领域，例如重新考察兼并的一般过程、统一文件的格式和最后期限、建立一个共同文件办公室来处理国际兼并等领域，考察如何加强反垄断机构之间的合作很有价值，但是韩国仍谨慎地认为协调各个司法体系针对兼并控制的实质性条款不可能十分容易。韩国提出应谨慎交换保密信息。在目前的情况下，在反垄断政策的多边框架下交换信息的条件是不成熟的，因为WTO成员国之间交换信息的行为仍由不同的国内反垄断法律管辖。

---

① See Communications from Kenya on behalf of the African Group, WT/GC/W/300 6 August 1999, available at http://www.wto.org.

② See Communications from the Republic of South Africa, WT/WGTCP/W/138 11 October 1999, *ibid*.

③ See Communications from Korea, WT/GC/W/298 6 August 1999, *ibid*.

为支持建立反垄断政策的多边框架，韩国提出可以根据各国的经济发展水平和本国国情制定一段过渡时期。随着国际贸易逐渐的自由化以及发展中国家不再通过对本国工业的保护来采取由出口带动经济增长的政策时，反垄断政策应该从经济发展的早期就被引入。根据韩国的观点，充分的竞争将会使经济资源得到最佳配置，可以帮助中小型企业，并且使这些国家提前或及时地对国内外飞速变化的经济环境做出反应。

挪威

挪威曾经支持在 WTO 内通过协商建立反垄断政策的多边框架。协商应包括私有性质与公共性质的行为，以及一系列目标、核心原则、争端解决程序、对国际合作的促进等。挪威还提议协商应涉及是否有必要建立打击包括核心卡特尔在内的反竞争行为的规则。协商应通过安排过渡期和提供技术援助来重点关注那些处于不同发展阶段的不同国家的特殊需要。①

土耳其

土耳其所持的观点是建立反垄断政策的多边框架以促进 WTO 目标的达成，并且土耳其还建议未来的工作应该着眼于促进各方达成一致意见。与之前挪威的观点非常相似，两国都认为反垄断规则的多边框架应包括过渡期的条款，这样处于不同发展阶段的成员国可以遵守并坚持自身的承诺。

企业的观点

如何看待 WTO 等国际组织的作用是私有企业所关注的最重要的问题之一。在美国，商业圆桌会议（business roundtable）反复提出对在 WTO 框架内进行反垄断政策协商的必要性和有效性的担心。根据其观点，达成反垄断政策的国际共识是建立国际反垄断体系的前提，特别是应该在 WTO 是否有能力解决反垄断政策问题上首先达成共识。商业圆桌会议还对其他问题表示了担心，如 WTO 反倾销法规已经建立的多边均衡可能会因发展中国家介入协商而受到破坏。商业圆桌会议表示，WTO 更合适的作用应该是建立新的工作机制以协助各

① See Communications from Norway, WT/GC/W/310 7 September 1999, *ibid*.

国制定反垄断法律和政策，发挥“信息银行”的作用，以及为不同反垄断机构在法律的执行和其他相关问题上提供技术援助。这些观点与前面提到的国际商会的观点类似，二者都认为目前还须首先在WTO内打好反垄断国际系统的基础。持这种观点的还有美国国际商业委员会，它认为WTO工作组采用争端解决机制和新的国际反垄断规则为时过早。① 另外，两个组织都赞成通过采用常规的合作和提供技术援助来推进这一领域的教育。②

制度分析

不同组织都已经在各种程度上提高了对反垄断政策国际化的重视。全球各国的反垄断机构都在探寻下一步应该做的工作。到目前为止，他们的成果还没有缩小到某一具体问题或专门针对某一机构团体的范畴。当然，最可取的办法还是在目前的WTO、OECD和UNCTAD等国际组织所开展的工作的基础上，进一步深化反垄断政策国际化，毕竟这些组织已经对反垄断政策进行了全面的规划。一些团体甚至更进一步提出与现有的国际组织进行合作，从而建立新的组织，使政府官员、私有企业、非政府组织和其他相关各方都可以对反垄断法和反垄断政策等相关问题进行商讨。这一提议是由国际竞争政策顾问委员会（ICPAC）在2000年提出的，并将其命名为“反垄断全球倡议（global antitrust initiative）”。ICPAC建议该组织应该同时向发达国家和发展中国家敞开大门，全面地涉及反垄断领域的问题，并且热心关注私人、非政府组织和其他相关群体。

“反垄断全球倡议”的提出意味着有必要纠正目前反垄断政策国际化的方向。由于目前所有处理反垄断政策的国际组织都在某种程度上受到限制，所以人们才考虑到需要进行方向的纠正。WTO和OECD的情况就很好地反映了这一点。

WTO

WTO在推进反垄断政策国际化中发挥着主导作用，但它也面临着一些限制。很明显的一点就是WTO虽然具有广泛的会员基础，但

① See ICPAC, p. 268.
② See http://www. uscib. org.

是处理的却是政府贸易限制问题。这是一个很严重的限制，因为根据上一章的论述，不是所有的反垄断问题和贸易政策问题都是有意义的。ICPAC 也反映了美国的观点，首先它提出 WTO 传统的协商规则是化解分歧，这种方式并不适合处理反垄断政策问题，因为这些问题应该从更广泛的视角并且以更开放的方式进行讨论。其次，只有很少一部分反垄断问题可以在成员国达成限制性承诺的国际组织中得到解决。因此，ICPAC 认为 WTO 涉及反垄断政策问题是不合适的。①

OECD

同 WTO 一样，OECD 是处理反垄断政策国际化问题的重要组织，但是它也同样受制于自身的某些限制。如上文所述，OECD 关于反垄断政策国际化的问题都已经由 CLP 和 JGTC 进行了讨论，这将增进 OECD 成员国的反垄断政策之间、各国反垄断和贸易机构之间，以及成员国与非成员国的反垄断机构之间的联系。在所有的国际组织中，OECD 是唯一由成员国承诺建立反垄断政策的组织。这一点从 OECD 内各个委员会对反垄断政策进行的分析和政策研究就可以看出。关于这方面，CLP 的努力特别值得一提，因为它在成员国中发展了反垄断政策的“软协调”并促进了对非成员国的技术援助。②

但是 OECD 在规则制定和建立争端解决机制等方面几乎没有取得什么成功。这很显然是 OECD 的一个局限。另一个局限是 OECD 只有 29 个成员国。有些国家或是已经建立反垄断体系或是正在筹备之中，但是却并不是 OECD 的成员国。另外，目前 OECD 所商讨的内容并不符合已经建立反垄断体系的非成员国的需要。

述评

由于 WTO 和 OECD 都存在着一些局限性，我们就可以理解为什么对反垄断政策和它在全球经济中的地位需要新观点的启示。毫无疑问，这些组织的工作在目前和未来都是非常有价值的，尤其是扩大反垄断政策国际化的范围和推广反垄断政策国际化的工作更是具有重要

---

① See the views of the USA, at pp. 258-9 above.
② For up-to-date information on the various programmes at the OECD, see http://www.oecd.org.

意义。[①] 但是，如果要使国际化进程得到应有的对待和适当的重视，目前还需继续提高机构的能力以及改善组织的内部机制。[②]

9.4 政治力量以及国家、企业和消费者利益视角

概述

考察了现有国际组织在反垄断政策国际化中发挥的作用之后，我们现在把目光转向从国家、企业和消费者的视角进行的分析。前面一些章节已经说明了主权国家并不是反垄断政策国际化中唯一的行为人，除此之外还有许多自上而下的其他影响因素。在较高层面，有地区组织或国际组织，如欧盟、北美自由贸易协定、世界贸易组织、经济合作与发展组织等。在完成对反垄断政策国际化的全面分析之前，很重要的一点是考察政治力量在其中的作用，正如第6章和第8章的分析。另一方面，在较低层面也有同样关键的力量。其中之一就是企业，其在反垄断政策国际化中发挥着越来越重要的作用。因此，在考虑反垄断政策国际化的发展方向时，我们必须同时关注对国际政治力量以及企业的作用。一些评论家指出这一点之所以在以往的文献中没有得到足够的重视，部分是由于反垄断政策国际化是一种新现象，但更可能的原因是法学家和经济学家并不想涉足这个话题（C. Doern 和 S. Wilks）。

国家视角

如果对国家进行分类，其依据是国家在国际社会中的作用以及在伴随反垄断政策国际化进程产生的国际反垄断体系中国家所发挥的作用，我们可以梳理出一系列流派。其中值得一提的有两个：现实主义（Realism）和新理性主义（Neorationalism）。

① See J. Shelton, ‘Competition Policy: What Chance for International Rules’, speech delivered at the Wilton Park Conference, 24 November 1998, available at http://ww. oecd. org/daf/clp/speeches/JS-WILTO. htm.

② See ch. 10.

现实主义

国际化可以促使自治机构建立国际反垄断体系，但是现实主义的观点认为这种国际化的形式基本无效，因为它将强加给主权国家特定的规则和标准，但却并不符合国家的利益与权力。① 因此，追求这种形式的国际化是无意义且不合理的。现实主义对此作了两点解释：一种是国家间不太可能针对国际反垄断体系建立合作，特别是当国家为了支持系统中的自治机构不得不限制自己的主权时；另一方面，假设国家决定限制国际反垄断体系内规则的效果，从而促进合作，那么法院和反垄断机构出于主权的考虑也不会使用国际反垄断体系的法律。②

现实主义的观点主张国家政治应高于国际反垄断法，并且强调主权国家进入国际反垄断体系后会受到很多局限，这样国家在系统的自治机构内将失去主权的保护。现实主义并没有强调自治机构在系统内发挥的重要作用。由此可以看出，自治机构在其中只起到非常微小的作用。

新理性主义

上一段的论述表明反垄断政策国际化和反垄断国际系统中自治机构的重要性和有效性（G. Garret，1992），都是以主权国家至高无上的权力为现实前提的。然而，新理性主义认为存在国家间合作的空间和自治机构存在的意义，但是前提是主权国家须通过理性选择为建立国际反垄断体系进行合作。

新理性主义者主张国际反垄断体系中的自治机构事实上并不能将它的规则和标准强加给主权国家、各国的反垄断机构或法庭，尽管这些国家是该系统的一部分。国家间在建立国际反垄断体系时的合作范围以及自治机构在系统中发挥作用的能力并不自然而然地取决于国家合作的义务或这些机构享有的自治权力或自由。主权国家与自治机构在建立国际反垄断体系方面进行合作，以及接受这些机构的规则和标准都表明主权国家的行为是理性的。这样，与国际社会中无系统的反

---

① For a detailed account on Realism see R. Wellek, *The Concept of Realism in Literary Scholarship* (J. B. Wolters, Groningen, 1961); M. Carré, *Realists and Normalists* (Oxford University Press, Oxford, 1964).

② See ch. 6.

垄断政策可能带来的潜在利益相比，主权国家将可以享有通过合作和遵从规则与标准而带来的好处。新理性主义认为建立国际反垄断体系和向自治机构转移一些权力是符合主权国家自身利益的。这就可以避免卷入加入双边协议可能带来的国家之间的争端。

其他流派

此处应简单地提及另一个流派：公共选择理论（Public Choice Theory）。这一流派推翻了现实主义和新理性主义学派关于国家占据首要地位的假设，并提出国内政治将主导国际局势的理论。但是公共选择理论并没有涉及现实的国内决策机构。此外，其观点甚至降低了国际组织的地位，因为主权国家被看成是处于中心地位的。由于这个原因，这一理论似乎并没有在现实主义和新理性主义的基础上增加什么新的内容。所以说，公共选择理论引人注目的原因是其关注的重点是机构层面，这与前面两个理论有所不同。

企业视角

私人经济势力是国际政治经济研究和国内政策制定需要关注的一项重要内容。一方面，企业的势力有很强的影响，简单且直接的原因是它们在促进国家（特别是发达国家）的经济繁荣中起到了重要的作用。另一方面，它们在政治上的游说能力也使其自身拥有获得政治势力的机会（M. Olson，1965；D. Mueller，1979）。跨国公司的经济势力还可以从市场全球化的角度来看。跨国公司是决定反垄断政策国际化程度的一个关键因素。企业在国家反垄断法律的发展制定上总是起到重要的作用，但是这种法律却往往包括可能限制企业行为自由的条款，特别是当市场竞争遭到破坏的时候。

目前，在激烈的全球化进程中，人们还没有搞清哪些特殊的产业部门或关键的跨国公司将支持或抵制反垄断政策国际化。商业咨询组是OECD和欧盟反垄断政策网络中的一部分。因此，尽管是以一种比较有局限性的方式参与，但是企业还是可以经常在上述组织内部发表观点。① 另外，我们可以推测，在众多部门中，由于电子商务部门自身的特点，它将对支持反垄断政策国际化特别感兴趣。②

---

① See http://www.oecd.org.
② For a good account of this issue see the ICPAC, pp. 287-92.

或许我们应该更多地了解企业对反垄断政策国际化有哪些需要。这个问题从前并没有得到法学家和经济学家的重视。除了上述问题，一般还假设企业是支持反垄断政策国际化和国际反垄断体系建立的。这里要提及一些商业领域关心的问题来支持这个假设。

一致性规则

企业希望反垄断机构在处理和裁决反垄断案例时可以保持一致性。由于商业运作的跨国界发展趋势，企业的活动会受多于一个国家的反垄断机构的管辖。国家反垄断制度在全球范围内逐渐推广，越来越多的国家反垄断机构可能介入到同一个商业活动中[①]。同样可能的情况是这些机构会对同一行为做出彼此冲突的裁决，或者得出不同的结论[②]。商业界并非注意是否有多个国家的反垄断机构对同一活动实施管辖权，他们关注的是这些机构可能会得出不一致的意见。我们注意到在上文提到的一些案例中，由于受相关市场结构和集中度水平等因素的影响，得出彼此冲突的结论可能是不可避免的，而且不同的反垄断机构采取的法律标准也不同，这也造成了不一致性。[③]

国家冲突

多于一个反垄断机构介入同一案例并且得出不一致结论，这就可能导致相关国家的国际冲突，特别是在产业政策方面。企业通常担心被卷入这种冲突中。在冲突中，产业政策和其他政策通常会压制反垄断政策。

程序的差异

企业十分关心不同反垄断机构做出裁决的时间长短，因为拖延时间可能会损害企业的利益，特别是在兼并案例中。因此，我们可以理解为什么企业希望得到反垄断机构的快速裁决，我们仅仅从欧盟和美国的兼并案例的审查中就可能推断出企业对此问题的关心（J. Griffin，1999）。当然，程序的差异可能使企业为了服从不同国家的

① The *Exxon/Mobile* operation was notified in no fewer than twenty jurisdictions. For a comment on this issue see '*Exxon-Mobile*: Conquering the World' (1999) 13 *Antitrust* 16. Another operation, the *MCI/WorldCom* transaction in 1997, was reviewed by more than thirty antitrust authorities in the world. See A. Frederickson, 'A Strategic Approach to Multi-Jurisdictional Filings' (1999) 4 *European Counsel* 23.

② See *Shell/Montedison* Commission Decision, OJ 1994 No. L332/48; also *Boeing/McDonnell Douglas*, OJ 1997 No. L336/16.

③ See D. Wood and R. Whish, *Merger Cases in the Real World: a Study of Merger Control Procedures* (OECD, Paris, 1994). See further chs. 3 and 4.

法律而产生额外的负担和支出。[①]

保密信息的运用

企业通常会有这样的担心：一个反垄断机构可能会将企业的保密信息转交给其他机构，后者可以使用这些信息从事经济间谍活动。还有一个担心是信息被移交给具有起诉权的司法主体。[②] 这种活动被看作是“离群的野象”，因为这些私人领域在保密方面是不受反垄断机构管制的，例如违背信用的行为。这样就会存在机密信息被泄露给其他企业和个人的危险。

消费者视角

人们相信如果可以在所有市场推行反垄断政策，那么消费者将会在全球经济中实现利益最大化，因为全球化的视角可以更好地评价企业国际运作的正面或负面影响。近些年来，OECD、世界银行、WTO和国际消费者协会（Consumers International）[③] 等重要的国际组织都对消费者在全球市场的利益问题给予了特别的关注，并提出方案，以保护消费者利益。各个组织，尤其是 WTO 和 OECD，已经达成了明确的共识，那就是全球性的反垄断规则将提高消费者在全球市场中的福利水平。OECD 和 WTO 都号召各国在制定反垄断和贸易政策时更多地考虑消费者的利益，特别应考虑境外消费者的利益。[④]

除了以上对全球反垄断规则的争论外，近来关于全球化是否有利于消费者的问题也成为了一个热门话题。[⑤] 下面我们就分别看看支持和反对的观点。前者假设市场是竞争的，其中的市场既包括发展中国家的市场也包括转型国家的市场。支持全球化的人士认为自由化可以使消费者受益。另一方面，反对全球化的人却持有不同观点，他们认为自由化将起到相反的作用，例如可能导致破坏性的垄断。

无论两个阵营的观点各自看起来多么令人信服，它们都属于新功

---

① See remarks by P. Condit, CEO of Boeing Corporation, about the conflicting results reached by the EC and the USA in the *Boeing/McDonnell Douglas* merger, press release 'Boeing Responds to European Commission Recommendation', 16 July 1997, available at http://www.boeing.com.

② See pp. 201-3 above.

③ See http://www.consumersinternational.org.

④ See *New Dimensions of Market Access in Globalizing World Economy* (OECD, Paris, 1995), p.254; WTO Annual Report 1997, p.75.

⑤ 参见第1章关于全球化的概念及过程的相关内容。

能主义理论的适用范围。[①] 因此，就消费者利益而言，支持或反对全球化的不同观点间的争议应该以国家对国家和行业对行业的方式加以解决。这样就不会存在误解的空间了。

9.5 反垄断体系的模式

模式范例

本节并未对全球不同的反垄断体系模式进行彻底的研究，而只是提供其中几种模式，因为它们反映了反垄断政策国际化争论中的较为重要的几个方面。

美国模式

美国的反垄断体系模式在本质上是基于自由市场原则的。正如我们对美国法律的解释和分析所显示的，该系统的主要目的是抵制反竞争行为，因为这些行为损害了消费者福利并且降低了效率。美国反垄断体系的基本思想是，除了需要限制某些反竞争的特定行为以外，对市场的公共干预都是多余的。包括主导企业在内的每个企业都有竞争的自由，尽管自由竞争可能给消费者带来损害。[②]

正如我们在第 3 章中提及的，美国反垄断法律的法律语言是非常宽泛的。比如 1890 年的《谢尔曼法》的第一条提到：每个“契约、联合……共谋，限制贸易……都是非法的”。国会并没有对法案中的各种名词进行解释。因此，美国法院对这些名词作了普通法的解释。例如，上文的“禁止”针对的是“贸易的限制”，但是《谢尔曼法》本身并未对其进行定义。美国法院曾经认为“贸易的限制”只包括“不合法的贸易限制”。[③] 美国法院对反垄断法的适用形成了两种互补的分析模式：本身违法原则和合理推定原则。[④] 前者涉及那些在表面

---

① 新功能主义理论在原文第 231—234 页有所论述。

② See *Spectrum Sports, Inc.* v. *McQuillan*, 506 US 447 (1993); *Brooke Group Ltd.* v. *Brown and Williamson Tobacco Corp.*, 509 US 209 (1993).

③ See *Standard Oil Co.* v. *United States*, 221 US 1, 58 (1911); *Chicago Board of Trade* v. *United States*, 246 US 231, 238 (1918).

④ 关于这个问题的学术文献很多。如：R. Bork, 1965; T. Piraino, 1991; 1994; O. Black, 1997; V. Korah, 1981; R. Joliet, 1967; R. Whish and B. Sufrin, 1987; V. Korah, 1986。

上看起来总是或几乎总是趋于限制竞争和降低产量的行为，而不包括为了提高经济效率和促进市场的竞争性而故意采取的限制行为。① 而后者是对特定的环境、细节和逻辑进行考察，从而判断限制性行为是促进了竞争还是抑制了竞争。②

美国反垄断体系的一系列突出特点是不得不提的。第一，我们已经在第4章中提到了，在这一系统内，司法部和联邦贸易委员会作为执行美国反垄断法律的机构没有给予企业豁免权的权力，甚至没有首先向企业做出约束性裁决的权力。具体涉及某一案例，反垄断机构必须在法官认定企业有违法行为之后才能向其发布禁令或处以罚款。第二，对于严重的违反美国反垄断法的行为，法院可以追究企业责任人的刑事责任。一个明显的例子就是价格控制卡特尔。第三，各州的首席检察官可以下令执行联邦反垄断法，甚至当司法部和联邦贸易委员会已经复核了这一案件，并得出不同的结论时也可以如此。③ 第四，美国反垄断体系允许受害方提出反垄断诉讼。第五，该系统包括三倍赔偿补救方法和“诺厄原则（Noerr doctrine）”，用来专门处理反垄断原告的豁免权。④

欧盟模式

关于欧盟模式的详细内容请见第5章。

德国模式

德国反垄断体系的基础是社会市场原则，特别是德国将反垄断体系作为防止政治和经济力量滥用的“规制者”，以此来保护私人企业的自由。

该系统与美国系统在许多方面都很相似，但是也存在以下不同。

---

① *Broadcast Music, Inc.* v. *CBS*, 441 US 1 (1979), at 19—20.

② *National Society of Professional Engineers* v. United States, 435 US 679 (1978), at 691. See also Muchlinski, *Multinational*, p. 392; S. Anderman, *EC Competition Law and Intellectual Property Rights* (Oxford University Press, Oxford, 1998), pp. 31—2.

③ 比较加拿大和墨西哥的情况可能会很有趣，在这两国省或州并没有执行国家反垄断法的权力。

④ See *Eastern Railroad Presidents Conference* v. *Noerr Motor Freight, Inc.*, 365 US 127 (1961) and *United Mine Workers* v. *Pennington*, 381 *US* 657 (1965). Under the doctrine, it is not unlawful to petition the government for anti-competitive restraints against competitors. Indeed, the right to petition is well founded under the US Constitution, First Amendment, Right to Petition. It may be of interest to note that in the Antitrust Enforcement Guidelines for International Operations 1995, it is stated that the Federal Trade Commission and Department of Justice stated they would apply the 'Noerr' doctrine to the petitioning of foreign governments in the same manner they treat attempts to petition the US Government.

首先，该系统比美国系统在支配地位的滥用方面干预得更多。其次，该系统比美国系统更重视保护兼并案例中的竞争者。[1]

日本模式

日本反垄断体系的基本原则是产业政策可以保证产业的竞争性和政府干预性，这也是一些东南亚国家所采用的模式。[2] 日本相信国家的经济活力源自于通过企业之间的竞争建立的强有力的市场机制。日本认为产业政策和反垄断政策是彼此协调一致的，并且还创造了允许企业自由公平地进行竞争的环境。日本认为在其经济重建时期，引入反垄断政策且随着经济的发展不断改进反垄断政策是过去推动日本经济快速增长的重要因素。

日本反垄断体系的起源可以追溯到20世纪40年代，美国试图向日本推销其反垄断模式的时候。第二次世界大战过后，日本进行了大规模的经济体制改革。为了确保大范围的公平的收入分配，日本废除了经济控制法律。日本希望通过这种方式开启一个自由化的新时代。这包括1947年基于美国反垄断法建立的日本反垄断法，而为执行该法又建立了日本公平贸易委员会。

日本反垄断法与美国《谢尔曼法》有一些共通之处，但是在处理垂直约束案例中却有所不同。在日本反垄断法中，垂直约束行为被置于非公平商业行为条款下。这一条款包括假冒以及所有被视为不公平的行为，而这一领域却并不属于美国反垄断法管辖的范畴。[3]

起初，日本通产省在控制国民经济方面拥有很大权力，其在规制法的基础上制定了规制政策，以促进企业与企业、企业与政府之间的合作。这种合作促进了企业联合体的形成，联合体中的企业拥有共同的董事、共同的股份、共同的原料供应者和消费者。这种联合体被称作“kieretsu 体系”（J. Davidow，1994；Muchlinski，1995）。然而，日本加入国际贸易体系之后，kieretsu 体系的地位以及管制障碍在某种程度上受到了削弱。尽管如此，日本的贸易伙伴有时仍然抱怨存在市场进入障碍，这似乎说明 kieretsu 体系并没有完全消失。[4]

---

① See http://www. bundeskartellamt. de/english. html.

② 另一个类似的国家是韩国。详细内容参见 D. Sakong，1993。

③ 注意：在美国，公平竞争法已经被废止。

④ See pp. 219—20 above. For more information about the Japanese system of antitrust law see the Japan Fair Trade Commission's website http://www. jftc. admix. go. jp.

述评

本书前言中曾经提到目前全世界已经有近100个国家建立了反垄断体系。反过来也同样意味着此外仍有许多国家并没有反垄断体系。一些国家（地区）拥有自由市场原则但还没有采用反垄断法的形式。例如：中国香港和新加坡依赖市场本身提供竞争的动力，把自由贸易作为他们的反垄断政策。还有的国家拥有打击限制性商业行为的法律，如一些非洲国家和东南亚国家，其中一些国家对资本主义持有保留态度。① 在全球经济环境下，贸易和投资的国际流动可能会受到阻碍，而反垄断政策是为此流动扫除障碍的一种有效方式。但是许多国家并未制定反垄断法，这一事实可能影响反垄断政策发挥作用。这些国家与国际竞争者相比在对抗反竞争行为上就存在许多劣势，因为跨国公司更愿意依附于主要经济体的反垄断机构，这些机构对反竞争行为管理得更严格，并且跨国公司更需要获得来自所在管辖政府以外的信息。对这些国家而言，这就凸显了国际合作的重要性。但是，通常这些国家并没有参与类似的国际合作。他们甚至没有反垄断机构，即使有也因为缺少资金和人员而面临很大的局限性。② 毫无疑问，如果这些国家努力地或实际地去尝试在本国法律体系下制定反垄断法，或者如果他们努力寻求国际合作，那么以上大部分的缺陷将不复存在。

还有评论认为以上提到的反垄断体系模式在许多方面都有所差异。这就注定要影响反垄断政策的国际化，特别是当强大的一方试图将他们的标准强加给弱小的一方时。另外，差异还可能导致不同模式之间的冲突，这一情况尤其可能发生在较强的系统之间。这一点将在后文有所涉及。

9.6 欧盟与美国的法律冲突

前面的章节已经列举了若干重要的理由，证明反垄断政策国际化是值得关注的。然而，我们至少可以再找出另外一个理由，而且是非

① 1998年许多亚洲国家的经济体系的坍塌已经增加了这些国家对资本主义的恐惧。参见W. Kovacic, 1999, 1998, 1997; N. Pakaphan, 1999; W. Cho,1999; S. Supanit, 1999.

② WTO Annual Report 1997, p. 32.

常重要的一点，那就是欧盟和美国在这一领域的冲突。正如前文提到的，欧盟赞成更加国际化的反垄断政策，并建议在WTO内发展反垄断规则。与此相反，美国对此持非常怀疑的态度，并且拒绝为此采取行动。事实上，欧盟与美国之间的这种冲突是由两国的法律和司法程序的差异造成的。本章加之第4章和第7章，已经简单地说明了欧盟与美国在反垄断法律上存在的差异，以及这些差异是如何影响反垄断政策国际化的。欧盟和美国推行的经济政策的不同更加剧了这种影响。

正如本书第5章的论述，关于反垄断政策国际化问题，欧盟向国际社会提出了一个设想，这一设想在某种程度上以建立一个单一的国际市场为基础。欧盟成员国正在逐步实现这个设想，他们将欧盟的反垄断法融合进本国的反垄断法。其结果是欧盟的主要经济活动将摆脱必须符合多个不同的反垄断法标准这一负担。对于该设想的另一个强有力的支撑是中欧、东欧国家也已经采取行动使自身的反垄断法更接近欧盟反垄断法。

我们可以预料到反垄断政策国际化以及国际反垄断体系的建立最终将决定于欧盟和美国对此事的态度。上述讨论可明晰一点：欧盟和美国的反垄断体系的地位已经越来越重要，而这也保证了两个系统在国际社会中的影响力，可能目前天平更倾向于欧盟的反垄断体系（K. van Miert，1998；K. McDermott，1991；S. Singham，1998）。欧盟和美国都在努力促使各国按照欧盟或美国的模式在自身的法律体系内建立反垄断体系。有些国家已经表示将依据欧盟反垄断法模式制定本国的反垄断法，这其中包括大部分中欧、东欧国家（M. Ojala，1999；M. Cowie 和 M. Novotria，1998；C. Brzezinski，1994；G. Oprescue 和 E. Rohlck，1999）。另外一些国家在制定反垄断法时采用的是美国模式而不是欧盟模式，例如墨西哥（G. Castañeda 和 F. Ugarte，1998）[①]。北美自由贸易协定（NAFTA）的成员国都必须采取措施以禁止和对抗企业的反竞争行为[②]，墨西哥的反垄断法是其作为NAFTA成员国开放本国经济的内容之一。不同于以上两种极端的形式，一些国家采用将欧盟和美国反垄断法相结合的方式。例如，加

① See http://www. cfc. gob. mx.
② See Article 1501(1) of NAFTA.

拿大反垄断法在打击市场支配地位滥用方面与欧盟类似，在兼并、横向和纵向协议方面与美国反垄断法类似。[①] 此类型的国家还包括：澳大利亚[②]、新西兰[③]、阿根廷[④]、哥伦比亚[⑤]、委内瑞拉[⑥]和巴西[⑦]。

除了以上的几类国家，还有一种独立的类型，他们通常是一些发展中国家。他们既不采用欧盟模式也不采用美国模式，因为他们担心反垄断法成为发达国家对欠发达国家进行经济控制的工具。这是一种有趣的情况，因为这些国家还是希望对反竞争行为施加足够的控制（I. Kyvelidis，2000；J. Hellman，1996），特别是一旦消除了贸易和投资在全球经济中进行流动的障碍，就可能给这些国家带来风险，并且他们可能受制于其他国家反垄断法的域外管辖权的适用。

9.7 反垄断政策的国际协调

过去10年内，各国反垄断法律已经逐渐协调，而且存在若干因素促进该发展趋势。其中最明显的就是各国反垄断机构开展了非正式的双边合作。尽管受到一定的限制[⑧]，但各国反垄断机构已经逐渐开始对跨国反垄断案例进行了非正式的磋商，在兼并案例中的合作就更加普遍了。例如，加拿大、欧盟和美国的反垄断机构会就各自的分析方法（如这些案例中的市场定义和经济分析等）频繁地交换意见。而且这些反垄断机构还为经济转型的国家以及对竞争和反垄断法缺乏经验的国家提供技术性援助。这种援助产生了许多益处，例如，信息的分享弥合了欧盟和美国的一些分歧，而且缩小了发达国家提供的援助与发展中国家认为适合自身经济和政治情况的援助之间的差异。合作同样有助于各国对所涉及的范围形成共识，促进融合，并达成进一

---

① See the Canada Competition Bureau's website, http://www. strategis. ic. gc. ca/competition.

② See the Australian Competition and Consumer Authority's website, http://www. accc. gov. au.

③ See the New Zealand Commerce Commission's website, http://www. comcom. govt. nz and New Zealand Ministry of Commerce's website, http://www. moc. govt. nz.

④ See Argentina Antitrust Authority, Comisión Nacional de Defensa de la Competencia's website, http://www. mecon. gov. ar.

⑤ See the Superintendencia Brancia's website, http://www. superbancaria. gov. co and the Superin tendencia de industria y comercio's website http://www. sic. gov. co.

⑥ See the Procompetencia's website, http://www. procompetencia. gov. ve.

⑦ See the Brazilian Competition Tribunal's website, http://www. mj. gov. br/cade.

⑧ 例如国家法律中有关的保密限制相关规定。

步的一致。合作和技术性援助的益处可以从南非和以色列的案例中看出，两国的反垄断机构在使用本国法律时对他国的信息有着强烈的依赖性。①

包括欧盟②、美国和OECD在内的许多组织内部都经历了反垄断法的协调过程。有评论家曾指出：这种协调是反垄断政策全面国际化以及建立国际反垄断法的前提。③ 这种说法是否正确取决于一些特定因素，这将在下一章中详细阐述。此外，这种说法是否正确还取决于协调的优缺点，这也是值得强调的。

国际协调的优势

主权相关问题

支持协调的一种观点认为反垄断政策国际化将有助于建立拥有自治机构或国际反垄断法的国际反垄断体系，因为这几乎不会威胁到国家的主权和不同国家反垄断机构的管辖权。

无反垄断法国家的法律发展

另一个支持协调的观点认为目前建立国际反垄断体系还为时过早，人们应该注重中间步骤。这样看，协调就是一个重要步骤，它可以帮助无反垄断法的国家发展反垄断法。

企业的统一管辖权

各国反垄断法的协调为在国际市场中运营的企业带来了很大实惠，特别是将企业从多个系统的管辖中解放出来，因为这些系统拥有不同的实体法，使用不同的司法程序。最直接的结果是企业的运营和被管辖的成本将有实质性的减少，并且企业在市场中的效率会有所提高。更进一步，协调可以保证不同反垄断机构行为方式的统一，这一点在兼并案例中尤为明显。④

市场进入障碍的消除

协调可以限制阻止市场进入的私人垄断行为，并以此促进贸易和投资在国家间的流动。这对于那些对本国境内的反竞争行为打击不够

---

① See Israel's antitrust authority's website, http://www.antitrust.gov.il.
② See ch. 5.
③ See ch. 10.
④ See pp. 270 – 1 above.

严厉，从而导致外国企业进入受限的国家，以及没有反垄断法的国家都是很有价值的。

国际协调的劣势

除了以上所说的优点以外，各国反垄断法的协调还存在着不得不提的缺点。

协调过程漫长

根据第3章和第5章的分析，我们不难发现各国反垄断法的协调是一个非常缓慢的过程，而且成功与否也不能确定。在欧盟，虽然欧盟反垄断体系的力量强大而且对各成员国的反垄断体系都有很强的影响力，但是也已协调超过了45年却没有完全成熟。基于此种情况，很难想象全球各国反垄断体系的协调可以达到更好的效果或达到与欧盟持平的水平。不同国家拥有不同的反垄断传统，而且他们执行反垄断法的力度也不同，更不用说许多国家目前还没有反垄断法。

反垄断法的不同目标

拥有反垄断法的国家可能拥有不同的反垄断目标。有些国家追求经济目标，而另一些国家却利用反垄断法达到社会目标甚至是政治目标。[①] 尝试同化拥有不同目标的反垄断法可能引起冲突。另外，强大国家的目标可能会压倒弱小国家的目标。

“竞争”定义的差异

各个国家就如何定义和解释“竞争”这一概念并未达成一致意见，[②] 而且就反垄断法是否应该保护竞争意见也不完全一致。正如本章前文所述，某些国家的反垄断体系将限制性商业行为与竞争视为相互对立的。这一观点毫无疑问将扩大国家间的分歧。[③]

9.8 实质性原则

1993年，由12位专家学者组成的慕尼黑小组（Munich Group）

---

① See pp. 52 –7 above.
② 详见第2章中对此概念的全面考察。
③ See ch. 1.

提议制定有实质性原则的多边反垄断法案，并由自治反垄断机构执行。[1] 该小组提出建立最低标准，这种标准可以被纳入到 WTO 中，并且由各国反垄断机构予以执行。该小组还建议，一旦发生争端，双方就应听从于国际反垄断专家组的意见，这种争端解决机制构成了更广泛的争端解决机制的重要一环。最低标准包括以下内容：反垄断法的特殊原则、国民待遇、独立机构对法律执行的监管（独立机构有权要求本国法院和反垄断机构开展调查和解决政府之间的争端)。

在超国家水平上也存在许多类似的建议，其中之一是建立与国家反垄断体系类似的国际反垄断体系。这个想法源自 WTO 反垄断体系的结构特点。在此框架下，WTO 将创建一系列带有争端解决机制的规则。规则将要求各国在本国的法律体系中引入反垄断法。另一个针对 WTO 的建议是既发展反垄断法的程序法，又发展实体法。[2] OECD 和世界银行在过去的 3 年里尝试成立了“全球公司治理论坛（Global Corporate Governance Forum)”。[3] OECD 还发展了一套公司治理的“最佳行动”原则，这一原则完善了与世界银行的联合项目。联合项目组织召开了由各商业组织和政府代表参加的会议。

人们似乎意识到各国可能有意愿就反垄断政策国际化展开合作，但却并没有准备接受国际公法中实质性条款的约束。亚太经合组织（APEC）就是在这种认识的基础上建立的。在约束性法律的框架之外发展自由化和一致化是可能的。我们之前提到的由 ICPAC 发起的全球反垄断组织[4]的建立，其前提是国家可以扩展就全球反垄断政策进行合作的范围，并可以促进协调与一致。国家并不希望在限制性商业行为的所有领域都受到约束。在有些情况下，国家更希望通过协商并依照非约束性原则达成一致意见。

9.9 结论

从以上的讨论中我们应该清楚地看到反垄断政策国际化已经成为

① International Antitrust Code Working Group, Draft International Code as a GATT-MTO Plurilateral Trade Agreement, 10 July 1993.

② See the suggestion by J. Shelton, former Deputy Secretary-General of the OECD, made in 1999, http://www.oecd.org.

③ See http://www.gcgf.org.

④ See pp. 263 – 4 above.

一个具有很强现代意义的话题。在过去大约80年的时间里，关于此话题的研究已经取得了可观的成果并且这些成果将继续发挥重要的作用。本章对这些成果进行了分析，并且在必要的时候做出了比较分析。我们可以预期，在未来的时间里，这一话题仍将是一个热点。今天，反垄断政策在各个国家或国际组织中的发展情况以及他们对于反垄断政策的认识程度都有所差别。这就提出了一个问题——如何着手进一步拓展反垄断政策的国际化。无论是最终建立国际反垄断体系，还是不同的反垄断体系最终达成实质性的统一，这些都在短时间内难以实现（G. Drauz 和 T. Lingos，1999；D. Melamed，1998；W. Baer，1998；A. Schaub，1998）。

是否能在近期达成一致，或者有更进一步的发展，这主要取决于欧盟和美国的态度，以及双方在反垄断政策国际化问题上建立共识的可能性（D. Gerber，2000）。欧盟已经表达了他们支持反垄断政策国际化和建立国际反垄断体系的积极态度，这有利于他们处理跨国反垄断及多个反垄断法的重复适用造成的政治冲突等问题。[①] 与之相反，美国对是否需要反垄断体系仍然表示怀疑（D. Valentine，1998；D. Wood，1996）。欧盟对反垄断政策国际化的积极态度以及欧盟反垄断体系已经发展得十分强大的事实都说明了美国的反垄断体系已经失去了原有的统治地位。目前，欧盟和美国的反垄断体系的地位不分伯仲。在欧盟内部，某些国家的反垄断法（其中最突出的是德国，其次是英国）在管理国际竞争对手的商业行为中起着重要的作用。除了欧盟和美国以外，其他国家的反垄断体系，比如日本，近几年也发挥着重要的作用和影响力。甚至在拉丁美洲、非洲大陆，以及中东地区，反垄断法也越来越受到重视。

若要在反垄断政策国际化问题上达成共识还要接受其他的挑战，其中最关键的就是如何使国家政治领导人和反垄断规制者相信推进反垄断政策国际化并最终建立国际反垄断体系对本国利益是有益的（A. Guzman，1998），并且同时符合全局利益。尽管这事实上是一项艰巨的任务，但它既适用于美国，又适用于其他发展中国家和发达国

① See K. van Miert, 'The WTO and Competition Policy: the Need to Consider Negotiations', address before ambassadors to the WTO, 12 April 1998, available at http://www.insidetrade.com/sec-cgi.

家。政治家通常并无意愿将其自身的权力让渡给国际反垄断体系的自治机构，哪怕只是权力的一小部分。[①]

对兼并案例的判决往往具有一定的政治意义，因为政府可以利用兼并提高外国公司的运营成本或者通过抑制兼并以防止可能由其带来的失业问题（W. Shughart 和 R. Tollison，1991）。[②] 我们从波音/麦道案（Boeing/MDD）以及通用/霍尼韦尔案（GE/Honeywell）等案例中可以判断出准许兼并的政治价值（E. Fox，1998）。鉴于政治家和反垄断规制者的态度发挥着重要作用，因此对反垄断政策国际化的研究以及对建立国际反垄断体系的尝试都必须考虑到政治现实。从这个意义上讲，我们可以将从前在国际化问题上的失败归咎于这些努力都过于雄心勃勃并且没有对政治现实给予足够并且适当的重视。

整个反垄断政策的国际化进程可以被简化为在争议问题上达成共识。这些问题包括：竞争概念如何定义，反垄断法的目标是什么，当使用反垄断法或反垄断机构在进行裁决时应该采用何种机构设置，以及其他涉及主权和域外管辖权的问题等。我们应该清楚这些都需要进一步的协商并最终达成一致。当然，仅仅意识到需要达成一致还远远不够，人们还必须进一步明确其必要性和紧迫性。通过以上的分析，我们可以发现尽管反垄断政策国际化并不是十分急迫的，但是各个国家却应该朝着在反垄断法律、政策以及二者在全球经济中的地位等问题上取得共识这一方向而努力，即使这个过程是缓慢的（C. Bellamy，1999）。

---

① 第 5 章也说明了欧盟成员国政治家的作用是如何影响欧盟反垄断体系的。
② 第 5 章也说明了欧盟成员国政治家的作用是如何影响欧盟反垄断体系的。

第 10 章

总结与前瞻

本书旨在从法律、经济和政治等方面对反垄断政策国际化进行研究。上述章节分别探讨某个特定问题并相应得出结论。本章将对上述分析进行总结，并展望未来。

反垄断政策国际化发展迅速，整个 20 世纪发生了形形色色的变化。有必要对反垄断政策国际化进行深入研究。特别在全球化进程中，涉及国际因素的反垄断案件数量持续攀升。跨国卡特尔和国际合并案件正逐渐成为各国反垄断机构重要的工作内容。这些案件所涉及的公司和信息往往属于不同国家的司法管辖范畴，因此构成了各国反垄断机构实施反垄断法的障碍和难题。通常地，国际反垄断争端只有通过各国反垄断机构高度的国际合作才能有效地解决。合作减轻了涉案企业的负担，避免了在不同司法管辖范畴同时展开反垄断调查的不必要花费，比如时间和金钱等。

然而，反垄断机构间有效的执法合作未必能够带来丰硕的成果。除非各国反垄断法的目标是为了解决私有或公有企业的限制竞争行为，尤其要阻止外国公司进入国内市场的行为等。成员国国内反垄断法应用法律域外适用解决这些行为并不合适，因为域外适用能够引起国家间的争端。当关键信息和证据属于外国司法管辖范畴时，应用法律域外适用被证实毫无效果。

国际反垄断问题和市场准入相关的问题得以完美解决必须满足这样的条件：各国承认竞争的价值，采用有效的反垄断法或者竞争政策，并且能够有力地贯彻执行它们。最近的几十年我们亲眼目睹了惊人的业绩——消除了政府对贸易和投资在全球经济中自由流动的限制。这一点有助于我们确定国内企业的限制竞争行为所造成的国外公司无法进入国内市场的程度。上述情况引起人们的广泛关注，因为这种限制竞争行为不仅损害了涉案国家的福利，而且威胁到其他国家的合法利益。私有公司的限制竞争的做法可以受到政府限制竞争行为的保护——进而出现混合行为——使该情形变得更加复杂。倘若出现这种情况，则涉案国只有有效地实施其反垄断法，才能解决问题。从这个角度讲，反垄断政策与贸易政策是相辅相成的。

近年来，各国政府亲眼目睹了在全球经济中政府角色所发生的有趣变化。政府的作用从之前的实行垄断化及对国内经济实行严格的控制，到今天的积极引入并加强本国的反垄断体系。全球反垄断体系已经发展近百年，30 多个国家已经积极采用了某种形式的反垄断法。尽管各国的法律存在差别，然而国际上已经对反垄断法达成一个清晰的共识：它作为保护竞争的重要工具，是各国为实现全球经济一体化而通常采取的手段。反垄断法所取得的进展无论对发达国家还是发展中国家来说，都具有同等的重要性。这表明反垄断法已经成为不同发展阶段的国家所关注的问题。因此，反垄断政策的国际合作范围不仅应该包括发达国家还应该包括发展中国家。具有强大反垄断法体系的国家可以为其他反垄断法仍处在初级阶段的国家提供技术支持，无论发达国家还是发展中国家，都应该互相交换信息，并且寻求执法方面的合作。出于同样的原因，取得这样的进展同时也说明商业企业已经成为全球经济的重要参与者。也正因如此，在反垄断政策的国际化背景下，有必要对商业企业及其与各主权国家间的关系给予特别关注。

毋庸置疑，这些因素不仅促使反垄断政策朝着国际化方向发展，而且有助于对给国家间贸易和投资流动造成负面影响的限制竞争行为有力地执行反垄断法。因此，为了实现这些目标，有必要对这些因素及其未来的情况深入地研究。

到目前为止，各国及其反垄断各界在反垄断政策国际化方面所作的努力主要通过以下方式得以实现：缔结双边合作协定，使各国法律统一和谐，建立一个反垄断法国际准则，以及达成多边反垄断协定等。这四方面的“案例”已经在前面的章节中予以讨论。尽管这些例子各不相同，但是有理由相信它们的目标是完全一致的。独立地看，每个例子所实现的目标、现实性及可能性确实有所不同。尽管如此，它们之间却是相互补充、相辅相成的。这一点可以通过事实来证明，例如，双边合作和多元化途径等需要创立一个反垄断法国际体系才能得以完善。

多元化途径朝着反垄断政策国际化方向的发展使得所有参与全球贸易体系的国家都提高了其反垄断的执法能力，同样也促成具有密切执法合作关系的反垄断机构之间缔结双边协定。这也是经济合作与发展组织（OECD）多年来进行合作的经验，它们为成员国间缔结双边协定奠定了坚实的基础。全球已有超过100个反垄断机构，可以预想建立起一个全面的双边协定网络必定要付出很大的代价，这个过程可能既复杂又漫长。如果对相关国家的利益和需要考虑不足，就会出现部分国家的反垄断机构不愿意加入这一网络组织的局面，这个过程也会因而变得不现实。

双边和多元化途径彼此一致且相互补充，这一点可以从欧盟反垄断法的实践经验中得到证实。第5章毫无疑问用实例说明了欧盟在区域一体化和建立一个国际反垄断体系方面所作的贡献。欧盟在反垄断政策合作方面所作的巨大努力主要围绕着以下几个方面进行：加强欧盟反垄断法、促进成员国之间法规应用的一致性和有效性，以及搭建一个区域协定的框架，例如伙伴和合作协定、中欧和东欧国家的联合协定及地中海国家的某种程度的协定等。同时，欧盟委员会还力求扩张并深化与欧洲以外的伙伴间的双边合作关系。目前欧盟委员会已经与美国、加拿大和南非等国家签订了协定。除了上述方面所作的努力，欧盟委员会还支持反垄断政策的多边协定。然而，多年来欧盟委员会已经认清并令人相信，双边协定并不能完全解决全球化带来的挑战和问题，如果国家希望从更广泛的贸易自由化中收益，就需要建立一个全面的多边协定。

尽管如此，还是应当承认多元化途径的转变——从书面形式到贯彻落实，终将遭到一些国家特别是美国的强烈反对（欧盟和其他国家支持）。美国认为目前并不适宜采纳多元化途径来创建一个反垄断法的国际体系。在 WTO 框架中缔结多边协定也主要遭到美国的反对。虽然在前面章节中也曾提到，但是种种迹象表明美国的反对声音已经自 2001 年 11 月在多哈举行的第四次首脑会议有所缓和。美国对各国是否已经掌握了相关的反垄断经验和知识提出质疑。此外，美国反对一切对其主权构成威胁和侵犯其反垄断政策特权的提议。相反地，美国提议在达成共识的国家间通过鼓励反垄断机构相互交换意见，给反垄断法仍处于初级阶段的国家提供技术支持等方式加强彼此的联系与合作。美国似乎赞成在类似于 OECD 的论坛范围内实现反垄断政策的多元化途径。

必须认识到美国这种怀疑的态度很可能影响反垄断政策向国际化方向的发展。然而，这并不意味着我们不应为反垄断政策国际化付出努力，特别应当继续朝在 WTO 框架下达成多边协定的方向努力。WTO 的成员国包罗万象，既包括发达国家，又包括发展中国家。影响反垄断法被有效执行的另一个因素是，WTO 的贸易自由化目标与越来越多的国家——大部分是 WTO 的参与者——所承诺的义务之间存在密切的联系，因此赞成在 WTO 框架保护下达成协定。例如，贸易知识产权协议（TRIPS）方面的先例更加具有说服力。WTO 也包含知识产权条款，完全有理由相信 WTO 不只是一个单独的贸易组织。此外，在分析关贸总协定（GATT）关于最惠国（MSN）第 1 条原则和国民待遇（National Treatment）第 3 条原则时，WTO 专门小组和受理机构（AB）早已熟练运用如市场定义和交叉价格弹性等分析方法并解决了产品的相似性、替代性或交换性等问题。因此，他们有能力运用反垄断规则。不仅如此，目前还出现其他重要的国际组织来支持 WTO 的工作，包括世界银行，它被誉为 WTO 的“动力库”。世界银行支持 WTO 的工作，愿意将其科研成果奉献给 WTO。最近，WTO 还得到了一个年轻的国际组织如国际竞争网络（ICN）的支持和帮助。

然而，应当注意一点，在 WTO 内部达成的协议应当以现实目的为基础。政策制定者、经济学家和律师，应该保持头脑清醒，清楚地意识到该领域问题的敏感性，应当在不同力量——国家与企业、发达国家与不发达国家、国家组织与国际组织、反垄断机构与法庭之间作好权衡等。

鉴于以上的分析，可以为各国政府提供一些关于如何进行反垄断政策国际化的建议。这些建议与各机构组织多年来所提出的建议在根本上存在差异。[①] 这里所提的建议可以成为国家或国际组织及相关利益群体促进反垄断政策国际化进程而公平合理地考虑各方利益及需要的行动指南。值得注意的是，这些建议并不是多边协定的草案。正如我们在前面章节中所探讨的，在协定草案成为实质性协定之前，对协议的争辩和磋商仍将持续很长的时间。然而，人们相信这些建议能够促进反垄断政策向国际化方向发展，这些建议包括：

（1）建议各国最好在 WTO 框架下，建立一个国际反垄断框架（GAF）。

（2）建议 GAF 应包含一项原则，即规定将反垄断法引入他们国内法律体系的国家应当履行的约束性责任。这样，各国尤其是经济转型国家将有能力发展适应其法律、经济和政治条件的反垄断法，而不是采用“空降”法律。具有强大反垄断法体系的国家应当发挥其作用，为如何制定反垄断法体系提供技术支持。为了适应不同发展阶段国家的需要，应当引入过渡阶段。

（3）此后，各国应当调整它们国内的反垄断法及执法机制，从而适应 GAF 框架下达成的规则。建议不应赋予私有企业优于 GAF 执法机构的直接诉讼权限。

（4）GAF 还应当包含非歧视性和透明性原则。第一个原则在国际贸易体系中的中心作用越来越明显。这个原则在反垄断政策方面也有用处。规定成员国有责任将反垄断法逐步扩展到国内经济的各个部门，对所有的企业，私有的和公有的、国内的和国外的，完全采用相同的方式同等对待。另一方面，透明性原则可以保证反垄断法执法的有效性和非歧视性。一方面，保证反垄断机构决策的公开性，另一方面保障反垄断机构对其执法决策拥有足够的控制力。为此，应赋予相

① 参见第 9 章对这些建议的讨论。

关利益主体通过直接诉讼渠道对抗反垄断机构的权力。同理，透明性原则还保证企业上交的机密信息受到反垄断机构的保护。

（5）GAF 应该为反垄断机构间的合作提供便利。建议增加援引“积极礼让”原则、“传统礼让”原则，以及信息共享等一般原则。这些原则具有非强制性，因此必将导致市场准入的问题①。

（6）GAF 的目标不应迫使各国的反垄断法统一和谐。各国反垄断法在内容上的统一可能并不现实而且没有效果。此外，反垄断法目标的统一可能使某些国家的目标比另一些国家的目标具有优先权。然而，统一原则可以解决那些需要直接关注和达成共识的争议。为此，建议各国考虑规定一个定期集会的制度。定期召集全球范围所有负责改进和管理反垄断政策的相关者。这种定期的会面将有利于推进各方进行建设性对话，并且促进各国的国内反垄断机构之间交换执法经验。定期会面同样有助于各国的国内反垄断机构在诸如反垄断政策的基本内容和经济学原理等基本问题上达成共识。

（7）建议 GAF——在创立后的 5 年到 10 年——规定解决国家间争端的程序。然而，这一程序不应拓展到以“案例对案例”为基础的反垄断判例的审查中②。

（8）在 GAF 框架中，应该鼓励各国间用技术支持和合作信赖代替对法律域外适用的使用。

至少从这些方面来看，建立这样一个反垄断政策的框架是合乎情理并且是可行的事情。依据以上建议形成的框架并没有真正威胁各国的主权。在这个框架中确实存在一些限制各国主权的规定。然而，与各国的受益情况相比，这些限制是可以理解和接受的。在 WTO 保护下建立这样的框架能够保证不同国家间达成更广泛的共识，同时还能对已经在 WTO 框架下实现的贸易政策目标加以补充。这将增强贸易

---

① Support for this can be found in the case law of the Appellate Body (AB) of the WTO. The AB insists on the least restrictive trade measures being adopted and accordingly on the primacy of multilateral negotiations and co-operation. See the *Gasoline* (available at http://www.wto.org/english/tratop_e/envir_e/edis07_e.htm) and *Shrimp-turtle* (available at http://www.wto.org/english/tratop_e/dispu_e/distab_e.htm) cases.

此外，AB 判例引入了一种未明确阐明的均衡原理，该原理将成为提倡 GAF 重要的“卖点”，因为它将市场准入最大化，保证不会对贸易和竞争造成不必要的负担。

② WTO 如果采纳 GAF，那么引入《争端控制处理规则和程序协定》（DSU）修正案就是合乎需要的，该案内容在 WTO 协定附件 2 中有所提及，并允许国际贸易律师和反垄断律师作为陪审员审查 AB 案件。

和投资在全球经济中的自由流动，在促进全球化的同时，推动反垄断政策向国际化发展。

参考文献

图书类

1. Akopova, I., Bothe, M., Dabbah, M., Entin, L. and Vodolgin, S. (eds.), *The Russian Federation and European Law* (Hopma, Moscow, 2001).

2. Amato, G., *Antitrust and the Bounds of Power* (Hart Publishing, Oxford, 1997).

3. Anderman, S., *EC Competition Law and Intellectual Property Rights* (Oxford University Press, Oxford, 1998).

4. Anderson, J. (ed.), *The Rise of the Modern State* (Wheatsheaf Books, Brighton 1986).

5. Areeda, P. and Kaplow, L., *Antitrust Analysis: Problems Text, Cases* (Little, Brown, Boston, 1988).

6. Arnold, T., *The Bottlenecks of Business* (Reynal & Hitchcock, New York, 1973).

7. Atwood, J., *Antitrust and American Business Abroad* (McGraw-Hill, New York, 1981).

8. Auerbach, P., *Competition: the Economics of Industrial Change* (Blackwell, Oxford, 1988).

9. Bain, J., *Barriers to New Competition* (Harvard University Press, Cambridge, 1956).

10. Baumol, W., Panzar, J. and Willig, D., *Contestable Markets and the Theory of Industry Structure* (Harcourt Brace Jovanovich, New York, 1988).

11. Bengoetxea, J., *The Legal Reasoning of the European Court of Justice* (Oxford University Press, Oxford, 1993).

12. Bhagwati, J. and Hirsh, M. (eds.), *The Uruguay Round and beyond* (University of Michigan Press, Michigan, 1998).

13. Bishop, J. and Kay, M., *European Mergers and Merger Policy* (Oxford University Press, Oxford, 1993).

14. Boddez, T. and Trebilcock, M., *Unfinished Business: Reforming Trade Remedy Laws in North America* (C. D. Howe Institute, Toronto, 1993).

15. Bork, R., *The Antitrust Paradox: a Policy at War with Itself* (Basic Books, New York, 1978).

16. *The Tempting of America* (Sinclair-Stevenson, London, 1990).

17. Brewster, K., *Antitrust and American Business Abroad* (McGraw-Hill, New York, 1958).

18. Brierly, J., *The Law of Nations* (Oxford University Press, Oxford, 1963).

19. Brittan, L., *Competition Policy and Merger Control in the Single European Market* (Grotius, Cambridge, 1991).

20. Brownlie, I., *Principles of Public International Law* (Oxford University Press, Oxford, 1998).

21. Bruce, I. and Clubb, E., *United States Foreign Trade Law* (Little,

Brown, Boston, 1991).

22. Buchanan, J., Tollison, R. and Tullock, G, (eds.), *Toward a Theory of the Rent Seeking Society* (Texas A and M University, Houston, 1980).

23. Camilleri, J. and Falk, J., *The End of Sovereignty: the Politics of a Shrinking and Fragmenting World* (Edward Elgar, Aldershot, 1992).

24. Carré, M., *Realists and Normalists* (Oxford University Press, Oxford, 1964).

25. Charleston, M., *Rudiments of Law and Governments Deducted from the Law of Nature* (Library of Congress, Washington D. C., 1783).

26. Clark, J., *Competition as a Dynamic Process* (Brookings Institution, Washington D. C., 1961).

27. Claude, I., *Swords into Plow Shares* (Random House, New York, 1977).

28. Coretesi, H. (ed.), *Unilateral Application of Antitrust and Trade Laws: toward a New Economic Relationship between the United States and Japan* (The Institute, New York, 1994).

29. Craig, P. and De Burca, G., *EU Law* (3rd edn, Oxford University Press, Oxford, 2002).

30. Davis, K., *Discretionary Justice* (Louisiana State University Press, Louisiana, 1969).

31. De Visscher, C., *Théorie et réalité en droit international public* (Paris, 1953), translated into English by P. E. Corbett, *Theory and Reality in Public International Law* (Princeton University Press, Princeton, 1968).

32. Doern, C., *Competition Policy Decision Processes in the European Community and United Kingdom* (Carleton University Press, Ottawa, 1992).

33. Doern, C. and Wilks, S., *Comparative Competition Policy* (Oxford University Press, Oxford, 1996).

34. Duguit, L., *Traité de droit constitutionnel* (Paris, 1927).

35. Dunning, J., *The Globalization of Business: the Challenges of the 1990s* (Routledge, London, 1993).

36. Dworkin, R., *Law's Empire* (Harvard University Press, Cambridge, Mass., 1986).

37. Eden, L. and Potter, E. (eds.), *Multinationals in Global Political Economy* (Macmillan, New York, 1993).

38. Edwards, C., *Control of Cartels and Monopolies: an International Comparison* (Oceana Publications, Dobbs Ferry, 1967).

39. Eeckes, A,, *Opening America's Market: US Foreign Trade Policy since* 1776 (University of North Carolina Press, North Carolina, 1995).

40. Ehlermann, C. and Laudati, L. (eds.), *European Competition Law Annual* 1997: *Objectives of Competition Policy* (Hart Publishing, Oxford, 1998).

41. Finger, J. (ed.), *Antidumping: How It Works and Who Gets Hurt?* (University of Michigan Press, Michigan, 1993).

42. Fingleton, J., Fox, E., Neven, D. and Seabright, P., *Competition Policy and the Transformation of Central Europe* (CEPR, London, 1995).

43. Freeman, P. and Whish, R., *A Guide to the Competition Act* 1998 (Butterworths, London, 1999).

44. Friedmann, W., *The Changing Structure of International Law* (Columbia University Press, New York, 1964).

45. Fugate, W., *Foreign Commerce and Antitrust Laws* (Little, Brown, Boston, 1958).

46. Gerber, D., *Law and Competition in Twentieth Century Europe* (Oxford University Press, Oxford, 1998).

47. Gilpin, R., *The Political Economy of International Relations* (Princeton University Press, Princeton, Guilford, 1987).

48. Goyder, D., *EC Competition Law* (4th edn, Oxford University Press, Oxford, 2002).

49. Granovetter, M. and Swedberg, R. (eds.), *The Sociology of Economic Life* (Westview Press, Boulder, 1992).

50. Graubard, S. (ed.), *A New Europe?* (Houghton Mifflin, Boston, 1964).

51. Green, A., *Political Integration by Jurisprudence: the Work of the*

Court of Justice of the European Communities in European Political Integration (Sijthoff, Leiden, 1969).

52. Griffin, J. (ed.), *Perspectives on the Extraterritorial Application of US Antitrust and Other Laws* (ABA, Section of International Law, New York, 1979).

53. Haas, E., *Beyond the Nation-State* (Stanford University Press, Stanford, 1964).

54. *The Uniting of Europe* (Stanford University Press, Stanford, 1958).

55. Haas, E. and Lindberg, L., *The Political Dynamics of European Economic Integration* (Stanford University Press, Stanford, 1963).

56. Harrison, R., *Europe in Question: Theories of Regional International Integration* (Allen & Unwin, London, 1974).

57. Haucher, L. and Moran, M., *Capitalism, Culture and Economic Regulation* (Oxford University Press, Oxford, 1989).

58. Hawk, B., *United States, Common Market and International Antitrust: a Comparative Guide* (Prentice-Hall Law and Business, New York, 1993).

59. Hayek, F., *The Road to Serfdom* (Chicago University Press, Chicago, 1944).

60. Hermann, A., *Conflicts of National Laws with International Business Activity: Issues of Extraterritoriality* (Howe Institute, London, 1982).

61. Hinsley, F., *Sovereignty* (C. A. Watts, London, 1966).

62. Hodgson, G., *Economics and Institutions* (Polity, Cambridge, 1988).

63. Jackson, J., *The Jurisprudence of GATT and the WTO* (Cambridge University Press, Cambridge, 2000).

64. Jenks, C., *A New World of Law: a Study of the Creative Imagination in International Law* (Longman, Harlow, 1969).

65. Jennings, R. and Watts, A., *Oppenheim's International Law* (Longman, London, 1996).

66. Joliet, R., *The Rule of Reason in Antitrust Law: American, German and Common Market Laws in Comparative Perspective* (Faculté de Droit de l'Université de Liége, Liége, 1967).

67. Kelsen, H., *Principles of International Law* (Rinehart & Winton, New York, 1996).

68. Kerse, C., *EC Antitrust Procedure* (Sweet & Maxwell, London, 1994).

69. Khemani, S. (ed.), *International Trade Policies: the Uruguay Round and beyond* (IMF, Washington D. C., 1994).

70. Kintner, E., *An Antitrust Primer* (Macmillan, London, 1973).

71. Kitzinger, U., *The Politics and Economics of European Integration: Britain, Europe, and the United States* (Basic Books, New York, 1963).

72. Korah, V., *An Introductory Guide to EC Competition Law and Practice* (Sweet & Maxwell, London, 1994).

73. Lasok, D. and Bridge, J., *An Introduction to the Law and Institutions of the European Communities* (Butterworths, London, 1982).

74. Lerner, M. (ed.), *The Mind and Faith of Justice Holmes: His Speeches, Essays, Letters, and Judicial Opinion* (Random House, New York, 1943).

75. Lipsey, R. and Chrystal, K., *An Introduction to Positive Economics* (Oxford University Press, Oxford, 1995).

76. *Principles of Economic Law* (Oxford University Press, Oxford, 1999).

77. Lloyd, P. and Vautier, K., *Promoting Competition in Global Markets: a Multi-National Approach* (Edward Elgar, Cheltenham, 1999).

78. Locke, J., *Two Treatises of Government* (Cambridge University Press, Cambridge, 1988).

79. Lowe, A., *Extraterritorial Jurisdiction: an Annotated Collection of Legal Materials* (Grotius Publications, Cambridge, 1983).

80. Lowenfeld, A., *Public Controls on International Trade* (Matthew Bender, New York, 1983).

81. Lutz, H., *American Legal Writing during the Founding Era*

(Liberty Press, London, 1983).

82. Maine, H., *Ancient Law: Its Connection with the Early History of Society and Its Relation to Modern Ideas* (University of Arizona, Arizona, 1985).

83. McChesney, F. and Shughart, W. (eds.), *The Causes and Consequences of Antitrust: the Public Choice Perspective* (Chicago University Press, Chicago, 1995).

84. Mendes, M., *Antitrust in a World of Interrelated Economies: the Interplay between Antitrust and Trade Policies in the US and the EEC* (Editions de 1'Université de Bruxelles, Brussels, 1991).

85. Morrison, A. (ed.), *Fundamentals of American Law* (Oxford University Press, Oxford, 1996).

86. Muchlinski, P., *Multinational Enterprises and the Law* (Blackwell, Oxford, 1995).

87. Mueller, D., *Public Choice* (Cambridge University Press, Cambridge, 1979).

88. Neale, A. and Goyder, D., *The Antitrust Laws of the United States of America: a Study of Competition Enforced by Law* (Cambridge University Press, Cambridge, 1980).

89. Neven, D., Nuttall, R. and Seabright, P., *Merger in Daylight* (Centre for Economic Research, London, 1993).

90. North, D., *Institutions, Institutional Change and Economic Performance* (Cambridge University Press, Cambridge, 1990).

91. Ohmae, K., *The Borderless World: Power and Strategy in the Interlinked Economy* (HarperCollins, London, 1994).

92. Ojala, M., *The Competition Law of Central and Eastern Europe* (Sweet & Maxwell, London, 1999).

93. Olmstead, C., *International Law Association, Extraterritorial Application of the Laws and Responses Thereto* (Oxford University Press, Oxford, 1984).

94. Olson, M., *The Logic of Collective Action* (Harvard University Press, Cambridge, Mass., 1965).

95. Pocock, J., *Politics, Language and Time: Essays on Political Thought and History* (Atheneum, New York, 1972).

96. Porter, M., *The Competitive Advantage of Nations* (Macmillan, London, 1989).

97. Posner, R., *Antitrust Law: an Economic Perspective* (University of Chicago Press, Chicago, 1976).

98. Pryce, R., *The Politics of the European Community* (Butterworths, London, 1973).

99. Rittler, L., *EEC Competition Law - a Practitioner's Guide* (Kluwer, Deventor, 1991).

100. Rodger, B. and MacCulloch, A. (eds.), *The UK Competition Act* (Hart Publishing, Oxford, 2000).

101. Rosenthal, D. and Knighton, W., *National Laws and International Commerce: the Problem of Extra-Territoriality* (Routledge, London, 1982).

102. Roth, P. (ed.), *Common Market Law of Competition* (5th edn, Sweet & Maxwell, London, 2001).

103. Sakong, D., *Korea in the World Economy* (Institute for International Economics, Washington DC, 1993).

104. Saxonhouse, G. and Yamamura, K. (eds.), *Law and Trade Issues of the Japanese Economy: American and Japanese Perspectives* (University of Washington Press, Washington D. C., 1986).

105. Scherer, F. and Ross, D., *Industrial Market Structure and Economic Performance* (Houghton Mifflin, Boston, 1990).

106. Schumpeter, J., *Capitalism, Socialism and Democracy* (Allen and Unwin, London, 1976).

107. Simons, H., *A Positive Program for Laissez Faire: Some Proposals for a Liberal Economic Policy* (Chicago University Press, Chicago, 1934).

108. Singleton, S., *Blackstone's Guide to the Competition Act* 1998 (Blackstone, London, 1999).

109. Slot, P. and McDonnell, A. (eds.), *Procedure and Enforcement in EC and US Competition Law* (Sweet & Maxwell, London, 1993).

110. Staniland, M. , *What Is Political Economy? : A Study of Social Theory and Under-development* (Yale University Press, New Haven, 1985).

111. Stopford, J. and Strange, S, , *Rival States, Rival Firms* (Cambridge University Press, Cambridge, 1991).

112. Sullivan, E. (ed.), *The Political Economy of the Sherman Act* (Oxford University Press, Oxford, 1991).

113. Swann, D. , *Competition and Consumer Protection* (Penguin, Harmondsworth, 1979).

114. Thorelli, H. , *The Federal Antitrust Policy: Origination of an Antitrust Tradition* (Johns Hopkin Press, Baltimore, 1954).

115. Vernon, R. , *Sovereignty at Bay: the Multinational Spread of US Enterprises* (Longman, London, 1971).

116. Walker, R. and Mendlovitz, S. (eds.), *Contending Sovereignties: Redefining Political Community* (Boulder, Co. , Lynne Rienner, London, 1990).

117. Waller, S. , *Antitrust and American Business Abroad* (Clark Boardman Callaghan, New York, 1997).

118. Walters, M. , *Globalization* (Routledge, New York, 1995).

119. Wellek, R. , *The Concept of Realism in Literary Scholarship* (J. B. Wolters, Groningen, 1961).

120. Whish, R. , *Competition Law* (4th edn, Butterworths, London, 2001).

121. Wilcox, C. , *A Charter for World Trade* (Macmillan, New York, 1949).

122. Williamson, O. , *Antitrust Economics* (Blackwell, Oxford, 1987).

123. Zach, R. (ed.), *Towards WTO Competition Rules: Key Issues and Comments on the WTO Report* (1998) *Trade and Competition* (Kluwer Law International, The Hague, 1999).

文章类

1. Akehurst, M. , 'Jurisdiction in International Law' (1972 - 3) 46

BYBIL 145.

2. Alford, R., 'The Extraterritorial Application of Antitrust Laws: the United States and the European Community Approaches' (1992) 33 VJIL 1; 'Subsidiarity and Competition: Decentralized Enforcement of EU Competition Laws' (1994) 27 CILJ 275.

3. Anderson, T., 'Extraterritorial Application of National Antitrust Laws: the Need for More Uniform Regulation' (1992) 38 WLR 1579.

4. Applebaum, H., 'Antitrust and the Omnibus Trade and Competitiveness Act of 1998' (1989) 58 ALJ 557; 'The Coexistence of Antitrust Law and Trade Law with Antitrust Policy' (1988) 9 CLR 1169; 'The Interface of the Trade Laws and the Antitrust Laws' (1998) 6 GMLR 479.

5. Ashley, R., 'Untying the Sovereign State: a Double Reading of the Anarchy Problematique' (1988) 17 JIS 231.

6. Averitt, N. and Lande, R., 'Consumer Sovereignty: a United Theory of Antitrust and Consumer Protection Law' (1997) 65 ALJ 713.

7. Azcuenaga, M., 'The Evolution of International Competition Policy: a FTC Perspective' (1992) FCLI 1.

8. Baer, W., 'International Antitrust Policy' (1998) FCLI 247.

9. Bailey, T., 'Contestability and the Design of Regulatory and Antitrust Policy' (1981) 71 AER 178.

10. Baker, D., 'Antitrust and World Trade: Tempest in an International Teapot?' (1974) 8 CILJ 16.

11. Baker, D. and Miller, W., 'Antitrust Enforcement and Non-Enforcement as a Barrier to Imports' (1996) 14 IBL 488.

12. Bator, F., 'The Autonomy of Market Failure' (1958) 72 QJE 358.

13. Bechtold, R., 'Antitrust Law in the European Community and Germany - an Uncoordinated Co-Existence?' (1992) FCLI 343.

14. Bellamy, C., 'How Can we Harmonize?' (1999) 34 NELR 134; 'Some Reflections on Competition Law in the Global Market' (1999) 34 NELR 15.

15. Bellis, J. , ‘International Trade and the Competition Law of the European Economic Community’ (1979) 16 CMLRev 647.

16. Benyon, ‘Les “accords européens” avec la Hongrie, la Pologne et la Tchécoslovaquie’ (1992) RMCLUE 25.

17. Bishop, B. and Bishop, S. , ‘Reforming Competition Policy: Bundeskartellamt – Model or Muddle’ (1996) 17 ECLR 207.

18. Black, O. , ‘*Per se Rule* and *Rule of Reason*: What Are They?’ (1997) 18 ECLR 145.

19. Blässar, M. and Stragier, J. , ‘Enlargement’ (1999) 1 ECCPNL 58.

20. Bork, R. , ‘Legislative Intent and the Policy of the Sherman Act’ (1966) 9 JLE 7; ‘The Role of the Courts in Applying Economics’ (1985) 54 ALJ 2; ‘The Rule of Reason and Per Se Concept: Price Fixing and Market Division’ (1965) 74 YLJ 775.

21. Born, G. , ‘Recent British Responses to the Extraterritorial Application of United States Law: the *Midland Bank* Decision and Retaliatory Legislation Involving Unitary Taxation’ (1985) 26 VJIL 91.

22. Bos, P. , ‘Towards a Clear Distribution of Competence between EC and National Competition Authorities’ (1995) 16 ECLR 410.

23. Bourgeois, J. , ‘EC Competition Law and Member States Courts’ (1993) 17 FILJ 331.

24. Bowett, D. , ‘Jurisdiction: Changing Patterns of Authority over Activities and Resources’ (1982) 53 BYBIL 1.

25. Bridge, J. , ‘The Law and Politics of United States Foreign Policy Export Controls’ (1984) 4 LS 2.

26. Brodley, J. , ‘The Economic Goals of Antitrust: Efficiency, Consumer Welfare, and Technological Progress’ (1987) 62 NYULR 1020.

27. Brown, P. , ‘The Codification of International Law’ (1935) 29 AJIL 25.

28. Brzezinski, C. , ‘Competition and Antitrust Law in Central Europe: Poland, the Czech Republic, Slovakia and Hungary’ (1994) 15 MJIL 1129.

29. Burr, S., 'The Application of US Antitrust Law to Foreign Conduct: Has *Hartford Fire* Extinguished Considerations of Comity?' (1994) 15 UPJIBL 221.

30. Calkins, S., 'The October 1992 Supreme Court Term and Antitrust: More Objectivity than Ever' (1994) 62 ALJ 327.

31. Carroll, A., 'The Extraterritorial Enforcement of US Antitrust Laws and Retaliatory Legislation in the United Kingdom and Australia' (1984) 13 DJILP 377.

32. Carstensen, P., 'Antitrust Law and the Paradigm of Industrial Organization' (1983) 16 UCDLR 487.

33. Castañeda, G. and Ugarte, F., 'Mexico Still Setting the Pace for Latin America' (1998) 1 GCR 12.

34. Chang, S., 'Extraterritorial Application of US Antitrust Laws to Other Pacific Countries; Proposed Bilateral Agreements for Resolving International Conflicts within the Pacific Community' (1993) 16 HICLR 295.

35. Cho, W., 'Korea's Economic Crisis: the Role of Competition Policy' (1999) 27 IBL 495.

36. Christoforou, T. and Rockwell, D., 'European Economic Community Law: the Territorial Scope of Application of EEC Antitrust Law' (1989) 30 HILJ 195.

37. Collins, W., 'The Coming of Age of EC Competition Policy' (1992) 17 YJIL 249.

38. Conn, D., 'Assessing the Impact of Preferential Trade Agreements and New Rules of Origin on the Extraterritorial Application of Antitrust Law to International Mergers' (1993) 93 ColLR 119.

39. Cova, B. and Fine, F., 'The New Italian Antitrust Act *vis-à-vis* EC Competition Law' (1991) 12 ECLR 20.

40. Cowie, M. and Novotria, M., 'Pre-Merger Notification in Central and Eastern Europe' (1998) 12 *Antitrust* 19.

41. Craig, E., 'Extraterritorial Application of the Sherman Act: the Search for a Jurisdictional Standard' (1983) 7 STLJ 295.

42. Crampton, P. , ' Alternative Approaches to Competition Law: Consumer' s Surplus, Total Welfare and Non-Efficiency Goals' (1994) 17 WC 55.

43. Gumming, G. , ' Assessors, Judicial Notice and Domestic Enforcement of Articles 85 and 86' (1997) 18 ECLR 370.

44. Dabbah, M. , ' Conduct, Dominance and Abuse in " Market Relationship": Analysis of Some Conceptual Issues under Article 82 EC' (2000) 21 ECLR 45; 'The Dilemma of Keck – the Nature of the Ruling and the Ramifications of the Judgment' (1999) IJEL 84; ' Measuring the Success of a System of Competition Law: a Preliminary View' (2000) 21 ECLR 369.

45. Dam, K. , ' Extraterritoriality in an Age of Globalization: the *Hartford Fire* Case' (1993) SCR 289.

46. Davidow, J. , 'Antitrust and Trade Policy in the United States and the European Community' (1986) FCLI 45; ' The Application of US Antitrust Laws to *Kieretsu* Practices' (1994) 18 WC 5; ' Extraterritorial Antitrust and the Concept of Comity' (1981) 15 JWTL 500; ' Treble Damage Actions and US Foreign Relations: Taming the "Rouge Elephant" ' (1985) FCLI 37.

47. Deringer, A. , ' The Distribution of Powers in the Enforcement of the Rules of Competition and the Rome Treaty' (1963) 1 CMLRev 30.

48. Dewey, D. , ' The Economic Theory of Antitrust: Science or Religion?' (1964) 50 VirLR 413.

49. Dunfee, T. and Friedman, A. , ' The Extraterritorial Application of United States Antitrust Laws: a Proposal for an Interim Solution' (1984) 45 OSLJ 883.

50. Easterbrook, F. , ' The Limits of Antitrust' (1984) 63 TLR 1.

51. Ehlermann, C. , ' The Contribution of the EC Competition Policy to the Single Market' (1992) 29 CMLRev 257; ' The European Community, Its Law and Lawyers' (1992) 29 CMLRev 213; ' Implementation of EC Competition Law by National Antitrust Authorities' (1996) 17 ECLR 88; ' The International Dimension of Competition Policy' (1994) 17 FILJ

833;'Reflections on a European Cartel Office' (1995) 32 CMLRev 471.

52. Ehrenzweig, A., 'The *lex fori* - Basic Rule in the Conflict of Laws' (1960) 58 MicLR 637.

53. Elzinga, K., 'The Goals of Antitrust: Other than Competition and Efficiency, What Else Counts?' (1977) 125 UPLR 1191.

54. Engzelius, F., 'The Norwegian Competition Act 1983' (1996) 15 ECLR 384.

55. Eric, E., 'The Use of Interest Analysis in the Extraterritorial Application of United States Antitrust Law' (1983) 16 CILJ 147.

56. Farlow, J., 'Ego or Equity? Examining United States Extension of the Sherman Act' (1998) 11 TL 175.

57. Farmer, S., 'Altering the Balance between Sovereignty and Competition: the Impact of *Seminole Tribe* on the Antitrust State Action Immunity Doctrine' (1997) 23 ONULR 1403; 'Balancing State Sovereignty and Competition: an Analysis of the Impact of *Seminole Tribe* on the Antitrust State Action Immunity Doctrine' (1997) 42 VilLR 111.

58. Faucompert, E., Konings, J. and Vandenbussche, H., 'The Integration of Central and Eastern Europe in the European Union - Trade and Labour Market Adjustment' (1999) 33 JWTL 121.

59. Faull, J., 'Effect on Trade between Member States and Community: Member States Jurisdiction' (1989) FCLI 485.

60. Fedderson, C., 'Focusing on Substantive Law in International Economic Relations: the Public Morals of GATT's Article XX(a) and "Conventional Rules of Interpretation"' (1998) 7 MJGT 75.

61. Feinberg, R., 'Economic Coercion and Economic Sanctions: the Expansion of United States' Extraterritorial Jurisdiction' (1981) 30 AULR 323.

62. Fernandez Ordonez, M., 'Enforcement by National Authority of EC and Member States' Antitrust Law' (1993) FCLI 629.

63. Fidler, D., 'Competition Law and International Relations' (1992) 41 ICLQ 563.

64. Fiebig, A., 'A Role for the WTO in International Merger Control'

(2000) 20 NJILB 233.

65. Fine, F., 'The New Italian Antitrust Act *vis-à-vis* EC Competition Law' (1991) 12 ECLR 87.

66. First, H., 'Selling Antitrust in Japan' (1993) 7 *Antitrust* 34.

67. Flynn, J., 'Antitrust Jurisprudence: a Symposium on Economics, Political and Social Goals of Antitrust Policy' (1977) 125 UPLR 1182.

68. 'The Reagan Administration's Antitrust Policy, "Original Intent" and the Legislative History of the Sherman Act' (1988) 83 AB 259.

69. Forrester, I. and Norall, C., 'The Laicization of Community Law: Self-Help and the Rule of Reason: How Competition Law Is and Could Be Applied' (1984) 21 CMLRev 11.

70. Fox, E., 'Antitrust Regulation across National Borders: the United States Boeing Versus European Union of Airbus' (1998) 16 BLR 30; 'Competition Law and the Agenda for the WTO: Forging the Links of Competition and Trade' (1995) 4 PRLPJ 1; 'Extraterritoriality and Antitrust - Is Reasonableness the Answer?' (1986) FCLI 49; 'Foreword: Mergers, Market Access and the Millennium' (2000) 20 NJILB 203; 'Global Problems in a World of National Law' (1999) 34 NELR 11; 'Harnessing the Multinational Corporation to Enhance 3rd World Development - the Rise and Fall and Future of Antitrust as a Regulator' (1989) 10 CLR 1981; 'International Antitrust: Cosmopolitan Principles for an Open World' (1998) FCLI 271; 'The Merger Regulation and Its Territorial Reach: *Gencor Ltd. v. Commission*' (1999) ECLR 334; 'The Modernization of Antitrust: a New Equilibrium' (1981) 66 CorLR 1140; 'The Politics of Law and Economics in Judicial Decision Making: Antitrust as a Window' (1986) 61 NYULR 554; 'Toward World Antitrust and Market Access' (1997) 91 AJIL 1; 'Trade, Competition and Intellectual Property - TRIPS and Its Antitrust Counterparts' (1996) 29 VJTL 481; 'US Law and Global Competition and Trade - Jurisdiction and Comity' (1993) AR 3.

71. Fox, E. and Sullivan, E., 'Antitrust - Retrospective and Prospective: Where Are We Coming From? Where Are We Going?'

(1987) 62 NYULR 936.

72. Francis, B., 'Subsidiarity and Antitrust: the Enforcement of European Competition Law in the National Courts of Member States' (1995) 27 LPIB 247.

73. Frazer, T., 'Competition Policy after 1992: the Next Step' (1990) 53 MLR 609.

74. Frederickson, A., 'A Strategic Approach to Multi-Jurisdictional Filings' (1999) 4 EC 23.

75. Friedberg, J., 'The Convergence of Law in an Era of Political Integration: the *Wood Pulp* Case and *Alcoa* Effects Doctrine' (1991) 52 UPLR 289.

76. Fugate, W., 'Antitrust Aspects of US – Japanese Trade' (1983) 15 CWRJIL 505.

77. Furnish, D., 'A Transnational Approach to Restrictive Business Practices' (1970) 4 IL 317.

78. Garret, G., 'International Cooperation and Institutional Choice: the European Community's Internal Market' (1992) 46 IO 533.

79. Gerber, D., 'Afterword: Antitrust and American Business Abroad Revisited' (2000) 20 NJILB 307; 'The Extraterritorial Application of German Antitrust Law' (1983) 77 AJIL 756; 'The Transformation of European Community Competition Law' (1994) 35 HIL J 97; 'The US-European Conflict over the Globalisation of Antitrust Law' (1999) 34 NELR 123.

80. Gill, D., 'Two Cheers for *Timberlane*' (1980) 10 SRICL 7.

81. Gluck, A., 'Preserving *Per Se*' (1999) 108 YLJ 913.

82. Griffin, J., 'EC/US Antitrust Cooperation Agreement: Impact on Transnational Business' (1993) 24 LPIB 1051; 'EC and US Extraterritoriality: Activism and Cooperation' (1994) 17 FILJ 353; 'Extraterritorial Application of US Antitrust Law Clarified by United States Supreme Court' (1993) 40 FBNJ 564; 'Extraterritoriality in US and EU Antitrust Enforcement' (1999) 67 ALJ 159; 'Foreign Governmental Reactions to US Assertion of Extraterritorial Jurisdiction' (1998) 6 GMLR

505; 'International Antitrust Guidelines Send Mixed Message of Robust Enforcement and Comity' (1995) 19 WC 5; 'Possible Resolutions of International Disputes over Enforcement of US Antitrust Law' (1982) 18 SJIL 279; 'What Business People Want from a World Antitrust Code' (1999) 34 NELR 39; 'When Sovereignties May Collide in the Antitrust Area?' (1994) 20 CUSLJ 91; 'United States Antitrust Laws and Transnational Transactions: an Introduction' (1987) 21 IL 307.

83. Grippando, J., 'Declining to Exercise Extraterritorial Jurisdiction on Grounds of International Comity: an Illegitimate Extension of the Judicial Abstention Doctrine' (1983) 23 VJIL 395.

84. Grossfield, B. and Rogers, P., 'A Shared Values Approach to Jurisdictional Conflicts in International Economic Law' (1983) 32 ICLQ 931.

85. Gupta, V., 'After *Hartford Fire*: Antitrust and Comity' (1996) 84 GLJ 2287.

86. Guzman, A., 'Is International Antitrust Possible?' (1998) 73 NYULR 1501.

87. Haas, E., 'International Integration: the European and the Universal Process' (1961) 15 IO 366; 'The Study of Legal Integration: Reflection on the Joy and Anguish of Pretheorising' (1970) 24 IO 607.

88. Haight, G., 'International Law and Extraterritorial Application of the Antitrust Laws' (1954) 63 YLJ 639.

89. Halliday, F., 'State and Society in International Relations: a Second Agenda' (1987) 16 JIS 218.

90. Halverson, J., 'Harmonization and Coordination of International Merger Procedures' (1991) 60 ALJ 531.

91. Ham, D., 'International Cooperation in the Antitrust Field and in Particular the Agreement between the United States and the Commission of the European Communities' (1992) 30 CMLRev 571.

92. Hannay, W., 'Transnational Competition Law Aspects of Mergers and Acquisitions' (2000) 20 NJILB 287.

93. Harvers, M., 'Good Fences Make Good Neighbours: a Discussion

of Problems Concerning the Exercise of Jurisdiction' (1983) 17 IL 784.

94. Hauser, H., 'Proposal for a Multilateral Agreement on Free Market Access (MAFMA)' (1991) 25 JWTL 77.

95. Hawk, B., 'Antitrust in the EEC - the First Decade' (1972) 41 FLR 229; 'International Antitrust Policy and the 1982 Acts: the Continuing Need for Reassessment' (1982) 51 FLR 201.

96. Hay, D., 'The Assessment: Competition Policy' (1993) 9/2 OREP 1; 'Competition Policy' (1986) 2 OREP 1.

97. Held, S., 'German Antitrust Law and Policy' (1992) FCLI 311.

98. Hellman, J., 'Constitutions and Economic Reform in the Post-Communist Traditions' (1996) 5 EECR 46.

99. Hiljemark, L., 'Enforcement of EC Competition Law in National Courts - the Perspective of Judicial Protection' (1997) 17 YEL 83.

100. Himmelfarb, A., 'International Language of Convergence: Reviving Antitrust Dialogue between the United States and the European Union with a Uniform Understanding of "Extraterritoriality"' (1996) 17 UP JIEL 909.

101. Hudec, R., 'A WTO Perspective on Private Anti-Competitive Behavior in World Markets' (1999) 34 NELR 79.

102. Huntley, A., 'The Protection of Trading Interests Act 1980: Some Jurisdictional Aspects of Enforcement of Antitrust Laws' (1981) 30 ICLQ 213.

103. Hutchings, M. and Levitt, M., 'Concurrent Jurisdiction' (1994) 15 ECLR 123.

104. Immenga, U., 'Export Cartels and Voluntary Export Restraints between Trade and Competition Policy' (1995) 4 PRLPJ 93.

105. Inman, R. and Rubinfeld, D., 'Making Sense of the Antitrust State Action Doctrine: Balancing Political Participation and Economic Efficiency in Regulatory Federalism' (1997) 75 TLR 1203.

106. Jacquemin, J., 'The International Dimension of European Competition Policy' (1993) 31 JCMS 91.

107. Jaffe, L., 'Standing to Secure Judicial Review: Public Actions'

(1961) 74 HLR 1265.

108. Jakob, T., 'EEA and Eastern Europe Agreements with the European Community' (1992) FCLI 403.

109. Jenny, F., 'French Competition Law Update: 1987 - 1994' (1995) FCLI 203.

110. Joelson, M., 'International Antitrust: Problems and Defences' (1983) 15 LPIB 1121.

111. Katzenbach, N., 'Conflicts on an Unruly Horse: Reciprocal Claims and Tolerance in Interstate and International Law' (1956) 65 YLJ 1087.

112. Kelsen, H., 'The Principles of Sovereign Equality of States as a Basis for International Organization' (1944) 53 YLJ 207.

113. Kennedy, D. and Webb, D., 'The Limits of Integration: Eastern Europe and the European Communities' (1993) 30 CMLRev 1095.

114. Kerse, C., 'The Complainant in Competition Cases: a Progress Report' (1997) 34 CMLRev 230.

115. Khan-Freund, O., 'English Contracts and American Antitrust Law: the *Nylon Patent* Case' (1955) 18 MLR 65.

116. Khemani, S., 'Competition Policy: an Engine for Growth' (1997) 1 GCR 20.

117. Kirchner, C., 'Competence Catalogues and the Principle of Subsidiarity in a European Constitution' (1997) 8 CPE 71.

118. Korah, V., 'EEC Competition Policy - Legal Form or Economic Efficiency' (1986) 39 CLP 85; 'The Rise and Fall of Provisional Validity - the Need for a Rule of Reason in EEC Antitrust' (1981) NJILB 320; '*Tetra Pak II* - Lack of Reasoning in Court's Judgment' (1997) 18 ECLR 98.

119. Korowicz, M., 'Some Present Aspects of Sovereignty in International Law' (1961) 102 RDC 1.

120. Kovacic, W., 'Capitalism, Socialism and Competition Policy in Vietnam' (1999) 13 *Antitrust* 57; 'Getting Started: Creating New Competition Policy Institutions in Transition Economies' (1997) 23 BJIL

403; 'Merger Enforcement in Transition: Antitrust Controls on Acquisitions in Emerging Economies' (1998) 66 UCinLR 1075.

121. Kramer, L., 'Extraterritorial Application of American Law after the Insurance Antitrust Case: a Reply to Professors Lowenfeld and Trimble' (1995) 89 AJIL 750.

122. Krueger, A., 'The Political Economy of Rent-Seeking Society' (1974) 64 AER 291.

123. Lande, R., 'Wealth Transfers as the Original and Primary Concern of Antitrust: the Efficiency Interpretations Challenged' (1982) 34 HLJ 65.

124. Lao, M., 'Jurisdictional Reach of the US Antitrust Laws: Yokosuka and Yokota, and "Footnote 159" Scenarios' (1994) 46 RLR 821.

125. Leidig, J., 'The Uncertain Status of the Defence of Foreign Sovereign Compulsion: Two Proposals for Change' (1991) 31 VJIL 321.

126. Liakopoulos, T., 'New Rules on Competition Law in Greece' (1992) 16 WC 17.

127. Lowe, A., 'Blocking Extraterritorial Jurisdiction: the British Protection of Trading Interests Act 1980' (1981) 75 AJIL 257; 'The Problems of Extraterritorial Jurisdiction: Economic Sovereignty and a Search for a Solution' (1985) 34 ICLQ 727.

128. Lowenfeld, A., 'Conflict, Balancing of Interests and the Exercise of Jurisdiction to Prescribe: Reflections on the Insurance Antitrust Case' (1995) 89 AJIL 42.

129. Lucron, C., 'Contenu et portée des accords entre la Communauté et la Hongrie, la Pologne et la Tchécoslovaquie' (1992) RMCLUE 293.

130. Lytle, C., 'A Hegemonic Interpretation of Extraterritorial Jurisdiction in Antitrust: from *American Banana* to *Hartford Fire*' (1997) 24 SJILC 41.

131. Maher, I., 'Alignment of Competition Laws in the European Community' (1996) 16 YEL 223.

132. Maier, H., 'Extraterritorial Jurisdiction at a Crossroads: an

Intersection between Public and Private International Law' (1982) 76 AJIL 280; 'Interest Balancing and Extra-Territorial Jurisdiction' (1983) 31 AJCL 579.

133. Mann, F., 'The Doctrine of Jurisdiction in International Law' (1964) 1 1 1 RDC 9; 'The *Dyestuffs* Case in the Court of Justice of the European Communities' (1973) 22 ICLQ 35.

134. Marceau, G., 'The Full Potential of the Europe Agreements: Trade and Competition Issues: the Case of Poland' (1995) WC 44.

135. Marenco, G., 'The Uneasy Enforcement of Article 85 E. E. C. as between Community and National Levels' (1993) FCLI 605.

136. Maresceau, M. and Montaguti, E., 'The Relations between the European Union and Central and Eastern Europe: a Legal Appraisal' (1995) 32 CMLRev 1327.

137. Marsden, P., ' "Antitrust" at the WTO' (1998) 13 *Antitrust* 28; 'The Impropriety of WTO "Market Access" Rules on Vertical Restraints' (1998) 21 WC 5.

138. Martinzez Lage, S., 'Significant Developments in Spanish Antitrust Law' (1996) 17 ECLR 194.

139. Mason, E., 'Monopoly in Law and Economics' (1937) 47 YLJ 34.

140. Massey, P., 'Reform of EC Competition Law: Substance, Procedure and Institutions' (1996) FCLI 91.

141. Matsushita, M., 'Reflections on Competition Policy/Law in the Framework of the WTO' (1997) FCLI 31.

142. May, J., 'Antitrust Practices in the Formative Era: the Constitutional and Conceptual Reach of State Antitrust Laws, 1880 - 1918' (1987) 135 UPLR 495.

143. McDermott, K., 'US Officials Provide Competition Counselling to Eastern Europe' (1991) 5 *Antitrust* 4.

144. McGowan, L. and Wilks, S., 'The First Supranational Policy in the European Union: Competition Policy' (1995) 28 EJPR 141.

145. McNeill, J., 'Extraterritorial Antitrust Jurisdiction: Continuing

the Confusion in Policy, Law, and Jurisdiction' (1998) 28 CWILJ 425.

146. Meade, J., 'Decentralisation in the Implementation of EEC Competition Law - a Challenge for the Lawyers' (1986) 37 NILQ 101.

147. Melamed, D., 'Antitrust Enforcement in a Global Economy' (1998) FCLI 1.

148. Messen, K., 'Antitrust Jurisdiction under Customary International Law' (1984) 78 AJIL 783.

149. Millon, D., 'The Sherman Act and the Balance of Power' (1988) 61 SCLR 1219.

150. Mirabito, J. and Friedler, W., 'The Commission on the International Application of the US Antitrust Laws: Pulling in the Reins' (1982) 6 STLJ 1.

151. Muchlinski, P., 'A Case of Czech Beer: Competition and Competitiveness in the Traditional Economies' (1996) 59 MLR 658.

152. Murphy, D., 'Moderating Antitrust Subject Matter Jurisdiction: the Foreign Trade Antitrust Improvements Act and the Restatement of Foreign Relations Law (Revised)' (1986) 54 UCinLR 779.

153. Newman, G., 'Potential Havens from American Jurisdiction and Discovery Laws in International Antitrust Enforcement' (1981) 33 UFLR 240.

154. Nicoliades, P., 'For a World Competition Authority' (1996) 30 JWTLl 131.

155. Norberg, S., 'The EEA Agreement: Institutional Solutions for a Dynamic and Homogeneous EEA in the Area of Competition' (1992) FCLI 437.

156. Novicoff, M., 'Blocking and Clawing Back in the Name of Public Policy: the United Kingdom's Protection of Private Economic Interests against Adverse Foreign Adjudications' (1985) 7 NJILB 12.

157. Ongman, J., '"Be No Longer Chaos": Constructing a Normative Theory of the Sherman Act's Extraterritorial Jurisdictional Scope' (1977) 71 NULR 733.

158. Oprescue, G. and Rohlck, E., 'Competition Policy in Transition

Economies: the Case of Romania' (1999) 3 ECCPNL 62.

159. Orland, L., 'The Paradox in Bork's Antitrust Paradox' (1987) 9 CLR 115.

160. Pakaphan, N., 'Indonesia: Enactment of Competition Law' (1999) 27 IBL 491.

161. Palim, M., 'The World Wide Growth of Competition Law: an Empirical Analysis' (1998) 43 AB 105.

162. Papakrivopoulos, D., 'The Role of Competition Law as an International Trade Remedy in the Context of the World Trade Organization' (1999) 22 WC 45.

163. Pearce, B., 'The Comity Doctrine as a Barrier to Judicial Jurisdiction: a US-EU Comparison' (1994) 30 SJIL 525.

164. Pera, A. and Todino, M., 'Enforcement of EC Competition Rules: a Need for Reform?' (1996) FCLI 125.

165. Petersmann, E., 'International Competition Rules for the GATT-MTO World Trade and Legal System' (1993) 27 JWTL 35; 'Legal, Economic and Political Objectives of National and International Competition Policies: Constitutional Functions of WTO "Linking Principles for Trade and Competition"' (1999) 34 NELR 145; 'Proposals for Negotiating International Competition Rules in the GATT-WTO World Trade and Legal System' (1994) 49 *Aussenwirtschaft* 231.

166. Pettit, P. and Styles, C., 'The International Response to the Extraterritorial Application of United States Antitrust Laws' (1982) 37 BL 697.

167. Piraino, T., 'Making Sense of the *Rule of Reason*: a New Standard for Section 1 of the Sherman Act' (1994) 47 VanLR 1753; 'Reconciling the *Per Se* Rule and the *Rule of Reason* Approaches to Antitrust Analysis' (1991) 64 SCLR 685.

168. Pitofsky, R., 'The Political Content of Antitrust' (1979) 127 UPLR 1051.

169. Pittney, H., 'Sovereign Compulsion and International Antitrust: Conflicting Laws and Separating Powers' (1987) 25 CJTL 403.

170. Posner, R., 'The Federal Trade Commission' (1969) 64 CKLR 48.

171. Quinn, J., 'Sherman Gets Judicial Authority to Go Global: Extraterritorial Jurisdictional Reach of US Antitrust Laws Are Expanded' (1998) 32 JMLR 141.

172. Ramsey, L., 'The Implications of the Europe Agreements for an Expanded European Union' (1995) 44 ICLQ 161.

173. Ramseyer, J., 'The Costs of the Consensual Myth: Antitrust Enforcement and Institutional Barriers to Litigation in Japan' (1985) 94 YLJ 604.

174. Rapsenao, J., 'Muddling, Meddling and Modelling: Alternative Approaches to the Study of World Politics in an Era of Rapid Change' (1979) 8 JIS 130.

175. Ratliff, J. and Wright, E., 'Belgian Competition Law: the Advent of Free Market Principles' (1992) 16 WC 33.

176. Reynolds, M. and Mansfield, P., 'Complaining to the Commission' (1997) 2 EC 34.

177. Rholl, E., 'Inconsistent Application of the Extraterritorial Provisions of the Sherman Act: a Judicial Response Based upon the Much Maligned "Effects" Test' (1990) 73 MarLR 435.

178. Riley, A., 'More Radicalism, Please: the Notice on Co-operation between National Courts and the Commission in Applying Articles 85 and 86 of the EEC Treaty' (1993) 14 ECLR 93.

179. Rill, J. and Chambers, C., 'Antitrust Enforcement and Non-Enforcement as a Barrier to Import in the Japanese Automobile Industry' (1997) 24 *Empirica* 109.

180. Rishikesh, D., 'Extraterritoriality Versus Sovereignty in International Antitrust Jurisdiction' (1991) WC 33.

181. Romani, F., 'The New Italian Antitrust Law' (1991) FCLI 479.

182. Rosenthal, D., 'Equipping the Multilateral Trading System with a Style and Principles to Increase Market Access' (1998) 6 GMLR 543;

'Relationship of US Antitrust Laws to the Formulation of Foreign Economic Policy, Particularly Export and Overseas Investment Policy' (1980) 49 ALJ 1189; 'What Should Be the Agenda of a Presidential Commission to Study the International Application of US Antitrust Law?' (1980) 2 NJILB 372.

183. Roth, P. (ed.), 'Jurisdiction, British Public Policy and the Supreme Court' (1994) 110 LQR 194.

184. Rowe, F., 'The Decline of Antitrust and the Dilution of Models: the Faustian Pact of Law and Economics' (1984) 72 GLJ 1511.

185. Sabalot, D., 'Shortening the Long Arm of American Antitrust Jurisdiction: Extraterritoriality and the Foreign Blocking Statutes' (1982) 28 LLR 213.

186. Sandage, J., 'Extraterritorial Application of United States Antitrust Law' (1985) 94 YLJ 1693; 'Forum Non Conveniens and the Extraterritorial Application of United States Antitrust Laws' (1985) 94 YLJ 1693.

187. Santos, J., 'The Territorial Scope of Article 85 of the EEC Treaty' (1989) FCLI 571.

188. Schaub, A., '*Boeing/MDD*' (1998) 1 ECCPNL 2.

189. Schwartz, L., ' "Justice" and Other Non-Economic Goals of Antitrust' (1979) 127 UPLR 1076.

190. Sennett, M. and Gavil, A., 'Antitrust Jurisdiction, Extraterritorial Conduct and Interest Balancing' (1985) 19 IL 185.

191. Sharma, V., 'Approaches to the Issue of Extra-Territorial Jurisdiction' (1995) 5 AJCorpL 45.

192. Shenefield, J., 'Extraterritoriality in Antitrust' (1983) 15 LPIB 1109; 'Thoughts on Extraterritorial Application of the United States Antitrust Laws' (1983) 52 FLR 350.

193. Shughart, W. and Tollison, R., 'The Employment Consequences of the Sherman and Clayton Acts' (1991) 147 JITE 38.

194. Singham, S., 'US and European Models Shaping Latin American Competition Law' (1998) 1 GCR 15.

195. Siragusa, M. and Scassellati-Sforztine G., 'Italian and EC Competition Law: a New Relationship - Reciprocal Exclusivity and Common Principles' (1993) 29 CMLRev 93.

196. Smith, A., 'Bringing Down Private Trade Barriers - an Assessment of the United States' Unilateral Options: Section 301 of the 1974 Trade Act and the Extraterritorial Application of US Antitrust Law' (1994) 16 MJIL 241.

197. Snell, S., 'Controlling Restrictive Business Practices in Global Markets: Reflections on the Concepts of Sovereignty, Fairness and Comity' (1997) 33 SJIL 215.

198. Snyder, J., 'International Competition: towards a Normative Theory of United States Antitrust Law and Policy' (1985) 3 BUILJ 257.

199. Stanford, J., 'The Application of the Sherman Act to Conduct Outside the United States: a View from Abroad' (1978) 11 CILJ 195.

200. Stockmann, K., 'Foreign Application of European Antitrust Laws' (1985) FCLI 251; 'Trends and Developments in European Antitrust Laws' (1991) FCLI 441.

201. Stragier, J., 'The Competition Rules of the EEA Agreement and Their Implementation' (1993) 14 ECLR 30.

202. Sullivan, E., 'Economics and More Humanistic Disciplines: What Are the Sources of Wisdom for Antitrust?' (1977) 125 UPLR 1214.

203. Supanit, S., 'Thailand: Implementation of Competition Law' (1999) 27 IBL 497.

204. Tarullo, D., 'Norms and Institutions in Global Competition Policy' (2000) 94 AJIL 478.

205. Temple Lang, J., 'European Community Constitutional Law and the Enforcement of Community Antitrust Law' (1993) FCLI 525.

206. Torremans, P., 'Extraterritorial Application of EU and US Competition Law' (1996) 21 ELR 280.

207. Trachtman, J., 'International Regulatory Competition, Externalization, and Jurisdiction' (1993) 34 HILJ 47; 'L'Etat, c'est nous: Sovereignty, Economic Integration and Subsidiarity' (1992) 33

HILJ 459.

208. Trentor, J., 'Jurisdiction and the Extraterritorial Application of Antitrust Laws after *Hartford Fire*' (1995) 62 UCLR 1583.

209. Trimble, P., 'The Supreme Court and International Law: the Demise of Restatement Section 403' (1995) 89 AJIL 53.

210. Turner, D., 'Application of Competition Laws to Foreign Conduct: Appropriate Resolution of Jurisdictional Issues' (1985) FCLI 231.

211. Ullrich, H., 'Harmonisation Within the European Union' (1996) 17 ECLR 178.

212. Valentine, D., 'Building a Cooperative Framework for Oversight in Mergers - the Answer to Extraterritorial Issues in Merger Review' (1998) 6 GMLR 525.

213. van Bael, I., 'Insufficient Judicial Control of EC Competition Law Enforcement' (1992) FCLI 733; 'The Role of National Courts' (1994) 15 ECLR 6.

214. van der Esch, B., 'The Principles of Interpretation Applied by the Court of Justice of the European Communities and Their Relevance for the Scope of the EEC Competition Rules' (1991) FCLI 223.

215. van Gerven, W., 'EC Jurisdiction in Antitrust Matters: the *Wood Pulp* Judgment' (1989) FCLI 451.

216. van Miert, K., 'Competition Policy in Relation to the Central and Eastern European Countries - Achievements and Challenges' (1998) 2 ECCPNL 1; 'Global Forces Affecting Competition Policy in a Post-Recessionary Environment' (1993) 17 WC 135; 'International Cooperation in the Field of Competition: a View from the EC' (1997) FCLI 13.

217. Vardady, T., 'The Emergence of Competition Law in (Former) Socialist Countries' (1999) 47 AJCL 229.

218. Vernon, R., 'Sovereignty at Bay: Ten Years after' (1981) 35 IO 517.

219. Vissi, F., 'Challenges and Questions around Competition Policy:

the Hungarian Experience' (1995) 18 FILJ 1230.

220. Waller, S., 'Can US Antitrust Laws Open International Markets?' (2000) 20 NJILB 207; 'The Internationalization of Antitrust Enforcement' (1997) 77 BULR 343.

221. Weiler, J., 'Community, Member States and European Integration: Is the Law Relevant?' (1982) 21 JCMS 39.

222. Weiner, M., 'Remedies in International Transactions: a Case for Flexibility' (1996) 65 ALJ 261.

223. Weintraub, R., 'Globalization Effect on Antitrust Law' (1999) 34 NELR 27.

224. Weiss, F., 'From World Trade Law to World Competition Law' (2000) 23 FILJ 250.

225. Wesseling, R., 'The Commission Notices on Decentralisation of EC Antitrust Law: in for a Penny, Not for a Pound' (1997) 18 ECLR 94; 'Subsidiarity in Community Law: Setting the Right Agenda' (1997) 22 ELR 35.

226. Wessman, P., 'Competition Sharpens in Sweden' (1993) 17 WC 113.

227. Whatstein, L., 'Extraterritorial Application of EU Competition Law - Comments and Reflections' (1992) 26 ILR 195.

228. Whish, R., 'Enforcement of EC Competition Law in the Domestic Cour ts of Member States' (1994) 15 ECLR 60; 'Regulation 2790/99: the Commission's "New Style" Block Exemption for Vertical Agreements' (2000) 37 CMLRev 887.

229. Whish, R. and Sufrin, B., 'Art. 85 and the Rule of Reason' (1987) 7 YEL 1.

230. Widegren, M., 'Competition Law in Sweden - a Brief Introduction to the New Legislation' (1995) FCLI 241.

231. Wood, D., 'Caution Necessary Concerning WTO Agenda on Competition Rules: Justice Officials Warn' (1996) 13 ITR 1856; 'The Impossible Dream: Real International Antitrust' (1992) UCLF 277.

232. Yntema, H., 'The Comity Doctrine' (1966) 65 MicLR 1.

233. Yu, T., 'An Anti-Unfair Competition Law without a Core: an Introductory Comparison between US Antitrust Law and the New Law of the People's Republic of China' (1994) 4 IICLR 315.

索　引

Competitors	
Public intervention	公共干预和反垄断法
System of antitrust	反垄断体系和反垄断法
Asia-Pacific Economic Cooperation Forum（APEC）	亚太经济合作论坛
Association Agreements（Europe）	联合协议(欧洲)
Approximation of laws	法律近似和联合协议
EC secondary legislation place of	欧盟中级立法地和联合协议
Jurisdictional matters	司法权(管辖权)问题和联合协议
Negotiation with the European Commission	欧盟委员会谈判和联合协议
Parties to	成员国和联合协议
Australia-New Zealand Closer Economic Relations Trade Agreement（ANCESTRA）	澳大利亚—新西兰促进经济关系贸易协议
Austria	奥地利
Bilateral agreements	双边协议
Comity	礼让和双边协议
EC/Canada Agreement	欧盟/加拿大双边协议
EC/Common Market for East and Southern Africa（COMESA）co-operation project	欧盟/东南非共同市场合作项目和双边协议
EC/South Africa Agreement	欧盟/南非双边协议
EC/US co-operation agreements	欧盟/美国合作协议
Limitations of	局限性和双边协议
Relationship with multilateral approach	多边关系和双边协议
US/Australia Agreement	美国/澳大利亚双边协议
US/Japan Agreement	美国/日本双边协议
Comity	礼让

参考网址

1. Asia-Pacific Economic Cooperation (APEC), Competition Law Aspects

http://www.apecsec.org

2. Australia National Competition Council

http://www.ncc.gov.au

3. Australian Competition and Consumer Commission

http://www.accc.gov.au

4. Canada Competition Bureau

http://strategis.ic.gc.ca

5. Canadian Bar Association, Competition

http://www.algonquinc.on.ca/cba

6. Consumer International

http://www.consumerinternational.org

7. EC Commission, the Competition Directorate

http://europa. eu. int/comm/competition

8. EFTA Surveillance Authority

http://www. efta. int/structure/SURV/efta-srv. cfm

9. International Competition Network (ICN)

http://www. internationalcompetitionnetwork. org

10. Japanese Fair Trade Commission

http://www. jftc. admix. go. jp

11. New Zealand Commerce Commission

http://www. comcom. govt. nz

12. New Zealand Ministry of Commerce, Competition and Enterprise Branch

http://www. med. govt. nz/cae

13. OECD, Competition Policy

http://www. oecd. org/daf/clp

14. UK Competition Commission

http://www. competition-commission. org. uk

15. UK Department of Trade and Industry

http://www, dti. gov. uk

16. UK Office of Fair Trading

http://www. oft. gov. uk

17. US American Antitrust Institute

http://www. antitrustinstitute. org

18. US American Bar Association, Antitrust Section

http://www. abanet. org/antitrust

19. US Antitrust Law and Economics Review

http://home. mpinet. net/cmueller

20. US Department of Justice, Antitrust Division

http://www. usdoj. gov

21. US Fair Trade Commission

http://www. ftc. gov

22. World Bank

http://www.worldbank.org

23. World Biggest Antitrust Sites

http://www.clubi.ie/competition

24. WTO

http://www.wto.org